中国法治发展战略研究文库 ⑬

总主编 徐汉明

湖北省检察官文学艺术联合会
中南财经政法大学法治发展与司法改革研究中心
湖北法治发展战略研究院

涉检信访工作机制改革研究

尹晔斌／主编

全国百佳图书出版单位

图书在版编目（CIP）数据

涉检信访工作机制改革研究／尹晔斌主编．—北京：知识产权出版社，2017.12

（中国法治发展战略研究文库／徐汉明主编）

ISBN 978-7-5130-5376-1

Ⅰ.①涉… Ⅱ.①尹… Ⅲ.①信访工作—研究—中国 Ⅳ.①D632.8

中国版本图书馆 CIP 数据核字（2017）第 331869 号

责任编辑：刘 睿 邓 莹　　　责任校对：潘凤越
文字编辑：邓 莹　　　　　　责任出版：刘译文

涉检信访工作机制改革研究

尹晔斌　主编

出版发行	知识产权出版社 有限责任公司	网　　址	http://www.ipph.cn
社　　址	北京市海淀区气象路50号院	邮　　编	100081
责编电话	010-82000860 转 8113	责编邮箱	liurui@cnipr.com
发行电话	010-82000860 转 8101/8102	发行传真	010-82000893/82005070/82000270
印　　刷	北京嘉恒彩色印刷有限责任公司	经　　销	各大网上书店、新华书店及相关专业书店
开　　本	880mm×1230mm 1/16	印　　张	22.25
版　　次	2017年12月第1版	印　　次	2017年12月第1次印刷
字　　数	350千字	定　　价	78.00元
ISBN 978-7-5130-5376-1			

出版权专有　侵权必究
如有印装质量问题，本社负责调换。

《中国法治发展战略研究文库》编委会

顾　　问（按姓氏笔画排序）

王利明　尹汉宁　田期玉　江必新　李　龙
吴汉东　何晔晖　陈光中　范兴元　周成奎
郑少三　赵　斌　柯汉民　俞可平　姜　伟
顾海良　高铭暄　郭道晖　黄关春　敬大力
童建明　樊崇义

编委会主任　吴汉东

编委会委员（按姓氏笔画排序）

王亚平　王　晨　卞建林　卢乐云　卢建平
叶　青　冯　军　皮　勇　吕东升　齐文远
许建国　孙光骏　孙应征　李　勇　杨灿明
杨武力　杨宗辉　吴汉东　何大春　何增科
汪道胜　张绍明　张智辉　张新宝　陈传德
陈志伟　陈　武　周佳念　赵秉志　赵　钢
赵　曼　俞　江　洪领先　姚　莉　夏　勇
徐　立　徐汉明　徐建波　徐晓林　诸葛平平
黄太云　梅夏英　康均心　彭胜坤　鲁志宏
谢鹏程　蔡　虹　廖焱清

总 主 编　徐汉明

总　　序

　　法治是政治文明发展到一定历史阶段的标志。中华法系源远流长，历经数千年发生、发展、转型的演进过程而绵延至今，其优秀法治文化是人类法治征程中的宝贵财富。新中国成立后，在中国共产党的领导下，我国迈向建设社会主义法治国家的伟大征程，社会主义法治建设取得了丰硕的成果，中国特色社会主义法治体系基本形成，为社会主义事业科学发展提供了坚强的法治保障。

　　党的"十八大"从开创中国特色社会主义事业全局的战略高度，对全面推进依法治国、加快建设社会主义法治国家作出了全面部署，提出"依法治国是治国理政的基本方式"，"更加注重发挥法治在国家治理和社会管理中的重要作用"，为我国法治建设谱写了新篇章，必将有力促进我国法学研究事业的进一步发展。

　　面对法治国家建设的新形势、新任务和广大人民群众的新要求、新期待，2012年7月，依托中南财经政法大学等名校优势学科平台，"中南财经政法大学法治发展与司法改革研究中心"顺势而生。该中心以国家法治发展战略需求为导向，秉承求真务实、科学严谨的学术态度，积极推动法学与政治学、经济学、管理学等学科之间的交叉融合，努力搭建多维度、深层次、高起点的研究平台；坚持"三个并重"，即发扬传统与开拓创新并重、基础理论研究与应用理论研究并重、战略思维引领与科研成果转化并重；实行"三个打通"，即打通学科壁垒、院所壁垒、科研院所与实务机关壁垒，整合各学科资源，加强互动合作，吸纳政府机构实务专家、校外研究机构知名学者、社会精英人才参与项目研究，提高研究项目的吸纳力、凝聚力、辐射力和影响力；按照"一拖三"模式对科研成果进行考核与管理，即每项科研课题须提供高质量的调查报告，回答是什么；提供基础理论报告，回答为什么；提出立法与公共政策专家建议稿，回答治国理政怎么办，致力于推动法治发展与司法改革研究，致力于为国家治理和社会管理提供高质量的法治智库服务。

在党的"十八大"胜利召开前夕，"湖北法治发展战略研究院"正式成立，与中南财经政法大学法治发展与司法改革研究中心合署科研。研究院—中心开展法治研究，以时代需求为己任，力争站在国家与社会发展最前沿，立足中国特色社会主义法治国家建设的壮阔事业，敏锐地捕捉和反映最新的、最具时代性和现实意义的法治理论命题与实践动向，生产高层次、高标准、高质量的法治智库产品，为党和国家治国理政提供决策参考服务。研究院—中心与时俱进的发展理念及新颖独特的研究模式受到了社会各界的广泛关注和期待。研究院—中心自成立至今业已取得一批优秀的科研成果，并被中央和地方党政机关采纳、认可、推广，获得了较好的社会评价。

为进一步提升科研成果的社会贡献值、影响力和磁场效应，研究院—中心推出《中国法治发展战略研究文库》。该文库旨在从法治国家建设的战略层面对重大理论和实践问题予以高度关注与适时回应。我们将科学策划文库专题和项目，邀约研究院—中心内外名家为文库著书立说。同时，为发现和培育学术新锐，扶植中国法治发展研究的新生力量，研究院—中心还专门设立"中国法治发展战略研究出版资助项目"，择优遴选青年学者著作予以出版资助。

《中国法治发展战略研究文库》与"中国法治发展战略研究出版资助项目"联袂诚献，将始终秉持以质取文、兼收并蓄的选辑方针，保持学术敏感性、学术鉴别力和学术规范性，形成法学理论界与实务界融贯互通的平台，提升法治研究对社会发展的贡献值，略尽我们对推进中国法治发展的绵薄之力。在此，我们向所有关心、支持、资助《中国法治发展战略研究文库》与"中国法治发展战略研究出版资助项目"的单位和个人表示诚挚的谢意。要特别感谢中国农业银行股份有限公司北京市分行、湖北中浩建筑有限责任公司、武汉福星惠誉置业有限公司对文库出版的鼎力支持。真诚地希望各位读者能够从本文库中获得启发和思考。当然,限于学力与精力,文库难免存在纰漏和欠妥之处,敬请各位读者批评指正。

全国检察业务专家
中南财经政法大学法治发展与司法改革研究中心主任
湖北法治发展战略研究院院长
湖北省检察官文学艺术联合会主席
2012 年 12 月 18 日

前　　言

　　党的十八大报告将"全面推进依法治国"确立为推进政治建设和政治体制改革的重要任务。十八届三中全会进一步指出，深化司法体制改革，加快建设公正高效权威的社会主义司法制度，维护人民权益，让人民群众在每一个司法案件中都感受到公平正义。为进一步落实中央文件精神，加强对涉法涉诉信访工作的顶层设计，2014年9月，中央政法委印发《关于建立涉法涉诉信访事项导入法律程序工作机制的意见》《关于建立涉法涉诉信访执法错误纠正和瑕疵补正机制的指导意见》和《关于健全涉法涉诉信访依法终结制度的实施意见》。上述文件不但对检察机关涉检信访工作机制改革提出新的要求，而且成为检察机关依法处理涉检信访问题的基本遵循。

　　中央文件下发后，湖北省黄石市检察机关高度重视，不仅将涉检信访工作机制改革作为重点工作，以专项活动的方式在全市检察机关进行安排部署，并以最高人民检察院、湖北省检察院理论课题《涉检信访工作机制改革研究》实施为契机，在全市范围内开展涉检信访机制改革研究的大调研、大讨论。因此，本书收录的文章，不仅是湖北省黄石市检察机关检察干警对近年来涉检信访工作的总结和探索，也是对最高人民检察院、湖北省检察院理论研究课题的阶段性成果汇报。

　　《涉检信访工作机制改革研究》一书共分四个部分，第一部分为涉检信访原因及对策分析，该部分对涉检信访制度的概念、历史发展和本身功能等问题进行探讨，特别是对于缠诉、缠访等信访工作困境进行理论分析研究，以期达到追本溯源、对症实施的目的。第二部分为检察环节涉检信访工作机制实践，从黄石地区基层检察工作角度对涉检信访工作制度的实践完善进行研究，特别是从公诉、批捕、民事检察、人民监督员等视角提出自己的意见和建议，具有较强的实践性和指导性，对专家学者开展涉法涉诉信访研究有一定的借鉴意义。第三部分为涉检信访制度改革与多元化治理，从司法体制改革背景出发，对新时代涉检信访工作制度改革提出多元化解决方案。第四部分为涉检信访案例精选。全书收录的文章依照理论分析、实践探索、改革完善的脉络进行体系安排，有助于读者厘清思路，方便参考学习。

本书大部分文章来源于检察机关实务部门。如有错漏，希望同行能够批评指正。文稿能够结集出版，首先要感谢中南财经政法大学张德淼教授、董邦俊教授、梁国良副教授等学者的理论拔高，感谢湖北省黄石市人民检察院全国检察理论研究人才肖辉副检察长、秦国文副检察长、陆洋等同志的实务指导。特别要感谢中南财经政法大学法治发展与司法改革研究中心暨湖北法治发展战略研究院徐汉明先生的鼎力支持。

尹晔斌
2017 年初于黄石

目 录

第一部分 涉检信访原因及对策分析

诉访分离的理论与实践研究
——以H市检察机关近六年信访工作为例………… 尹晔斌 陈建华（3）
涉检信访原因及对策研究 ………………………… 胡德葳 董邦俊（16）
刑事诉讼监督与涉检信访 ………………………………… 王红英（32）
涉检信访形势分析及对策研究
——以某省H市控告申诉检察工作为视角 ……… 周本立 杨凌烽（42）
法治化视角下涉检信访的研究 …………………… 黄朝耀 汪梦蕾（53）
基层检察院涉检信访的困境及解决对策 ………… 陈国胜 潘 慧（62）
浅析涉检缠诉、缠访的解决途径 ………………… 陈华斌 王红卫（70）
浅谈如何处理新时期下涉检信访案件 …………… 吕明明 梁国良（76）
信访之于涉检纠纷处理机制的功能定位
——社会安全阀 …………………………………… 万敬忠 官 畅（85）
涉检信访研究动态分析 …………………………… 张德淼 万鹏吉（94）

第二部分 检察环节涉检信访工作机制实践

基层院正确处理涉检信访案件的实践途径 ………………… 刘 红（111）
试论检察委员会在涉检信访终结中的作用 ………………… 李 刚（120）

民事和行政诉讼监督工作涉检信访问题及防控

　　对策 ………………………………… 刘家云　黄开祥（127）

基层民事诉讼监督工作中信访事项预防与处置 …… 张　革　田　恬（136）

浅谈涉检信访与诉讼监督 ……………………………… 胡萧笛（145）

审查批捕环节涉检信访的特点及对策

　　思考 ………………………………… 丁　华　熊良荣　袁　龙（155）

检察机关公诉环节涉检信访的成因及解决

　　路径 ………………………………… 肖　辉　谢　峰　刘　亮（162）

人民监督员参与化解涉检信访案件相关问题

　　研究 ……………………………………… 倪承桃　陈力炼（171）

浅谈司法警察如何做好涉检信访中的警务保障 ……… 张钢林（177）

检察机关纪检监察部门在涉检信访化解中的

　　功用 ……………………………………… 袁群荣　毕春龙（185）

涉检舆情应对机制的法治维度思考 ……… 郭西渠　王海峰　焦步宏（195）

反贪工作中涉检信访案件的化解途径 …… 万国东　刘建勋　汪　玲（204）

第三部分　涉检信访制度改革与多元化治理

董必武信访法制思想探究 ……………………………… 秦国文（215）

论协商民主视角下的涉检信访听证制度 ……………… 万志前（231）

第三方介入涉检信访问题的思考 ……………………… 瞿义强（243）

涉检信访处理联动机制探讨 …………………………… 潘柳荫（254）

法治背景下涉检信访工作问责制研究 ………… 朱自启　曾　珍（263）

检察机关涉检信访案件处理联动机制相关问题研究 ……… 王　晶（271）

浅析涉检信访终结机制的构建与完善 ………………… 邓中钢（280）

刍议完善涉检信访终结机制之路径 …………… 陆　洋　严　宇（291）

涉检信访的困境与出路 ………………………… 许建新　王梦尧（300）

第四部分　涉检信访案例精选

周某某等人国家赔偿案 ……………………………………………（311）
许某国家赔偿案 ……………………………………………………（316）
卫某等人申诉案 ……………………………………………………（322）
邹某申诉案 …………………………………………………………（327）
冯某甲等人申诉案 …………………………………………………（331）
张某信访案 …………………………………………………………（336）

第一部分 涉检信访原因及对策分析

诉访分离的理论与实践研究
——以 H 市检察机关近六年信访工作为例

尹晔斌　陈建华[*]

【提要】 信访与诉讼具有不同的法律性质，在主体、起因、依据、程序、结果、效力等方面存在差异。但 H 市检察机关近六年信访工作证明，诉访两者之间特别是在检察环节存在复杂的关系，主要表现为信访事项本身即为诉因、信访事项本身蕴含诉因、信访事项转化成为诉因、信访事项的起因在诉讼四个方面。基于诉访关系的复杂性，应坚持诉访适当分离原则，合理界定诉访转化的条件及科学构建两者转化的法律程序。

【关键词】 诉访分离　适当分离　理论基础　基本原则　流转程序

近年来，针对涉法涉诉信访总量高位运行，少数群众"信访不信法""信上不信下""弃法转访"等突出问题，中央就涉法涉诉信访工作机制改革作出重大部署，要求严格实行诉讼与信访分离（以下简称"诉访分离"），把涉法涉诉信访纳入法治轨道解决，建立涉法涉诉信访依法终结制度。然而，诉访分离的法律标准及其操作程序仍有待明确和完善，特别是基于检察机关法律监督职能的范围和性质，诉讼与信访在检察环节存在十分复杂的关系，❶ 两者能否分离还是截然分离抑或适当分离，及其分离之后

---

[*] 尹晔斌，湖北省黄石市人民检察院检察长、中南财经政法大学兼职教授；陈建华，湖北省黄石市人民检察院办公室副主任。

❶ 诉访分离的本意虽是将涉及诉讼权利救济的信访事项从普通信访中分离出来，分别采取不同的法律程序和解决办法，即指涉及诉讼权利救济的信访事项与普通信访的分离，但笔者认为解决涉及诉讼权利救济的信访事项的方法主要是诉讼，换言之，诉访分离的本质应当是指诉讼与信访的分离。

在一定条件下能否相互流转，都需要从理论层面进行研究并提出解决对策。本文以H市检察机关近六年信访工作为例，对诉访分离的理论基础、基本原则及其流转程序进行初步研究。

一、诉访分离的理论基础

诉访分离实际就是对诉讼与信访根据其不同性质，把涉及诉讼权利救济的信访事项从普通信访中分离出来，分别采取不同的法律程序和解决办法。因此，诉访分离的前提与基础在于两者法律性质的差异。其中，诉讼具有自身特定的性质、规律和发展历史，诉讼理论也较为成熟，在此不再赘述。我们重点对信访进行本体性研究，借以还原信访的原本面貌与样态，厘清其与诉讼的性质差别。

（一）诉访法律性质的理论差异及其具体表现

为加强信访制度的本体性研究，笔者对新中国成立以来信访制度的发展演变进行了简要的历史梳理。纵观学者对这个问题的研究，虽然持有不同观点，❶ 但对其构建之初的历史原貌、社会作用和政治功能基本形成了较为相似的共见。如认为信访是"正常司法程序的补充程序"，是"解决社会纠纷和实现公民权利救济的行政方式"，❷ 是"公民政治参与的重要渠道、国家权力监督的有力手段、公民司法救济的补充机制"。❸ 在此，笔者重点对信访制度的法律渊源进行分析，将其作为揭示信访法律性质的重要途径。其中，《宪法》第41条规定，是信访制度的重要法律渊源。从宪法规范结构来看，公民信访方面的规定属于"公民的基本权利"，《宪法》第二章关

---

❶ 如刁杰成将新中国成立以来的信访发展划分为新中国信访工作的初创阶段、信访工作的初步发展、总结提高形成制度等八个阶段。见刁杰成：《人民信访史略》，北京经济学院出版社1996年版。应星则将其划分为大众动员型信访、拨乱反正型信访、安定团结型信访三个阶段。见赵凌："国内首份信访报告获高层重视"，载《南方周末》2004年11月4日。李宏勃将其划分为建国之初的政治动员型信访、政治运动中的信访运用等六个阶段。见李宏勃：《法制现代化进程中的人民信访》，清华大学出版社2007年版。

❷ 南方日报评论员："从国家宪政建设的高度改革信访制度"，载《南方日报》2011年1月27日第F02版。

❸ 王雨静、刘远景："法治化进程中的信访制度改革研究"，载《法学杂志（首届京津沪渝法治论坛获奖论文集）》2011年第S1期，第326~328页。

于"公民的基本权利和义务"共有 24 条。在规定了公民选举权和被选举权，言论、出版、集会、结社、游行、示威自由，人格尊严不受侵犯、住宅不受侵犯等民主权利之后，宪法以单独条款规定了公民的信访权利。❶ 根据《人民检察院信访工作规定》第 2 条规定，信访指信访人采用书信、电子邮件、传真、电话、走访等形式，向人民检察院反映情况，提出建议、意见或者控告、举报和申诉，依法由人民检察院处理的活动，其范围包括"反映国家工作人员职务犯罪的举报""不服人民检察院处理决定的申诉"等 8 项。❷ 可见，人民检察院信访工作既包括群众反映情况，提出建议、意见等没有明确指向、范围相对宽泛的诉求表达，又指《宪法》第 41 条规定的对与检察工作相关的"国家机关和国家工作人员的违法失职行为"提出的申诉、控告或者检举。因此，从宪法及高检院规范性文件的本意来看，信访制度存在两个层面的作用：一是负责收集社情民意，落实公民的政治参与和利益表达权利。如果转换成政治学术语，也可以称为公民利益表达的形式。阿尔蒙德认为，"当某个集团或个人提出一项政治要求时，政治过程就开始了。这种提出政治要求的过程称为利益表达"。❸ 二是负责受理申诉、控告和检举，并将申诉、控告和检举依照法律规定处理。因此，信访制度是宪法为了维护和落实公民民主权利而提供的一种具体的政治制度形式。总之，建立信访制度旨在方便人民群众对党和国家工作提出意见和建议，"信访提供了一种信访搜集和反馈的重要补充机制，信访工作可以了解各阶级、阶层的情绪和要求，可以根据这些情况正确处理人民内部矛盾，及时解决当前工作中出现的问题"。❹ 人民群众通过控告、检举等信访方式

---

❶ 笔者认为该规定具有其特定含义：一是信访起因和对象的差别性；二是信访方法的程序性；三是信访内容的层次性。见秦国文、陈建华："论信访制度法治化的路径选择"，湖北省法学会编《跨越式发展法治保障研究——第四届"法治湖北论坛"·湖北法学家高层论坛论文选集》，湖北长江出版集团、湖北人民出版社 2011 年版，第 252~260 页。

❷ 最高人民检察院编发、人民检察院出版社 2013 年出版的《检察机关执法工作基本规范（2013 年版）》第二编第二章第一节第 2.4 条规定，信访事项包括 9 个方面，在《人民检察院信访工作规定》规定的基础上增加了"公民、法人或者其他组织提出的国家赔偿申请"，本文以《检察机关执法工作基本规范（2013 年版）》规定为标准展开研究。

❸ [美]阿尔蒙德：《比较政治学：体系、过程和政策》，曹沛霖等译，上海译文出版社 1987 年版，第 199 页。

❹ 刁杰成：《人民信访史略》，经济学院出版社 1996 年版，第 385 页。

监督国家机关及国家工作人员的违法犯罪，是人民群众参与国家政权建设、进行民主监督和政治活动参与的重要途径。需要指出的是，信访制度近年来虽然体现了解决纠纷的功能，❶ 乃至逐步发展成为部分取代正常宪法体制甚至超越宪法、法律去推进公平正义的体制，这显然绝非国家创建信访制度的初衷。而诉讼是告于司法机关以争辩是非曲直，其最重要的功能是解决纠纷。可见，从理论上看，诉与访在法律性质上本应泾渭分明、互为区别，主要表现以下方面。

一是起因不同。诉讼都有明确具体的诉因，如民事诉讼主要因公民之间、法人之间、其他组织之间以及他们相互之间的财产关系和人身关系而提起，刑事公诉案件则必须有明确的指控犯罪事实，刑事自诉案件包括有证据证明被告人侵犯自己的人身、财产权利的行为应当追究刑事责任而公安机关或人民检察院不予追究被告人刑事责任等情形。因此，诉讼的起因往往是公民、法人或其他组织的权利受到侵害，从而需要请求国家的司法救济。因此，诉讼的起因比较具体，有明确控告对象。而信访则不同，根据《宪法》第41条规定，信访范围宽泛，既包括对任何国家机关和国家工作人员提出的批评和建议，也包括对任何国家机关和国家工作人员的违法失职行为提出的申诉、控告或检举；既包括对没有直接侵害自身利益的任何国家机关和国家工作人员的违法失职行为提出申诉、控告或检举，又包括对直接侵害自身合法权益的具体国家机关和国家工作人员的违法失职行为提出申诉、控告或检举。

二是依据、程序和结果不同。诉讼活动必须根据国家专门制定的诉讼法律进行，并由国家专门的司法机关依据相关领域的实体法律作出明确的裁判，裁判结果往往涉及当事人利益需求的满足或利益关系的调整。而信访主要根据散见于各国家机关的法规、规章或规范性文件进行，未必产生明确的结果，其具体方法也不确定。《宪法》第41条仅原则性规定有关国家机关对于公民的申诉、控告或者检举必须查清事实，负责处理。显然，对有关国家机关的处理方法没有明确的要求，既可以采取行政的手段，如

---

❶ 学者认为我国近年信访制度功能发生了扭曲和错位，如表现为政治参与功能逐渐萎缩、权力监督功能实效单一，而权利救济功能扩张过度。见孙大熊：“信访制度功能的扭曲与理性回归”，载《法商研究》2011年第4期，第52~55页。

警告、吊销证照、行政处罚等，也可能借助司法途径，如提出诉讼。

三是效力不同。诉讼能够产生具有强制性的法律效力，当事人必须遵守、执行并承担相应的法律效果，一般遵循一事不再理的原则，当事人或国家不得就同一事项在没有新的事实和证据的情况下再次提起诉讼或作出裁判。而信访则不同，信访人原则上可以就相同事项反复向有关国家机关提出批评和建议，也可以反复就即便没有直接侵害自身利益的有关国家机关和国家工作人员的违法失职行为提出申诉、控告或检举，只要没有捏造和歪曲事实进行诬告陷害。

（二）诉访关系的复杂性及在检察环节的表现

诉访关系在现实中异常复杂，其原因学者从理论视角作出了具有一定解释力的分析。基于我国检察机关法律监督职能的特殊性质与范围，诉访关系的复杂性在检察环节表现尤为明显。笔者在此以实证分析为路径，以H市检察机关近六年（2008~2013年）信访工作为例，充分展示诉访关系的复杂性及在检察环节的表现。在具体研究方法上，主要以检察机关信访工作9种情形为分类标准，对H市检察机关近六年信访工作进行数据统计分析，❶同时选择20件典型案例作为例证，❷对部分典型信访案件当事人进行访谈。研究发现，诉访相互关联、相互影响，造成诉访成因复杂难辩，具体表现为四种情况。

（1）信访事项本身即为诉因。❸如《检察机关执法工作基本规范》第二

---

❶ 由于检察机关办案数据统计方法、口径及软件功能存在缺陷，笔者在研究中只能对近六年信访工作数据按照原统计分类方法进行统计，造成部分数据只能统计总数，总数之下的分类数据难以统计出来。其中9种情形分别为2252件（反映国家工作人员职务犯罪的举报）、28件（不服人民检察院处理决定的申诉）、179件（反映侦查机关侦查活动存在违法行为的控告）、235件（不服人民法院生效判决、裁定的申诉）、1件（反映刑事案件判决、裁定的执行和监狱、看守所、劳动教养机关的活动存在违法行为的控告）、28件（反映人民检察院工作人员违法违纪行为的控告）、15件（公民、法人或者其他组织提出的国家赔偿申请）、68件（加强、改进检察工作和队伍建设的建议意见及其他依法应当由人民检察院处理的信访事项）。

❷ 该20件案件的典型性具体表现在一是诉访交织特征明显，具有诉讼重复、循环等现象；二是大都是"骨头案"，案情复杂，信访人表达了较多的非理性诉求；三是案件最后大都成功终结，办案效果较好，在办案方法上具有一定的示范性。但由于篇幅限制，笔者不便将20件案件的具体案情在此详述，但在研究过程中已按照文章本部分逻辑结构进行划分，以作为支撑笔者每部分结论的有力论据。

❸ 诉因是一个具有特定内涵的诉讼法学概念，笔者在此主要指"引起诉讼的原因或因素"之意，不严格从诉讼法学上使用该概念。

编第二章第一节第2.4条第（4）项规定"不服人民法院生效判决、裁定的申诉"，根据《刑事诉讼法》第241条规定，当事人及其法定代理人、近亲属，对已经发生法律效力的判决、裁定，可以向人民法院或者人民检察院提出申诉，且在"有新的证据证明原判决、裁定认定的事实确有错误，可能影响定罪量刑的"等5种情况下，人民法院应当重新审判。可见，该项信访事项本身即为法定诉因，是群众合法的诉讼权利。如H市检察机关近六年受理申诉484件。其中，不服检察机关处理决定申诉28件（其中，不服不起诉18件，不服不批捕5件，不服逮捕决定3件，不服免诉决定2件），不服公安机关决定申诉41件（其中，不服不立案决定申诉37件，不服拘留决定申诉4件），不服法院裁判申诉235件（其中，不服民事裁判申诉183件），二类申诉占申诉案件总数的62.81%，该三类申诉事项均为法定诉因。根据目前刑事诉讼法及最高人民检察院执法规范规定，案件当事人及其法定代理人、近亲属因不服法院生效判决、裁定而向检察机关提出申诉的，检察机关将其视为信访问题，但按照诉讼程序依法办理，即同时纳入了"诉"的范围。这类信访事项不胜枚举，如"不服人民检察院处理决定的申诉""公民、法人或者其他组织提出的国家赔偿申请"等，《刑事诉讼法》《国家赔偿法》等法律皆已对其受理标准、处理程序作出相关规定，其本质上实为诉讼活动。

（2）信访事项本身蕴含诉因。所谓信访事项本身蕴含诉因，即指因信访事项本身具有一定的不确定性，有待国家执法司法机关侦查或调查取证之后才能确定有关事实，并予以处理，但可能因侦查或调查不够到位、不够主动、不够全面造成事实认定出现偏差甚至错误，从而引发诉讼或新的信访事由。如"反映侦查机关侦查活动存在违法行为的控告""反映国家工作人员职务犯罪的举报"等皆属此类，前者如果侦查活动确实存在违法特别是存在《刑事诉讼法》第115条规定的5种情形的，人民检察院应当及时进行审查，情况属实的，通知有关机关予以纠正。后者根据《刑事诉讼法》第110条规定，人民检察院应当对举报材料迅速进行审查，认为有犯罪实施需要追究刑事责任的，应当立案。对这两类信访事项的审查，均存在四种可能，一是存在违法行为或职务犯罪，检察机关审查细致，纠正违法或决定立案，案件被导入司法程序处理，进而成为诉讼案件，信访人对检察机关处理结果满意；二是存在违法行为或职务犯罪，检察机关审查错误，没有纠正违法或决定不予立案，信访人对检察机关处理结果不满意，此时有可能继续信访乃至"越级访""进京访"，是为"重复访"；三是不存在违法行为或职务犯罪，检察机关审查细致，将处理结果或不立案原因通知信访人，信访人同意息诉罢访；四是不存在违法行为或职务犯罪，检察机关审查错误，纠正违法或决定立案，案件被错误导入诉讼程序，但在诉讼程序过程中发现错误、予以纠正，也可能一错再错，最后成为冤案、错案。❶ 可见，信访事项本身蕴含的诉因有近对半的可能性被导入诉讼程序，成为诉讼案件。

（3）信访事项转化成为诉因。即信访事项在检察机关处理过程中由于其他因素的影响而引发新的诉讼。如"反映刑事案件判决、裁定的执行和监狱、看守所、劳动教养机关的活动存在违法行为的控告"，根据《刑事诉讼法》第 265 条规定，如果刑事案件判决、裁定的执行存在违法的情况，检察机关应当通知执行机关纠正。但是，如果检察机关在刑罚执行监督过程中，发现职务犯罪的，应当立案侦查，从而引发新的诉讼活动。❷ 因此，信访事项可能成为揭发犯罪、引起诉讼案件的诱因，从而造成信访事项与诉讼活动发生千丝万缕的联系。

（4）信访事项的起因在诉讼。群众通过信访维护合法权益，部分信访事项确因诉讼引发，此类信访事项应该属于比较典型的"涉法涉诉信访"。❸ 因检察机关执法办案工作造成群众信访的不在少数，从检察机关信访工作 9 种情形来看，均可能因为诉讼活动而引发。如"反映国家工作人员职务犯

---

❶ 该 20 件案件中，共有 13 件系因对侦查机关侦查活动存在违法行为而提出的控告案件。

❷ 如 H 市检察机关近六年受理反映国家工作人员职务犯罪的举报 2252 件，其中属于检察机关管辖的 1888 件，笔者虽然没办法统计由该 1888 件举报产生的检察机关的职务犯罪立案，但近六年实际立案侦查职务犯罪 644 人，立案人数占举报数的 34.11%。

❸ 关于涉诉信访或涉法涉诉信访的含义学者持有不同观点，如王亚新教授认为主要是指公民以来信来访的方式向法院和检察院（有时候包括公安局机关）就与司法有关的事项提出申诉或要求解决问题的行为；徐昕教授认为应界定为案件进入司法程序或司法程序已经终结的涉及公检法等司法机关的信访；王利明教授认为指与具体诉讼案件相联系，针对人民法院启动司法程序，实施一定行为的人民群众的来信和来访行为，等等。2005 年 2 月中央政法委印发《涉法涉诉信访案件终结办法》第 2 条规定："涉法涉诉信访案件是指依法属于人民法院、人民检察院、公安部门和司法行政部门处理的信访案件。"笔者认为该文件规定与当前诉访分离政策不符，"依法属于人民法院、人民检察院、公安部门和司法行政部门处理的信访案件"界定太宽泛，没有准确反映涉法涉诉信访的特征，应当进行区别界定。

罪的举报"，可能系案件当事人发现执法司法人员在诉讼活动中有贪污受贿、徇私枉法、枉法裁判行为，根据《刑事诉讼法》第 242 条规定，当事人可以提出申诉，当然也可以单独举报执法司法人员的职务犯罪。如 H 市检察机关近六年受理对公安机关、检察机关、审判机关违法的控告 409 件，其中，控告公安机关的 208 件，控告检察机关的 47 件，控告审判机关的 39 件，三类控告占控告案件总数 409 件的 71.88%。可见，检察机关办理的很多信访案件都是因为自身诉讼活动违法造成的。同理，检察机关信访工作其他 8 类情形也完全可能是因为诉讼活动存在违法情形所致。

现实中，诉与访的关系更为复杂，如因时过境迁、证据湮灭、❶诉不得不转变为访，最终造成两者相互交织、循环反复的情况十分常见。信访群众往往既是原案当事人，又是信访案件当事人，随着诉讼与信访不断反复，又成为新的诉讼或信访案件的当事人，成为盘旋于不同层级、不同职能国家机关的"重复访""越级访"乃至"进京访"的当事人，其信访人的身份可能始终没有变化，改变的是在诉访反复循环过程中日益复杂的法律关系，使诉访相互交织，让事实本身更为扑朔迷离，以至于当事人最终在丧失理性的情绪支配下，将信访纯粹变成一种情感的宣泄而非权利的救济或诉求的表达。

二、诉访分离的基本原则

既然诉访关系如此复杂，那么两者究竟应当不应当分离呢？答案显然是肯定的。两者法律性质、功能作用的差别决定了必须实行分离。问题的

---

❶ 该 20 件案件中有一件属于因证据问题引发的典型信访案件：原案死者刘某 1998 年在黄石市石灰窑区（现西塞山区）工人村开了一个"兴隆小店"经营烟酒副食。1998 年 4 月 5 日 16 时许，市烟草专卖局黄石港分局司机汪某接到群众举报，反映刘某销售无防伪标识香烟，即日，经市烟草局分管局长批准，由黄石港分局稽查队长罗某等人，会同市公安局预审支队民警胡某对刘某"兴隆小店"进行检查。当场查出 12 条无防伪标识香烟。随后，又到刘某租住处桃园村 58-1 号三楼进行检查。专管人员、公安人员上楼后，叫刘某把租住的房门打开，刘某不肯，经劝说无效，专管员曾某叫司机汪某下楼去把钳子将锁撬开，汪下楼，刘某突然从所处的三楼坠落到室外地面死亡。后经法医鉴定为：刘某符合高坠损伤颅脑及胸腹腔脏器呼吸循环功能障碍而死亡。此案，经公安机关调查并得出结论，系当事人跳楼自杀。对此结论，当事人近亲属刘某金、刘某祥均不服，4 次赴京上访。

关键是，两者究竟应当如何分离？是截然分离还是适当分离？是全面分离还是部分分离？分离的标准如何确定？换言之，诉访分离应遵循哪些基本原则？笔者认为，基于诉访的特定关系及其具体表现，诉访之间难以实现也不应当截然分离，应坚持两者"适当"分离原则。原因如下。

（一）诉访难以截然分离

诉访关系的复杂性表明，两者不仅难以截然分离，在某些情况下还会相互转化、相互倚重。一些信访问题的最终解决不得不抽丝剥茧、追根溯源先将其源头性的诉讼案件解决到位，而一旦诉讼案件本身得到了依法恰当处理，信访问题则随之迎刃而解。如 H 市检察机关近六年办理了大量的申诉案件，原本属于正常的诉讼活动，但由于目前将其视为信访案件，根据信访案件处理原则、程序、方法处理，特别是经过一定程序之后以"四个到位"为标准予以终结，而没有作为诉讼案件对待并充分遵循其作为诉讼案件应当坚持的诉讼活动规律，如中立性原则，造成案件处理结论难以令人信服，最后导致案件终而不结。❶ 与之相反，一些诉讼案件的解决不得不同时将信访问题一并解决，借以确保办案的法律效果、政治效果和社会效果的有机统一。

（二）诉访如何适当分离

基于诉访关系的复杂性及解决涉法涉诉信访问题的现实需要，检察机关应坚持诉访适当分离原则，在法治轨道内解决好信访问题。坚持诉访适当分离必须有配套的制度机制作支撑和保障，笔者认为应当主要体现在以下两方面。

一是设置不同的受理标准，实现分离。诉访分离的本意显然是要实现诉访功能的历史性回归，即让信访成为公民政治参与与利益表达的途径，让诉讼成为依法裁决纠纷、依法化解矛盾的司法程序，扭转群众放弃司法救济而将信访作为维权手段的尴尬局面。然而，诉访之间复杂的关系证明，

---

❶ 根据中央政法委《关于健全涉法涉诉信访依法终结制度的意见》规定，一些信访案件的办理单位或终结单位实际与案件本身存在一定的利害关系，或信访反映的问题与相关单位是否履职尽责存在千丝万缕的联系，这些案件（如申诉案件）本身属于诉讼案件，但由于没有根据司法中立性原则对该类案件的终结程序进行合理设计，建立办理或终结单位的回避等制度，造成终结单位提出的案件终结结论难以令信访人信服，最终导致案件终而不结。

欲实现诉访分离，首先必须在法律上确定两者分离的操作标准。其中，受理是案件导入诉讼程序的第一环节，也是国家机关处理信访问题首先必须面临的问题。申言之，受理是分离的基础，是实现分离的具体路径。受理标准不同、受理程序差异，直接决定两者不同的解决方法，从而构成两者分离必须解决的首要问题。如根据《刑事诉讼法》第107条规定，刑事案件立案的标准是"发现犯罪事实或者犯罪嫌疑人"。应当说，刑事诉讼法及相关司法解释或规范性文件均已对主要诉讼活动的案件受理标准作出明确规定。而信访事项的受理标准则一直较为模糊，究其原因，除上述诉访关系较为复杂、没有将两者进行严格区分，造成信访本身受理标准不够精确之外，还有信访事项本身难以严格界定，从而造成难以对其受理条件作出统一规定。然而，在诉访分离的语境下，由于诉讼案件从普通信访案件中剥离出来，剩下的《宪法》第41条规定意义上的信访案件实际并不多，或者说并不存在严格的受理标准。因此，可以说，在诉访分离语境下，严格执行诉讼案件的受理标准，也就是真正落实诉访分离。就检察机关而言，诉讼案件的受理标准法律大都作出明确规定，目前主要是诉讼监督案件的受理标准仍较为模糊，而基于诉讼监督对维护当事人诉讼权益的重要作用，诉讼监督案件是引发信访问题的重要源头，对诉讼监督案件的受理标准笔者建议通过制定专门的执法规范或作出专门的司法解释予以明确。

二是允许一定条件下转化，确保适当。诉访关系复杂性的重要体现即在于两者在一定条件下可能相互转化，而且在一些内容上存在交叉、重合等。如根据《宪法》第41条规定，对国家机关和国家工作人员的违法失职行为提出申诉、控告或检举，均属于信访事项。然而，在我国当前司法体制及制度结构下，检察机关是国家的法律监督机关，负有对直接受理的职务犯罪等案件的侦查权。这就决定了公民对国家机关和国家工作人员的违法失职行为提出申诉、控告或检举，有可能促使检察机关启动相关的诉讼程序，从而将本属于信访范围的事项引入司法程序，进而成为诉讼案件。从某种意义上看，在实行诉访分离的政策语境下，相对其他国家机关特别是司法机关而言，由于检察机关的法律监督职责而造成的诉访关系转化问题，应该具有相当的普遍性。本文上述对诉访关系的分析表明，诉访转化应该是检察机关信访工作的一种常态。因此，合理界定诉访转化的条件及科学构建两者转化的法律程序尤为必要。

三、诉访分离的流转程序

根据诉访适当分离的原则，一方面，对能够分离的信访问题，应严格按照信访问题本身的终结标准及法律程序，确保诉访分离后形成相对独立的信访问题解决机制，促使信访问题也能够在法治轨道内、依照法治方式解决；另一方面，基于诉访关系的复杂性，必须构建在一定条件下诉访相互转化的法律程序。可以说，这两个问题是紧密联系的，只有诉访的合理转化进而处理好诉访关系，从而能保证信访依法终结；与之相反，只有明确了信访本身的终结标准及法律程序，诉访分离才能摆脱过去两者反复循环、随意转化现象，从而实现两者的适当分离。限于本文研究范围，现对诉访分离的程序流转问题进行初步探讨。

（一）转化条件

承上所述，首先需要明确诉访转化的条件，主要分为两种情形，一是从访到诉的转化，二是从诉到访的转化。从检察机关信访工作9种情形来看，从访转化为诉，实质是诉讼案件受理标准的设置问题，本文前面已经作了论述，于此不再赘述；从诉转化为访，则需要满足一定的法律条件，根据刑事诉讼法规定，主要分为两种情形：其一是当事人及其法定代理人、近亲属，对已经发生法律效力的判决、裁定，向人民检察院提出的申诉，或被害人及其法定代理人不服地方各级人民法院一审判决而向人民检察院提出的抗诉请求等，也即对刑事诉讼的实体裁判结果或人民检察院的不批捕、不起诉等处理决定不服，而又没有提出相关证据的情况下，诉可能转化为访。在这种情形下，检察机关主要审查当事人能否提供相关证据，并基于现有证据对案件进行审查。其二是在诉讼过程中，当事人和辩护人、诉讼代理人、利害关系人对于司法机关及其工作人员的违法行为向检察机关提出的控告或申诉。这时候检察机关应当履行诉讼监督职责，对诉讼活动中违法或错误行为进行监督纠正。显然，这时候实际上在原案件（诉讼进行中的案件）的基础上产生了一个新的"案件"，学者形象地称其为"诉中诉""案中案"。如检察机关对侦查机关在案件证据收集过程中非法取证行为,一旦成为控辩双方发生争议的问题,并被提交法庭,法庭就会进行专门的程序性裁判活动。这种围绕侦查行为的合法性以及相关证据的证据能力所进行的诉讼活动,由于发生在法院对被告人刑事责任问题的实体性裁判过程之中,因此又被称为"诉中诉""案中案"(case in case),也被称为"审判之中的审判"(a trial within a trial)。对"诉中诉""案中案"的合理解决,直接决定了是否可能导致从诉到访的转化。其理由很简单,假如"诉中诉""案中案"都尚未解决,当事人对原案裁判结果的公正性是不会信服的,原案与"诉中诉""案中案"本身都可能成为当事人的信访事由。因此,确保此类"诉中诉""案中案"案件依法快速解决,借以最终保证原案正常进行,是防止由诉转访的重要保障。据笔者研究,目前欲解决此类"诉中诉""案中案",其中首要的问题是合理确定此类案件的证据审查标准。笔者认为,其证据审查标准是否也应当达到"确实、充分"的程度是一个需要引起注意的重大理论课题。

(二)流转程序

如果案件由访转为诉,特别是经历了较长时间的信访之后,案件转化为诉讼案件,此时检察机关对案件按其类别、审级等进行受理,能否将信访作为影响案件诉讼时效的法定因素?笔者认为应当区别对待,如果当事人第一次信访时间即已在追诉时效之后,可以不再追诉,诉访不需要再予转化,直接作为信访案件处理;如果当事人第一次信访时间在追诉时效之内,此时实属检察机关应当受理而未受理的情形,应当及时将访转为诉。如果案件由诉转化为访,必须确保在现有证据条件下,穷尽了案件的刑事诉讼程序,现有证据不足以推翻终审裁判结果,此时应当及时将诉转为访,且按照信访案件自身独特的法律程序予以解决。

参考文献

[1] 秦国文、陈建华:"论信访制度法治化的路径选择",见湖北省法学会编:《跨越式发展法治保障研究——第四届"法治湖北论坛"·湖北法学家高层论坛论文选集》,湖北长江出版集团、湖北人民出版社 2011 年版,第 252~260 页。

[2] 王浦劬:"以治理民主实现社会民生——我国行政信访制度政治属性解读",载《北京大学学报(哲学社会科学版)》2012年第3期,第81~91页。

[3] 孙大熊:"信访制度功能的扭曲与理性回归",载《法商研究》2011年第4期,第53页。

[4] 吴超:"信访制度60年发展历程的回顾与展望",载《社会科学管理与评论》2011年第3期,第71~79页。

[5] 陈光中、徐静村主编:《刑事诉讼法学(修订版)》,中国政法大学出版社1999年版,第3页。

[6] 樊崇义主编:《诉讼原理(第2版)》,法律出版社2009年版,第62页。

[7] 陈瑞华:《程序性制裁理论》,中国法制出版社2010年版,第233页。

涉检信访原因及对策研究

胡德葳　董邦俊[*]

【提要】 涉检信访是与人民检察院有关的上访活动，内容复杂、多样。我国信访活动具有一定的历史渊源，同时信访法治化也表明，涉检信访的出现与存在有一定的外在原因与内在原因。对涉检信访原因的分析有助于发现涉检信访活动所反映的问题，从而尽可能地控制信访数量，同时也为解决涉检信访中的问题寻找有效的对策。

【关键词】 涉检信访　人民检察院　法治化　维权

随着与人民检察院有关的信访不断出现，涉检信访工作逐渐得到重视，其内容不仅涉及检察机关在日常工作中所存在的问题，还包括因其他有关机关所存在的问题而向检察机关进行信访的情况。追溯我国古代，民众"申冤"的各种制度成为了有关信访活动的历史渊源，而现阶段我国涉检信访工作与制度正在不断的优化和完善。我国涉检信访活动频繁出现具有外在和内在的原因，对涉检信访活动本质的认识需要对外在的形成因素和内在的影响因素作出分析与判断。虽然涉检信访能够起到权利救济的作用，但是民众在采用涉检信访维护权利的过程中难免出现不规范、不合理、不合法的状况，从而增加了涉检信访的工作量，同时提升了涉检信访案件的办理难度。因此，探究涉检信访产生的原因，有效解决涉检信访问题、避免涉检信访案件频繁出现成为研究的重点。

---

[*] 胡德葳，中南财经政法大学刑事司法学院博士生；董邦俊，中南财经政法大学刑事司法学院教授、博士生导师，兼任湖北省黄石市人民检察院副检察长。

一、涉检信访的现状

（一）涉检信访数量具有一定波动性

2004年之后，根据负责国家信访工作的中央联席会议指示，各级人民检察院开始大范围处理涉检信访，纠正涉检信访过程中所反映的问题。从总体上看，全国性的纠错工作能够为群众提供一定的权利救济，然而部分地区的涉检信访数量并未减少，仍然呈现波动中稳步上升的趋势。根据上海市闵行区人民检察院的统计，该区2004年和2005年的信访总量分别达到886件和1157件，呈上升趋势，然而在2006年降为801件，最终又在2007年提升至1067件。❶ 另外，从2008~2012年广东省涉检信访的数量分别为18 026件、17 617件、17 846件、17 811件和18 716件，❷ 在第二年有所下降之后又出现了反弹，表现出数量上的波动性。目前涉检信访时常出现上下波动，同时没有表现出稳步下降的趋势，这说明，我国涉检信访工作仍然需要进一步的完善，从而保证涉检信访数量能够得到有效的控制。

（二）涉检信访情况复杂，内容多样

涉检信访在表现形式、类别、内容和具体情况中都具有复杂性和多样性。在表现形式上，我国《信访条例》规定，公民、法人或者其他组织可以通过书信、电子邮件、传真、电话、走访等形式进行信访，其中书信、走访方式居多。虽然国家信访局以及其他信访部门提供了更加便捷、快速的网络上访途径，但是依然没有改变以书信、走访为主要形式的涉检信访现状。

在类别上，涉检信访主要包括申诉、控告、举报等。申诉是对于诉讼过程中的各种判决与裁定不服，依法申请重新审查的行为，❸ 而控告与举报主要是对侵犯了自身或者他人合法权利的行为进行控诉或者检举、揭发的

---

❶ 上海市闵行区人民检察院课题组："涉检信访风险预警评估机制研究"，载《法治论坛》2011年第1期。

❷ 龙碧霞："反思与回应：涉检信访之中国式困境"，载《湖北警官学院学报》2013年第10期。

❸ 王晋：《刑事申诉检察业务教程》，中国检察出版社2008年版，第2页。

行为。虽然涉检信访主要表现为向检察机关进行上访，但是涉检信访的类别涉及诉讼过程中的各种状况。[1] 在涉及诉讼环节的类别和涉及有关机关的类别上都表现出多样、复杂的状况。

在内容上，涉检信访所涉及的内容与行政、司法等方面的工作"不到位"有着直接联系。一方面，对司法、行政工作所出现的问题，群众认为人民检察院作为国家监察机关有责任对不合法的情况做出纠正，对被侵害的公民合法权益予以救济。根据《人民检察院信访工作规定》第3条第（1）项、第（3）项、第（5）项、第（6）项规定，分别将国家工作人员以及人民检察院、公安机关、监狱、看守所等工作人员在执法过程中出现的违法犯罪活动划分为人民检察院依法处理的信访事项，这说明涉检信访人员对于有关机关部门工作不符合规定和不合法的行为可以进行举报和控告。另一方面，涉检信访人员对人民检察院处理决定或者人民法院生效判决、裁定的，可以向人民检察院的控告申诉检察部门进行申诉。控告申诉检察部门在受理来访事项后，不仅应当按照管辖原则进行转办、催办或者自行办理，同时还应当依照规定做好教育开导工作，及时化解矛盾。

在具体情况中，信访人可能出现偏激、固执、煽动他人情绪等状况，为涉检信访工作带来许多困难。部分信访人时常打出白布黑字的标语表示不满，甚至在身上写"冤"字进行上访；部分信访人选择长期信访，不达目的"誓不罢休"，影响信访单位的正常工作；还有部分信访人组织利益受害相同的人员，进行大规模的上访，常常造成群体性事件的发生。

（三）重复上访、跨地区上访现象时有出现

2006年安徽省人民检察院共受理控告、申诉、举报线索62件，其中重复件为5件，重复上访的比例为8%；而2007年线索增加为85件，重复件增加为12件，重复上访比率提升为15%；2008年共87件，重复件为17

---

[1] 有关涉检信访的类别以及各种状况，参见2007年颁布的《人民检察院信访工作规定》中第3条规定：（一）反映国家工作人员职务犯罪的举报；（二）不服人民检察院处理决定的申诉；（三）反映公安机关侦查活动存在违法行为的控告；（四）不服人民法院生效判决、裁定的申诉；（五）反映刑事案件判决、裁定的执行和监狱、看守所、劳动教养机关的活动存在违法行为的控告；（六）反映人民检察院工作人员违法违纪行为的控告；（七）加强、改进检察工作和队伍建设的建议和意见；（八）其他依法应当由人民检察院处理的信访事项。

件，重复比例提升为20%。❶地区重复上访的现象表明，目前涉检信访工作中很难完全避免重复上访的状况，这为涉检信访加大了工作量，也说明重复上访现象仍然是涉检信访的问题之一。

跨地区的涉检信访主要表现为两个方面。第一，为了保证信访具有更高的成功率，许多信访人员分别在各个地区的检察院进行上访，以同样或者相近的原由提出申诉、控告和举报。其中，部分信访人员因个人证据不足、原因不正当而上访失败，通常选择跨地区重新上访，造成不同地区检察机关重复工作。第二，为了提升关注度，有些信访人员选择越级信访，甚至"进京信访"，选择高级人民检察院和最高人民检察院进行上访来保证自身的信访行为得到重视。

二、我国涉检信访的历史追溯

（一）我国信访活动的历史渊源

在我国，信访活动具有悠久的历史。《礼记》记载：尧设"诽谤之木"和"进善之旌"，舜置"敢谏之鼓"，这都说明中国早期的"访"的形式。随着国家的发展，各朝代都有处理上访告状的制度。周朝设置的大仆和大司寇专门处理上访、申冤的情况；秦汉时期制定了公车司马制度，平民上访或者朝廷召见的人都由公车司马令接待；唐朝时期改善了前朝的匦函制度，在接访的工具箱上进行了更细致的划分，分别为告养人劝农之事、论时政得失之事、陈述抑屈之事和告天文密谋之事；宋朝完善前朝的登闻鼓制度，建立了从鼓司、登闻院、理检院和"邀车驾"的申诉机关；明朝完善了具有监察职能的御史制度，处理各种冤假错案。❷我国信访活动的历史追溯说明，社会矛盾在任何时期都可能存在，而上访是我国自古以来公民寻求救济的主要途径之一，各个时期也都在不断完善信访处理制度，其中不乏合理的举措可供现在借鉴。

---

❶ 狄英韬：《浅析涉检信访的特点、成因及对策》，载http：//www.ahjcg.cn/Article/ShowArticle.asp? ArticleID=10765，2009年12月8日访问。

❷ 张国臣编著：《中国控告申诉检察管理模式研究》，河南大学出版社2010年版，第166~170页。

信访在我国古代主要表现为对"冤假错案"以及其他侵犯人权的情况进行的申诉，这是由于古代陈旧的社会制度和职权式办案模式的历史根因造成的。首先，奴隶制和封建制社会等级分层严重，对平民老百姓的侵犯与压榨习以为常，并没有保障人权的观念。在此情况下，民众受到不平等待遇后，选择上访的形式来追求平等和自身利益的保护。其次，我国古代办理刑事案件的手段容易造成冤假错案。我国古代将刑讯逼供作为合法的讯问方式，迫使犯罪嫌疑人供述自己的罪行，在破获案件的同时也可能让其他无辜人员被迫认罪，造成冤假错案。对此，被冤枉的犯罪嫌疑人及其家属具有申诉、上访的理由，要求具有监察职权的上级机关进行纠正和补救。最后，古代的国家需要民众的上访和申诉，通过民众的回馈来保证国家的发展和社会的稳定。在汉朝、唐朝等各朝代的盛世时期，君王和大臣更倾向于吸取前朝的经验，从而更多地听取民众的意愿，保证朝代的统治地位和社会的稳定。

由于我国古代社会制度的劣根性和保障人权理念的不完善，社会矛盾时常出现，民众为了保障人权、维护自身利益，选择以上访的方式进行告状和申冤。随着民众的上访行为不断受到重视的同时，民众的上访观念也得到强化并且相互影响，逐渐形成上访文化。我国古代所形成的上访观念与上访文化对当代社会产生重要影响，这也成为我国信访活动以及信访制度建立的历史渊源。

（二）新中国涉检信访法治化进程的追溯

在新中国成立之后，我国在1951年由政务院颁布《关于处理人民来信和接见人民工作的决定》，确定了我国的信访制度。而从1995~2005年，我国国务院先后颁布的《信访条例》作为行政法规予以实施，其内容从44条增加为51条，确立并完善了我国信访法治化的进程，进一步加强了我国信访制度的法律法规建设。在涉检信访内容方面，不仅《信访条例》对人民检察院信访职权进行了划分和确定，同时最高人民检察院于2007年印发的《人民检察院信访工作规定》详细规定了涉检信访的工作要求。完备的法律法规是涉检信访法治化的基础，只有依据相关的法律法规，涉检信访的办理工作才能够顺利进行。因此，在我国以"依法治国"作为重要治国方略的时代，涉检信访也需要更加规范、严谨的法律法规和各项规章制度，来指导涉检信访案件的办理。

然而，涉检信访工作在执法过程中仍然存在诸多问题，在办理涉检信访个案的部门与涉检信访人员之间仍然存有矛盾与冲突。一方面，人民检察院的申诉控告检察部门时常出现办案不规范、不合法的现象。部分办理涉检信访的工作人员态度恶劣、言语不文明，对涉检信访人员所上访的内容不够重视，从而导致信访人员产生怨气，极易造成双方的矛盾，最后影响涉检信访工作的有序进行。部分工作人员甚至对于应当管辖的涉检信访案件不予办理或者拖延办理，则违背了《信访条例》和其他有关涉检信访的规定。另一方面，涉检信访人员的不规范上访同样影响涉检信访工作的有序进行。部分涉检信访人员时常出现"缠访闹访"的情况，不仅延缓涉检信访案件的解决过程，同时影响其他涉检信访人员的上访活动。涉检信访接办部门与上访人员双方面的"不规范"都容易为涉检信访工作带来困难，提升执法人员的法律素质以及增强涉检信访人员的法律意识成为进一步强化涉检信访法治化的重要环节。

三、涉检信访的原因分析

从信访活动的历史渊源到新中国信访法治化的确立，现在我国涉检信访的存在具有外在与内在的原因。司法腐败和其他不规范执法活动容易侵犯民众的合法权益，同时信访法治化也不断增强民众使用涉检信访方式进行维权的意识，为了解决不合理、不合法司法活动以及相关活动造成侵权后形成的矛盾，涉检信访为民众维权提供了有效途径，这成为涉检信访出现的外在原因。而拥有上访权利的涉检信访人员，其自身的经济因素、文化因素和心理因素都会成为进行上访的内在原因。综合把握涉检信访的内外原因才能够为解决涉检信访中存在的问题提供更加有效的对策。

（一）涉检信访的外在原因分析

在我国司法制度不够完善的条件下，司法活动时常出现不规范、不合法的现象，侵犯相关人员的合法权益，形成"受害人"与有关部门的"矛盾状态"。司法腐败、社会风气败坏造成许多"受害人"的出现，而涉检信访能够成为相关人员维护自身合法权益的有效途径。同时，随着信访法治化的不断完善,越来越多的民众选择以涉检信访的方式进行维权,涉检信访案件的数量也可能因此而有所增加。由此,涉检信访成为从"侵权"到"维权"的媒介。涉检信访出现的外在原因如下图所示:

1. 司法腐败、社会风气恶化是造成涉检信访出现的根源

随着部分以权谋私、贪污贿赂等司法腐败现象的出现,司法活动的公正与公平受到影响。近几年来,最高人民法院原副院长黄某某、黑龙江省高级人民法院原院长徐某某、湖南省高级人民法院原院长吴某某、江西省检察院原检察长丁某某、黑龙江省检察院原检察长徐某某等高级司法官员涉嫌司法腐败,相继"落马",极大地损害了司法机关良好的公众形象。❶高级司法官员的腐败现象对各级司法机关都有一定的影响,在司法领域形成不良风气,因自身所享有司法职权而实施贪污、受贿等违法犯罪行为,不仅造成司法活动中的不公平、不公正现象,还侵犯了犯罪嫌疑人、被害人等诉讼参与人的合法权益。司法腐败的结果经常表现为不公平或者不公正的决定、判决、裁定等造成相关人员合法权益被侵害以及名誉、金钱以及其他方面受到损失,维护自身合法权益成为民众的必然选择。

在司法腐败时有发生的同时,社会风气也受到影响。在参与各类案件时,大部分民众都产生了"找关系"的心理,甚至实施行贿行为以寻求对自己有利的结果。我国《刑法》分则分别规定了"受贿罪"和"行贿罪"的相关内容,这说明刑法不仅对收受贿赂、以权谋私的行为进行打击,同时也对实施贿赂、以钱牟利的行为进行制止与惩罚。法律对行贿与受贿行为的同等对待说明,司法腐败不仅仅是执法人员单方面的行为导致,同时在不良风气的影响下,非执法人员甚至是普通大众所实施行为也可能造成

---

❶ 闫峰:"司法腐败的特点、成因及治理对策",载《沈阳农业大学学报(社会科学版)》2009年第9期。

司法不公正结果的出现。因此，社会风气的恶化也会促使贪污、贿赂等司法腐败现象出现，在保护部分机关或者个人利益的同时，其他民众的合法权益也将会受到侵害。

在司法程序中，公安机关、人民检察院的决定和人民法院的判决与裁定具有法律效力，当民众有证据证明决定、判决、裁定确有错误时，可以寻找合法途径和程序寻求权利救济。涉检信访所处理的内容包括对公安机关、人民检察院、人民法院的决定、判决、裁定不服进行申诉，这说明涉检信访是发现司法程序中的错误或者失误并进行纠正的合法途径，同时也是民众维护自身权利的手段之一。对此，司法腐败、社会不良风气等影响下所造成的司法活动中侵犯相关人员合法权益的结果，成为民众进行涉检信访维权的根源。

2. 涉检信访程序是解决司法活动侵权的途径

司法活动的一次次失误尤其是刑事司法中所产生的刑事错案给相关民众和社会大众带来极大的负面影响，从 2005 年的"佘祥林案"到 2013 年频繁出现的冤假错案，❶ 不仅为犯罪嫌疑人及其家属带来不可挽救的损失，还造成对司法公正的破坏。司法机关以及行政机关错误的判决、裁定或者决定造成相关人员权利遭受侵犯、司法公信力受到影响，这将会造成司法与民众之间矛盾的产生，应当通过有效的程序进行缓和与化解。

为了解决民众上访提出的问题并缓解民众与有关部门产生的矛盾，民众在使用涉检信访解决矛盾时，应当严格遵守涉检信访的程序。首先，《信访条例》第 15 条规定了人民检察院所负责的信访事项范围，有职责接受相关的信访工作。对于民众采取信访的方式来解决司法活动所造成的矛盾，人民检察院应当予以负责，并依照涉检信访的合法程序来解决问题、化解矛盾。其次，人民检察院应当严格按照《人民检察院信访工作规定》中有关管辖、接办、办理等程序规定办理涉检信访案件。在涉检信访部门负责办理的前提下，涉检信访人员必须通过相关程序才能够完成信访所要求的结果。最后，涉检信访程序通过解决矛盾来维护涉检信访人员的合法权益。信访人与人民检察院以及有关机关单位解决信访事项中的问题，此过程是

---

❶ 何家弘："当今我国刑事司法的十大误区"，载《清华法学》2014 年第 2 期。

通过涉检信访工作来解决矛盾的表现，矛盾化解的过程正是从"侵权"向"维权"转化的过程，而涉检信访程序起到了两种状态的连接和导向的作用。

3. 民众维权意识增强是涉检信访的"催化剂"

自 1985 年，中共中央、国务院转发了中共中央宣传部、司法部《关于向全体公民基本普及法律常识的五年规划》的通知，在将近三十年的普法开展过程中，公民的法律意识不断得到增强。随着《信访条例》作为行政法规的出台，民众上访行为有法可依，促使人民大众使用信访方式进行直接的维权。我国司法制度不完善对部分民众造成权益侵害，而民众在信访法治化的影响下逐渐选择依法进行涉检信访，采用控告、举报、申诉的方式维护个人或者他人的合法权益。因此，当司法活动中的错误或者失误并未得到良好解决的同时，涉检信访活动的数量也有可能因民众维权意识的加强而有所增长。

对民众维权意识强化的价值的判断更加有利于理解其对涉检信访的催化作用。当民众的合法权益受到侵犯时，其"公正"价值受到损害；民众采用涉检信访方式维护自身的权利，必须遵守涉检信访工作的"秩序"来进行；而民众选择涉检信访途径进行有效的维权，也出于兼顾"效率"的目的。民众维权意识的增强从而主动、积极采取涉检信访维护权利的过程，正是追求"公正"、遵守"秩序"、兼顾"效率"的总体价值的体现。因此，维权意识为涉检信访的出现起到"催化剂"的作用。

(二) 涉检信访的内在原因

司法活动中不良执法造成的结果引发民众依靠涉检信访的方式进行维权的整体过程，成为涉检信访的外在原因。而涉检信访的内在原因主要表现为涉检信访人员在经济方面、文化方面、心理方面所具备的不同特征，从而因个人原因进行上访。结合涉检信访的内容，对涉检信访的内在原因进行剖析可以进一步为涉检信访的细节工作提出良好的建议。

1. 经济原因

部分民众选择对检察机关进行上访，是由于上访人员认为其自身的名誉、财产等权益受到损害。面对已经具有法律效力的判决、裁定，公民对判决、裁定不服并提出申诉之后而人民检察院维持原判决、裁定的，公民仍然可以因为没有获得经济补偿或者赔偿而选择上访。对于普通民众来说，司法活动所造成的经济损失会影响部分民众的正常生活，因此经济方面成为涉检信访的重要原因。

在民事案件中，当事人对于判决或者裁定所确定的有关资金数额不服的，认为司法机关的判决有异议的，选择向人民检察院信访。有关民事案件涉及当事人财产的分配和处置，影响当事人的经济状况，数额较大则会对当事人产生重大意义。当当事人认为司法机关以及有关机关的决定既不公平又侵犯其合法财产时，有可能选择向人民检察院进行信访以追求纠正、补偿或者其他利于自身的结果。

在部分刑事案件中，犯罪嫌疑人、被告人、被害人等诉讼参与人对于法院最终判决不服的，认为判决不公正或者有悖事实的，可以向人民检察院进行信访。对于司法不公的情形，诉讼参与人认为自身的合法权益被侵犯时，有权提出申诉来要求司法赔偿。司法赔偿不仅可以给予诉讼参与人心理上的安慰，还能够给予一定的经济补偿。因刑事司法过程中的错误或者失误而进行司法赔偿成为诉讼参与人采取涉检信访途径获取利益的另一种原因。

2. 文化原因

一方面，我国自古形成的对"包青天"以及"清官"的崇拜并寻求公道成为民众信访的文化原因。长期以来，民众通过上访获得利益的情况使社会产生了信访"有效"的文化和观念，涉检信访也因此而不断出现。当部分信访人员收到不利于自身的判决、裁定或者决定时，通常以"讨公道"作为理由进行上访。有些信访人员以对抗性的态度进行信访，与涉检信访部门进行争辩，为了寻求自身利益而不顾信访部门的工作秩序以及社会影响。

另一方面，在信访长期形成的文化上，民众过于依赖以信访的方式来追求公平和平等，认为涉检信访对自身"有利"。对于已经具有法律效力的判决、裁定或者决定，涉检信访人仍然抱有侥幸心态进行信访，认为信访足以解决司法活动中所出现的问题。这样的观念主要是因为信访人员对信访的过分依赖以及法律知识薄弱，在参与司法活动时更愿意用信访的方式来获得自身的利益或者试图改变司法活动中不利于自身的结果。

3. 心理原因

在心理方面，涉检信访人员所持的心理态度也是涉检信访活动重要的影响因素。首先，部分涉检信访人员以"报复心理"进行上访，对司法机关或者其他有关机关的不法行为进行举报或者控告。对于有关机关确有违法犯罪行为的情形，人民检察院应当进行相关处理；而对于有关机关没有出现违法犯罪行为而涉检信访人员控告或者举报时，人民检察院应当立即查清事实情况，避免出现以编造的事实或者原因进行涉检信访的情况，扰乱涉检信访工作正常的进行。

其次，部分集体涉检信访人员持有从众心理，听信具有涉检信访经历的人员或者在群体性上访的过程中处于跟从、附和的状态。一部分民众受到其他上访人员的影响，认为涉检信访"有效"；另一部分民众受到其他激进的信访人员的拉拢与怂恿，选择跟随群体一同上访。虽然因类似内容采取涉检信访或者群体性涉检信访的相关人员有可能受到同种利益的侵害，但是很容易被引导者或者组织者所利用，以受到相同利益侵害为条件给涉检信访部门施加压力，甚至造成群体性事件的发生。

最后，进行申诉的涉检信访人员抱有"不达目的誓不罢休"的心理，经常出现"缠访缠诉"的情况。对于人民法院所作的判决与裁定，当已经产生即时效力时，对判决、裁定不服的涉检信访人员将信访作为唯一手段来争取对自身有利的结果。对于难以发生改变的判决或者裁定，涉检信访人员通常在数年内多次上访，或者每次上访持续数月，目的在于使得涉检信访部门对决定作出更改。

综合涉检信访外在与内在原因，涉检信访的出现是因为司法工作以及有关工作中的问题侵犯到民众的合法权益，民众根据自身经济、文化、心理条件从而选择采取涉检信访维护自身或者他人权利的动态过程。

四、解决涉检信访问题的对策

涉检信访内外原因表明，涉检信访的存在状况具有一定的必然性。面对涉检信访工作中所存在的问题与矛盾，涉检信访法治化的不断完善成为解决涉检信访问题的基础，将"有法可依、有法必依、执法必严、违法必究"的办理原则逐渐贯穿到解决问题的具体对策当中。涉检信访有关部门在进一步完善涉检信访问题的解决对策时，不仅应当对司法机关或者有关部门的失误与过错进行预防与弥补，还应当对涉检信访人员的个人信息、信访事项信息、信访行为等方面进行规范。因此，在涉检信访相关机关做好涉检信访预防、办理、救济工作的基础上，应当进一步提升涉检信访有效信息的质量，对具体个案进行强化管理，同时规范涉检信访人员的上访行为，最终解决涉检信访活动所反映的问题。

（一）对于涉检信访的预防、办理与救济

对涉检信访的预防首先应当对诉讼以及其他司法活动中不合理、不合法的情形进行防范，避免出现司法机关或者行政机关的错误或者失误，从而直接影响到相关人员的合法权益。在司法活动中，对涉检信访的预防需要人民法院依法办理诉讼案件以及人民检察院依法行使监督职权。第一，法院公正的判决成为预防涉检信访的重要因素，能够避免诉讼一方或者双方对判决不服从而上访请求原判决的更改或者调整。对此，在诉讼过程中尤其是审判阶段对案件的公正判决需要使民众信服，降低涉检信访发生的几率，从而起到预防的作用。第二，人民检察院对有异议的案件进行严格的审查与监督，成为避免出现涉检信访的预防对策。在诉讼过程中尤其是刑事诉讼中，人民检察院作为我国的法律监督机关，应当对立案、侦查、提起诉讼、审判等重要环节进行严格的审查，对因诉讼活动中各个环节的失误或者错误所导致的涉检信访行为进行预防。

涉检信访机关应当严格按照涉检信访工作的程序，对涉检信访中的细节工作进行有效处理。首先，办理涉检信访的工作人员应当严格按照涉检信访工作的程序办理案件。《人民检察院信访工作规定》第四章和第五章分别规定了对信访工作的受理和办理程序。一方面，涉检信访接办部门应当严格按照受理与办理的时间、地点、内容进行处理，例如第35条中要求涉检信访案件办理期限最多不得超过90日，为避免拖延办理案件而进行了时间上的限定；另一方面，对于涉检信访人员的上访方式、控告与举报的事实和相关内容进行规定，其中对于多人上访的情况，应当要求信访人推选出5人以下的代表，从而避免扰乱案件办理的秩序甚至出现群体性事件。其次，在案件办理的过程中，办理涉检信访工作人员应当根据涉检信访人员的个人信息和个人情绪，以疏导、沟通的方式来解决信访中的问题。部分民众由于自身文化水平、家庭背景、社会地位等原因，容易出现不规范上访、不理智上访、不文明上访等情况，对此，涉检信访的办理部门应当及时了解信访人员的个人信息和信访案件信息，从而应对不同情况下的信访行为。最后，对于受理的涉检信访案件应当根据有关规定终结案件。根据2005年最高人民检察院颁布的《人民检察院信访案件终结办法》的内容，应当由检察长或者检察委员会决定终结案件，并由承办部门制作《信访案件终结决定书》。对此，应当强化检察长或者检察委员会的责任制，进一步明确检察长、检察委员会与涉检信访人员的沟通途径，确保负责人能够了解案件、为案件负责。

涉检信访工作所反映出来的司法工作中侵犯有关人员合法权益的事实，国家或者有关机关应当依法给予相应的救济与补偿。涉检信访的救济能够为信访人员提供程序上的救济和经济上的补偿，从而弥补司法活动中出现的不良问题。当人民法院已经作出的判决确有错误或者失误时，上级人民检察院、人民法院有权提起审判监督程序。当事人作为主要申诉主体，在有新的证据证明原裁定、判决确有错误的，可以申请再审。当涉检信访人员在证据充分的条件下提出申诉时，信访接收部门对案件内容与证据进行调查与核实，由上级人民法院、人民检察院对符合条件的案件启动审判监督程序。当司法机关或者行政机关在行使权力的过程中造成公民、法人或者其他组织的合法权益受到侵害，国家应当予以司法赔偿或者行政赔偿。同样，当涉检信访人员或者其他有关人员的人身、健康、精神、财产等受到损害的时候，也应当予以相应的补偿。给予被害人的补偿既是社会责任，也能起到人文关怀的作用，分别在经济和精神上给予安抚，减少"缠访闹访"现象，增强民众对国家的认同感和信赖感。❶

（二）对于涉检信访信息的管理

涉检信访的内容繁杂，对涉检信访相关信息的有效管理能够规范涉检信访执法工作，优化涉检信访的办理效率。首先，对于涉检信访人员的个人信息、申请原因、申请事项、相关证据等内容应当进行详细的登记，有

---

❶ 刘太宗、李高生："刑事涉检信访工作探讨"，载《中国刑事法杂志》2012年第12期。

必要制定全国联网的涉检信访人员信息系统，有效记录信访人的信访内容。对涉检信访人员信息的记录有利于避免重复上访的情况，优化涉检信访案件的接收工作。

其次，在涉检信访人员信息系统完善的情况下，应当对涉检信访案件进行有效分类。涉检信访案件涉及的机关、部门包括公安机关、人民检察院、人民法院、监狱、看守所等，反映的内容包括对职务犯罪的举报，对违法行为的举报以及对决定、判决、裁定的申诉，其内容复杂且办理难度大。因此，对涉检信访案件的分类能够对不同类型的涉检信访案件进行及时的调查，同时设定针对性的处理办法，提升涉检信访案件办理的效率。涉检信访案件的分类可以根据举报或者控告的机关类别、申诉的具体内容以及检察机关参与方式等进行分类。

再次，在涉检信访案件有效分类的情况下，建立涉检信访案件分析小组，对涉检信访案件进行分析与评估。分析小组不仅应当对申请原因、申请事项、有关证据进行分析与判断，在对案件内容进行研究的同时，还应当将涉检信访人员的个人基本信息、家庭背景、社会背景、有无违法犯罪记录等信息作为参考内容。对涉检信访案件的分析不仅可以设定不同类型案件的解决对策，同样能够筛选出合理、真实的涉检信访案件信息，排除盲目、无理、缺少证据的涉检信访。

最后，涉检信访接办部门应当依法审查涉检信访案件所提供的证据。对涉检信访案件内容的分析与判断，由信访人员所提供的证据成为关键。对证据的真实性、关联性、合法性等内容进行核实是检验涉检信访案件内容的重要步骤，涉检信访案件中证据所证明的内容直接影响到司法、行政机关的威严，对司法、行政活动中违法犯罪行为的控告应当受到更加严格的检验与评判，才能够保证涉检信访人员所说明的内容属实。

（三）对于涉检信访特殊个案的管理

在涉检信访案件中，对于案情复杂、影响严重的案件应当进行专案办理，提升办理特殊个案的效率。对于案情复杂的案件，需要根涉检信访案件内容中的时间持续长短、发生地点、人员数量、人员身份、因果关系等诸多因素进行评判；对于影响严重的涉检信访案件，涉检信访接收部门应当及时作出合理评估。《人民检察院信访工作规定》第33条第2款规定，

"办理重大、复杂、疑难信访事项,应当由检察长组织专门力量调查处理",这不仅说明对于特殊个案,人民检察院应当着重办理和解决,还表明检察长以及办理特殊案件的相关人员应当对特殊个案进行负责。

对涉检信访个案的处理不仅需要专案评估和专门队伍的接办,保证重大、复杂、疑难的个案能够得到有效解决,同时也需要初信初访的办理人员以及检察长对重要个案负责。以"纠错"为主要目的,涉检信访部门应当根据信访人员所提出的意见进行"纠错",通过对司法活动和其他活动中错误的判决、裁定、决定进行纠正,为相关人员的合法权益提供救济,同时维护涉检信访部门的公信力。以"追责"为主要目的,对涉检信访责任的承担应当追究至具体级别的部门负责人。对负责人员的"追责"有利于平复民众的情绪,同时对负责人员的惩治也可以起到安慰涉检信访人员心理的作用。初信初访对于整个信访事态发展起到重要作用,对于"首办责任制"的强化有助于减少重复上访和越级上访;[1]而检察长负责的重大案件能够保证涉检信访个案的办理工作得到重视,避免对部分疑难、复杂案件拒绝办理或者拖延办理。专案处理与专门负责的相关处理对策能够提升"纠错"与"追责"的效率,同时由专案办理人员或者检察长对执法工作的严格性与合法性进行监督与负责。

(四) 对于涉检信访行为的规范

涉检信访是民众维护自身合法权益的途径之一,然而规范的涉检信访行为才能够得到法律法规的保护。在我国信访制度不断规范化的过程中,涉检信访行为的规范化也应当得到应有的宣传,为民众合理进行涉检信访提供良好的指引。在涉检信访证据方面,应当强调合理、合法、有效的信息或者证据,为涉检信访的内容提供依据;在涉检信访程序方面,应当宣传规范、合法的信访秩序,以《信访条例》等法律法规作为参考依据;在涉检信访方式方面,应当宣传文明、理性的信访方式,避免偏激、无理以及其他不良信访方式的出现。

对于不合法的涉检信访行为,根据我国《刑法》以及其他相关法规应当予以相应的惩罚与制裁。部分民众为了自身的利益而不顾被信访机关、

---

[1] 赵秋生:"把握五个关系,破解涉检信访",载《中国检察官》2006年第1期。

部门与人员的名誉和利益，甚至进行污蔑、诽谤。行为人故意捏造他人的犯罪事实、对该事实进行告发并且达到了情节严重的程度，那么行为人构成了诬告陷害罪的客观要件与主观要件，❶应当承担相应的刑事责任。当涉检信访人员凭空捏造司法机关或者其他行政机关工作人员的犯罪事实、情节严重的，应当按照诬告陷害罪对其追究刑事责任。在涉检信访法治化不断完善的同时，对于部分民众的不合法行为依然需要做到"违法必究"，这不仅是对滥用涉检信访权利的惩罚以及对涉检信访行为规范化、合法化的宣传，同时是对我国司法工作和相关工作的保护与支持，是提升我国涉检信访执法机关公信力的有力保障。

---

❶ 孙战国、周清水："关于诬告陷害罪构成要件的理论问题"，载《河南公安高等专科学院学报》2006年第5期。

刑事诉讼监督与涉检信访

王红英[*]

【提要】 检察机关作为国家法律监督机关,如何在依法行使检察权的基础上处置涉检信访案件、化解社会矛盾,是检察机关必须面对的重大课题。笔者结合工作实际,在研究涉检信访案件成因的基础上,拟就涉检信访案件的妥善解决提出一己之见。

【关键词】 诉讼监督 涉检信访 听证

在社会经济理念、文化理念、道德理念、法律理念深刻变化的新形势下,人民群众的利益、权益诉求日益强烈,涉检信访层出不穷,在刑事诉讼领域有着集中的体现。检察机关在参与刑事诉讼过程中,通过合法有效的监督,对化解社会矛盾、维护人民群众权益、促进社会和谐稳定必将发挥越来越重要的积极作用。在这种背景下,检察机关如何完善刑事诉讼监督机制,找准诉讼监督的着力点,及时回应刑事诉讼监督实务问题的关切,妥善处置涉检信访,有效降低涉检信访风险,是检察机关开展刑事诉讼监督工作面临的最为迫切的问题。

一、刑事诉讼监督与涉检信访的关系

刑事诉讼监督是检察机关核心业务之一,涉检信访是人民群众对检察工作的诉求反映。检察机关践行执法为民理念,就要明确刑事诉讼监督、

---

[*] 王红英,湖北省大冶市人民检察院检察长。

涉检信访的概念和范围，理顺两者之间的诉求联系，倾听民意，了解民情，排解民忧，化解民怨，提升检察机关的公信力和形象。

（一）刑事诉讼监督的概念和范围

刑事诉讼监督是检察机关法律监督职能的重要组成部分，是指检察机关为维护法律的统一正确实施和司法活动的公正高效权威，依照法定的程序和手段，发现侦查机关、检察机关、审判机关、刑罚执行和监管机关及其工作人员诉讼活动中实体错误、程序违法和渎职行为，并采取抗诉、再审检察建议、纠正违法通知书与检察意见等方式予以纠正的专门性法律监督活动。❶

刑事诉讼监督的范围包括立案监督、侦查监督、审判监督、刑事判决、裁定监督、执行监督六个方面。其中涉及不应当立案而立案、应当立案而不立案、刑讯逼供、违法扣押、超期羁押、妨害权利、吃请收礼、跑风漏气、枉法裁判、以罚代刑、违法关押、插手经济纠纷、违法减假保等诉讼违法的"顽症"。❷

（二）涉检信访的概念和范围

涉检信访是涉及检察机关工作的群众来信来访，就是通过向检察机关提出控告、申诉、举报，来达到某种目的，实现某种诉求，以期实现或维护自身权益。涉检信访有狭义和广义之分。狭义的涉检信访是指对检察机关应该处理的事项和对有关处理决定不服的信访；广义的涉检信访是指除狭义的涉检信访外，群众对其他执法机关应该处理的事项和有关处理决定不服而要求检察机关依法实施法律监督的信访。本文中所说的涉检信访指的是广义的涉检信访。

高检院下发的《全国检察机关深入开展集中处理涉检信访问题专项活动工作方案》中对主要涉检信访问题是这样界定的：（1）群众举报后未查处或查处不到位或查处后未反馈的；（2）依法应当受理的控告、申诉不受理的；（3）不服检察机关处理决定的；（4）执法不规范引发的信访事项；（5）执法错误，该纠正未纠正的；（6）控告检察干部执法不廉，违纪违法的；（7）其他涉检信访事项，依法属于检察处理权限的。

---

❶ 郑青主编：《诉讼监督的范围与方式》，中国检察出版社2012年版，第15页。
❷ 同上书，第37页。

(三) 刑事诉讼监督与涉检信访的关系

检察机关在刑事诉讼监督环节的履职行为，关系法律的统一正确实施，关系群众的切身利益，关系检察机关的形象。对刑事诉讼监督不到位，可导致涉检信访，涉检信访又成为监督的依据，其目的是促使涉检信访问题的解决，互为作用，又互为反作用。

（1）刑事诉讼环节是涉检信访的多发区。刑事诉讼环节的涉检信访案件，广泛分布于刑事案件的立案、侦查、强制措施的适用、批捕、公诉、审判、刑罚执行等各个环节。❶ 这是由刑事诉讼的性质所决定的。诉讼，无论是民事诉讼还是刑事诉讼，都是调整社会矛盾的手段，但相比较而言，刑事诉讼所要调整的关系更为突出和尖锐。刑事诉讼所要保护的，既有国家和集体的利益，也有公民个体的利益，需要以国家的强制力作为保障。❷ 正是因为刑事诉讼所要调整的这种利益关系的特殊性，调整的过程必然备受诉讼参与各方的关注，每一个环节都可能触碰当事人的敏感神经中枢。调整与反调整相互角力，使得调整过程的把握尺度往往容易成为人们垢病的对象。这其中既有法律、政策的因素，法律政策执行中的因素，也有当事人的诉求及对法律、政策执行过程的认知、反应因素。各种因素的激荡碰撞，最后集中表达即成涉检信访。从高检院所界定的涉检信访的七个问题看，绝大部分与刑事诉讼活动相关联，刑事诉讼环节是涉检信访的多发区已成为不争的事实。

（2）刑事诉讼环节的涉检信访表现形式多样。随着经济社会的发展，越来越多的矛盾以案件形式进入司法领域，人民群众对严格公正文明廉洁执法有了新要求和更高的期待。在公开、透明、信息化条件下，刑事案件的涉检信访隐患往往伴随案件的诉讼过程。司法个案的纰漏和瑕疵，执法行为的不公正、不规范，办案人员的不清正廉洁行为，等等，极易经互联网传播乃至炒作，并在其他因素的综合作用下，可能引发非法聚集、滋事；信访而缠访、闹访、围堵和冲闯办公场所，拦截公务车辆，自残、自杀，行凶、纵火，破坏公私财物等突发性事件或群体性事件，阻扰机关办公和

---

❶ 最高人民检察院组织编写：《检察机关执法规范培训学程（2013年版）》，中国检察出版社2013年版。

❷ 赵成、熊正："诉讼监督方式的完善"，载《国家检察官学院报》2010年第6期。

正常工作的开展,甚至对执法机关和人民群众的生命财产安全造成威胁和损失,形成不稳定因素的源头。如冉建新事件等。

(3)刑事诉讼监督与涉检信访的互动因果关系。涉检信访可成为刑事诉讼的前因,刑事诉讼也可能成为涉检信访的前因,两者互为因果,牵一发而动全身。检察机关通过对立案、侦查、审判、执行等诉讼活动是否合法进行审查,对于不依法立案、侦查中违法取证、侵害犯罪嫌疑人及其诉讼参与人的合法权益、采取强制措施不当以及审判程序违法、量刑不当等行为,通过适当的途径依法进行监督,及时予以纠正,确保有效地揭露、证实和惩罚犯罪,实现社会公平和正义,防止侵害和牺牲公民的合法权利,对预防和遏制涉检信访问题的发生起着十分重要的作用,是涉检信访的第一道防线。但是,诉讼活动中毕竟存在大量不可预见的因素,对诉讼活动的同步监督要做到天衣无缝是不现实的,监督再到位,也不可能在诉讼过程中做到绝对完美无瑕,仍然有一些涉检信访问题发生。问题发生后,检察机关的刑事诉讼监督职能又成为有效解决问题的重要手段。

二、刑事诉讼中信访多发环节辨析

涉检信访具有情况复杂、矛盾交织、诉求多样等特点,刑事诉讼过程中引发信访的环节多、问题多、隐患多,需要检察机关刑事诉讼监督部门加强研判分析,知己知彼,有针对性地做好工作,从源头上降低涉检信访。

(1)立案环节涉检信访问题的诱因。一是在立案阶段违反刑事诉讼程序的问题较多。如忽视刑诉法关于地域管辖、级别管辖和职能管辖的规定,基于部门和地方保护主义,随意立案,争夺管辖权;以侦代立,先侦后立,未经立案程序便对当事人采取或变相采取羁押、搜查措施等。二是对监督意见接受不虚心、配合不紧密的多。一些侦查部门的干警在认识上并未把检察机关行使立案监督权看成是维护国家法律统一正确实施的重要手段,不能正确对待监督,在接受监督工作中表现为缺乏配合和协作精神。具体表现为:不予说明不立案理由;迟延说明不立案理由;通知立案而不立案;迟延立案;立而不侦或侦而不结。

(2)侦查环节涉检信访问题的诱因。主要是办案人员重实体、轻程序的倾向难以从根本上得以转变，总认为只要人没抓错，即使程序上"越点轨"也无关紧要，对侦查监督部门提出的意见不以为然，导致侦查中的一些违法问题禁而不止。具体表现在：①使用强制措施不规范。一是刑事拘留普遍超范围、超时限。二是取保候审不规范。三是监视居住不规范。四是违反规定变更强制措施。五是滥用留置手段变相羁押。②违法取证现象突出。一是一人提审的现象比较普遍。二是刑讯逼供、劝供、骗供、诱供等违法办案情况仍然存在。三是非法搜查、扣押物品现象严重。四是对证人、被害人违法取证的现象也时有发生。如询问证人、被害人不出示证件；采取威胁、引诱的方法获取证人证言等。③降格处理问题严重。一是以教代刑。二是以治安处罚代替刑罚。三是以经济处罚代替刑罚。

（3）审判环节涉检信访问题的诱因。一是部分法官滥用庭外调查权，规避审判监督。片面理解"庭外调查权"，将庭外调查演变成庭外侦查，并将自己在庭外获取的证据不经质证就作为定案的证据，规避审判监督。二是重罪轻判现象时有发生，枉法裁判行为客观存在，还有部分案件开庭不及时，判决不及时。

（4）判决、裁定环节涉检信访问题的诱因。少数审判机关和审判人员对抗诉工作不能正确对待，客观上造成检察机关难以在十天内提出抗诉。上级法院不当提前介入下级法院的审判活动和下级法院违反程序向上级法院提前请示的现象较普遍地存在，导致两审终审制形同虚设。经检察院抗诉，二审法院即使发现一审判决确有错误，也出于维护本系统的所谓权威而该改判的不改判。

（5）执行环节涉检信访问题的诱因。主要是法律意识和接受监督的意识不强，不严格依法办事，导致执行环节的问题十分突出。具体表现在：不按规定交付，违规留所服刑多；审批不严，不当保外就医多；条件掌握偏松，不当减刑、假释多；管理不规范，重新犯罪多。

三、刑事诉讼监督参与化解涉检信访的功能作用

刑事诉讼监督是检察机关法律监督职能的重要组成部分，检察机关通过行使这一职能，依法对刑事诉讼过程中的各个环节、每一执法行为进行

监督，对化解社会矛盾纠纷、促进社会和谐稳定、有效解决涉检信访问题，有着不可替代的功能作用。

（1）防控功能。刑事诉讼监督对象为侦查、审判、刑罚执行和监管机关，以及负有涉嫌犯罪案件移送职责的行政执法机关；❶所涉及内容从立案、侦查、审判、刑罚交付执行直至刑罚的终止执行整个过程；线索来源包括群众举报控告、上级机关交办、办案中自行发现等。从中不难看出，每个环节都和人民群众的利益息息相关，任何一个环节发生问题，都会导致人民群众对检察机关的不满意而引起涉检信访。检察机关只有牢固树立执法为民意识，着力加强刑事诉讼监督工作力度，从源头上进行涉检信访防控，才能扭转涉检信访案件节节攀升的局面。

（2）矫正功能。在刑事诉讼监督中，检察机关不是诉讼活动的发动者、参与者、推动者和决策者，而是在诉讼活动之外对被监督主体的诉讼行为是否违法进行评价，一旦发现诉讼行为违法，就要采取法律规定的手段进行督促纠正。❷因而，被监督对象在立案、侦查、审判、刑罚交付执行、刑罚终止执行等执法过程中，一旦发生违法情形，无论是程序违法或实体违法，刑事诉讼监督部门都应当依法启动相应的法律程序，提出相应的建议和意见，促使被监督对象再次审查，以纠正其错误，促使其规范执法。

（3）处置功能。涉检信访问题牵涉刑事司法领域问题较多，其中关乎司法不公、司法不廉等举报控告，进省赴京越级上访尤为突出，对司法机关在群众中的公信形象造成恶劣的影响。检察机关在涉检信访问题发生后，通过刑事诉讼监督职能的行使，围绕涉检信访事项运用查阅、复制、摘录案卷材料，询问、约谈被调查人，调取相关证据材料，勘验、鉴定或者自行鉴定、委托评估等监督手段，对诉讼违法行为线索进行审查、调查，核实后，采取纠正违法、检察建议、抗诉、再审检察建议等监督方式进行纠正，在裁判确有错误或者违法事实成立的情况下，对相关当事人涉嫌渎职犯罪的进行移送，形成错案的进行责任追究或协调国家赔偿，使人民群众的合法权益不受侵犯，维护法律的公平正义。

（4）保障功能。涉检信访中，部分上访者对国家的法律和刑事政策不

---

❶ 参见最高人民检察院《关于进一步加强对诉讼活动法律监督工作的意见》。
❷ 郑青主编：《诉讼监督的范围与方式》，中国检察出版社2012年版，第16页。

了解，遇到问题不是实事求是地在法律、政策范围内向当地政法机关反映，对信访存在错误的认识，对所反映问题的处理结果期望值过高，一旦要求得不到满足，便缠访、闹访、越级访，甚至为了谋取私利，恶意上访。刑事诉讼监督部门依法介入，进行监督调查核实，以事实为依据，以法律为准绳，对没有上访对象所申诉违法行为的，进行释法说理，促进社会和谐稳定。通过对不实的信访进行澄清和对属实的信访进行监督纠正，保障刑事诉讼活动的依法进行。对确有违法诉讼行为或裁判错误的，该纠正的纠正，避免引发新的矛盾，保障社会的和谐稳定。

（5）维稳功能。当前，我国正处于经济发展黄金期和社会矛盾凸显期，涉检信访高位运行，呈现出主体多元化、诉求多样化、关系复杂化等特点，甚至形成"信访不信法"的错误导向，社会安全稳定形势严峻。刑事诉讼监督工作要适应新时期新形势新要求，切实转变执法观念，改进办案方式方法，依法公正对待群众诉求，围绕刑事诉讼监督工作重点，坚持客观公正，加强释法说理，使人民群众在每一个案件中都感受到公平正义，自觉融入平安中国、法治中国建设。要依法监督、敢于监督、善于监督，在坚决打击的同时，坚持该严则严、当宽则宽，最大限度减少不和谐因素，最大限度减少社会对抗，最大限度促进社会和谐，保障国家长治久安、社会安定有序、人民安居乐业。

四、刑事诉讼监督面对涉检信访时的机制选择

刑事诉讼监督参与化解涉检信访矛盾纠纷，就要在明晰刑事诉讼工作范围、方式方法、工作重点和存在问题难点基础上，规范监督行为，完善监督方式，健全监督机制，提高监督水平，增强监督实效，既要强化事前监督，从源头上降低和减少涉检信访案件的发生；又要强化事后监督，千方百计化解涉检信访，取信于民，维护社会和谐稳定。

（1）监督线索的发现机制。发现监督线索是开展刑事诉讼监督工作的前提和基础。涉检信访问题的发生牵涉与诉讼程序有关的一切检察活动，在源头上遏制涉检信访问题发生，发现监督线索是关键所在。检察机关在做好群众举报控告、上级检察机关交办、办案中自行发现等诉讼违法线索

的统一管理与分流处理的基础上，为了更好地获取监督线索，应当重点做好三个方面的工作。一是加强与院内、院外部门的联系、沟通。检察机关内部批捕、公诉、控告申诉、职务犯罪侦查等部门之间加强联系与配合，建立顺畅的案件线索移送机制。同时，加强与人大、政府信访部门以及有关行政执法机关的联系，及时获取监督案件线索。二是加大检察职能宣传，加强与新闻媒体的合作，建立微博、微信、检察门户网站等信息化平台，从人民群众中和社会各界、各个层面获取监督线索。三是建立信息通报制度与备案审查制度。与公安机关建立刑事案件信息共享平台，实行政务平台与检务平台对接，从中发现监督线索。

（2）诉讼职能与诉讼监督职能适当分离机制。检察权具体权能可以分为制约型检察权能（诉讼职能）和督察型检察权能（诉讼监督职能），二者的内容有兼容协调的一面，也有矛盾冲突的一面。❶ 在实际运行过程中，二者既要相互结合，又要通过内部工作机制的设计使之适当分离，才能充分发挥检察机关法律监督的功能，有效遏制涉检信访问题的发生。就诉讼监督部门而言，要加强工作机制建设，充分履行诉讼监督职能。一是建立诉讼监督部门派员列席批捕公诉部门的案件讨论制度。批捕公诉部门在讨论案件时，必须通知诉讼监督部门派员列席参加，以利于诉讼监督部门全面深入了解案件审查情况，及时对刑事立案活动、侦查活动和审判活动开展监督。二是建立批捕公诉部门协同开展诉讼监督制度。在实行诉讼与诉讼监督相分离的同时，为弥补诉讼监督部门不易主动发现问题的缺陷，批捕公诉部门在办理刑事案件时，应当积极主动地发现并及时向诉讼监督部门反馈立案、侦查和审判监督线索，积极协同诉讼监督部门开展诉讼监督工作。

（3）法律监督调查机制。检察机关在依法行使法律监督权的过程中，在不妨碍执法机关正常执法活动的情况下，根据案件需要，启动法律监督调查程序，采取必要的调查谈话、查询、调取相关证据材料、查阅案卷、勘验、检查、鉴定等调查方式，主动对司法、行政执法机关及其工作人员在执法活动中是否涉嫌违法提出质疑，并进行必要调查核实后予以纠正或

---

❶ 郑青主编：《诉讼监督的范围与方式》，中国检察出版社2012年版，第9页。

保护，❶有利于解决执法不公、不廉等问题，降低或遏制涉检信访问题的发生。一是要加强协作。检察机关要加强与公安、法院及其他行政执法机关的联系，建立一种既有监督、又有支持，既有制约、又有配合的良性互动运行机制。二是要开展专项调查活动。变坐堂办案为调查走访，加强与律师事务所、乡镇司法所等部门的联系，重点抓好农民工权益保障、土地征用拆迁、国有企业改制与破产等涉及民生领域的专项调查，为民排忧解难。三是要加强沟通，争取支持。强化与人大、纪委、信访、仲裁、法制办等部门联系，主动争取他们的理解和支持，为开展诉讼活动监督工作创造有利条件，增强监督实效。

（4）释法说理机制。涉检信访问题涉及社会很多领域，诉求多样，原因复杂。刑事诉讼监督部门检察人员要善于针对不同环节、不同对象、不同问题，阐明法理，释疑解惑，使监督对象心悦诚服地接受监督意见，使上访人认同检察机关的决定。要研判上访人的上访原因、动机和目的以及问题的关键之处，在调查核实的基础上，对上访人合理合法的诉求，严格依法办理，该纠正的及时纠正，不留后遗症；对上访人不合理的诉求，绝不姑息迁就，根据不同情况对其进行释法说理细致疏导；对无理闹访缠访的上访人，动之以情、晓之以理、明之以法，既对其讲明法律后果和厉害关系，又要对其进行有的放矢的批评教育，消除其抵触情绪，劝其息诉罢访。

（5）公开听证机制。诉讼活动具有面广线长、动态灵活的特点，而刑事诉讼监督资源是有限的，实现全覆盖、无遗漏的监督非常困难，也是不现实的。检察机关应紧紧抓住刑事诉讼监督工作中典型个案、重大疑难复杂案件，举行公开听证，促进公正廉洁执法的实效。公开听证应邀请被监督对象所在的机关部门的领导、涉检信访当事人、人民监督员、当地的人大代表、政协委员参加。在公开听证会上，刑事诉讼监督部门重点要阐明处理结果的事实根据及相关证据，被监督对象所在的机关部门，阐明对处理结果的意见，涉检信访当事人发表意见，可以进行互为答辩，让其他各界人士对案件有进一步的了解。最后，各界代表对案件处理意见各抒己见，

---

❶ 参见2008年4月湖北省检察院颁布的《刑事诉讼监督调查办法》。

对检察机关在处理案件上是否公正提出建议。将处理决定全过程置于社会的监督之下，使处理决定透明、公开、公正，让人民群众进一步理解检察机关的处理决定的可行性，在化解社会矛盾上，起到积极的作用。

（6）联合处访机制。涉检信访问题的发生与检察工作有着互为因果的关系，牵涉检察工作的方方面面，主要表现在批捕、公诉和职务犯罪侦查等环节。检察机关做好涉检信访工作，就要牢固树立"群众利益无小事"的民本观念，提高对"以人为本、执法为民"的认识，端正为人民服务的态度，针对涉及的监督重点环节、监督对象，充分发挥体制和机制优势，强化上级检察院对下级检察院的领导关系，加强检察机关、公安机关、审判机关、监管机关之间的协作，在相关机关部门、内设机构之间建立情况通报、线索移送、工作衔接、互相配合的制度机制，做到上下统一、横向协作、资源整合、总体统筹，形成处访工作合力，增强处访工作实效，为群众排忧解难，保障人民群众安居乐业，化解矛盾积怨，维护人民群众合法权益，维护社会稳定。

（7）诉讼违法行为处置机制。刑事诉讼监督应在法律规定的范围内有效发现和纠正违法，产生法定的程序性效力。❶ 在紧紧抓住人民群众反映强烈的问题确定诉讼监督工作的重点时，注重与被监督机关的内部纠错机制相衔接。要根据不同的诉讼违法情形采取与违法行为的强度相适应的监督方式，促使监督到位、被监督对象及时纠正。与此同时，对于确有错误的生效判决裁定、严重的诉讼违法行为、轻微诉讼违法行为、确有严重违反法律的渎职行为等情形，在调查核实的基础上，采取与之相适宜的监督方式后，建议被监督机关启动相应内部纠错机制和责任追究机制，维护司法权威，实现刑事诉讼监督、监督权力、维护秩序、保障当事人合法权益和化解矛盾、息访止纷，妥善处置涉检信访的功能作用。

---

❶ 朱孝清："论诉讼监督"，载《国家检察官学院学报》2011年第5期。

涉检信访形势分析及对策研究
——以某省 H 市控告申诉检察工作为视角*

周本立　杨凌烽**

【提要】 当前，如何从维护司法公正、服务和谐社会建设的角度出发，积极稳妥地处理好涉检信访案件，及时有效地化解涉检信访问题，已经成为检察机关面临的一个重大而紧迫的现实问题。为此，笔者拟结合某省 H 市人民检察院近六年的涉检信访工作情况，对当前的信访形势及对策措施作一浅显探讨，以期为检察机关妥善处理新形势下涉检信访提供参考。

【关键词】 涉检信访　形势分析　对策

一、H 市检察院近六年信访工作基本情况及其分析

（一）基本数据

2008~2013 年，H 市检察机关控申部门共受理来信来访 3160 件。其中，受理举报 2252 件，受理的举报中属检察机关管辖 1888 件，非检察机关管辖 364 件，重复举报 235 件（本院管辖 178 件，非本院管辖 57 件）；受理控告公安机关、检察机关、审判机关等单位来信来访 409 件，其中，受理控告公安机关违法来信来访 208 件，控告控申机关违法来信来访 47 件，控告审判机关违法来信来访 39 件，控告其他单位、部门 111 件，重复控告 4 件；受理各类申诉来信来访 484 件，其中，受理不服检察机关处理决定申诉 28 件，受理不服公安机关决定 41 件，受理不服法院裁判申诉 235 件，不服其他处理决定申诉 151 件，重复申诉 28 件；受理国赔偿申请 15 件。

---

* 该文系湖北省检察机关 2015 年度全省检察应用研究课题阶段性成果。
** 周本立，黄石市人民检察院控申处处长；杨凌烽，黄石市人民检察院干警。

（二）特点分析

随着人民群众法制意识、维权意识不断提升，H 市检察机关来信来访总量居高不下，每年平均维持 527 件次左右，特别是新刑诉法、新民诉法的颁布实施后，赋予控申部门的新职责，使得来信来访数量涨幅明显，2013 年全年受理来信来访数与 2012 年同比上升 56%，与以往受理数量最多的 2011 年相比，涨幅也达到 28%，息诉稳控压力日益加大。从 H 市检察机关 6 年来的信访接待情况分析，特点表现如下。

1. 职务犯罪举报

一是匿名举报多，署名举报少。随着检察机关开展法制宣传、推进检务公开、深化群众工作的力度不断加大，人民群众的法治思维和维权意识得到提升，举报热情进一步增强。2008~2013 年，H 市检察机关年均接待举报量达到 375 件，为检察机关查办职务犯罪案件提供了案源。但大多数举报人采用的举报方式是匿名举报，共计有 1485 件，占到举报总数的 66%，这为检察机关找举报人进一步了解核实案情以及进行答复、反馈、奖励举报等工作带来一定困难和不便。二是举报线索多而不精。表现在两个方面。（1）6 年来共接待举报 2252 件，但其中重复举报的就有 235 件，非检察机关管辖的就有 364 件，属于首次举报，并属检察机关管辖的有 1610 件，占受理总数的 72%，也就意味着有近 3 成的举报线索对检察机关而言没有价值。（2）6 年来，H 市检察机关共立案侦查职务犯罪案件 593 件，其中有 120 件立办案件来源于群众举报，占到立案总数的 20%，数量可观。然而这 120 件举报成案的线索，仅仅只占接待举报总数的 5%，即线索成案率为 5%，举报线索本身的质量并不让人乐观。三是举报奖励少。2008~2013 年，H 市检察机关共对 56 件案件举报人进行奖励，与前面所讲的 120 件成案线索相比，仍有不小差距。此外根据《检察机关执法工作基本规范（2013 年版）》的规定"人民检察院根据举报追回赃款的，应当在举报所涉事实追缴赃款的百分之十以内发给奖金。每案奖金数额一般不超过十万元……" H 市检察机关共发放奖励资金 64 600 元，人均奖励仅 1153 元，举报奖励力度可见一斑。四是举报方式较为单一。从举报的方式上看，举报人大多采用传统且隐秘的举报方式，即来信举报，共计有 1897 件，占到举报总数的 84%，而通过来访、电话及网络举报分别有 144 件、44 件和 105 件，分别仅占举报总数的 6.4%、2.0% 和 4.7%。

2. 控告

一是控告对象多元性。从控告受理审查情况看，不仅有针对公、检、法三机关在执法办案中违纪违法行为的控告，也有对地方政府、环保、教育等行政部门及基层组织的控告。二是控告类型多样性。从控告类型分析，主要有以下几类：①反映公安机关有案不立的控告最多，达 122 件，占到控告总数的 29.8%；②反映公安机关不作为、滥作为、办案违法及久拖不决等行为的控告有 57 件，占到总数的 13.9%；③反映检察机关、干警违法扣押、违法办案及要求立案等内容的控告 28 件，④反映法院裁判及执行过程中存在违法违纪行为的控告 39 件；⑤反映地方违规拆迁、占用土地、出让土地、征地补偿不到位，相关行政部门不作为、滥作为以及邻里纠纷导致人身、财产受到侵犯，相关部门不作为、滥作为等，转向检察机关控告相关单位、部门、人员 68 件。三是控告主体复杂性。一方面，体现于诉求复杂性。现阶段控告的起因越来越复杂，控告诉求由单一化趋向多元化，合理诉求与不合理诉求交织。一些控告诉求，除要求原案单位给其一个满意的处理结果外，还常常要求追究有关办案人员的渎职侵权等责任以及赔偿给其造成的经济损失等，有的上访人以前期控告的处理结论作为新的控告理由，从而引发连环控告；有的老信访户，在通过各方做工作达成协议后表示愿意息诉，但在其他人的影响、怂恿或自认为有可期待利益的刺激下，又重新进行控告。另一方面，体现于控告人员的复杂性。在信访中，动辄要求单位一把手接见，常在要求得不到满足时，以相约同时赴省进京信访相要挟。有的甚至对接访人员进行人身威胁或以自残的方式向接访单位、接访领导及工作人员施加压力，对抗性不断增强，给接访、处置工作带来不小压力。

3. 申诉

一是对法院裁判不服的申诉仍为主要案由。在受理的 484 件申诉中，涉及对法院裁判的申诉就有 235 件，占到受理总数的近一半，其中，不服民事裁判的申诉较为突出，共计受理 183 件，占到不服法院裁判申诉案件的 77.9%；受理不服公安机关处理决定的申诉 41 件，其中，对公安机关不予立案决定不服的申诉 37 件，不服拘留决定申诉 4 件，不服公安机关不立案决定申诉所占比重突出；受理不服检察机关决定申诉 28 件，其中不服不起诉 18 件，不服不批捕 5 件，不服逮捕决定 3 件，不服免诉决定 2 件；不服相关司法机关其他处理决定申诉 151 件。二是申诉历程较为漫长。从某省 H 市检察机关近六年来办理息诉的申诉案件来看，申诉人从案发到案件办结息访，时间跨度大多在 3 年以上，其中 5 年以上积案就有 38 件，申诉人诉累过重，办案成本消耗较大。三是申诉息访难度大。一方面，在于申诉诉求难以全面解决，引发当事人不满缠访。如有的申诉人不仅要求撤销有关决定，恢复名誉、赔偿损失，往往还要求恢复人事关系、身份待遇，检察机关在法度之内无法解决；另一方面，在于案件终而不结。如 H 市检察院受理的江某某不服两级法院民事判决、裁定申诉案，该案经成功抗诉后，法院再次判决维持原裁判，该案虽依法终结了诉讼程序，但申诉人依然不服判决，不听劝解，仍到检察机关纠缠。

4. 刑事赔偿

一是以逮捕后终止追究刑事责任为申请赔偿的主要理由。受理的 15 件赔偿案件中，逮捕后终止追究刑事责任的就有 8 件，占到 53%。这些案件大多在审查起诉环节被终结，要么作撤案处理，要么作不诉处理，没有出现当事人因法院判决无罪而申请赔偿的情形。二是赔偿方式上基本以赔偿和救助并举。国家赔偿的抚慰性决定了国家赔偿的范围较窄、标准不高，当事人因错案遭受的全部损失，无法通过国家赔偿得到全面弥补。这就意味着当事人的诉求在法度之内不能全部解决，往往需要通过适当救助、补偿等方式，解决当事人法度之外的问题，实现息诉罢访。如 H 市检察机关先后办理的谭某某国家赔偿、陆某某国家赔偿以及卫某某等 6 人国家赔偿案，均采用赔偿与救助并举的方式办结息诉。三是法律规定不明确，导致利息计算争议较大。《国家赔偿法》增加了利息赔偿的规定，即"返还执行的罚款或者罚金、追缴或者没收的金钱，解除冻结的存款或汇款的，应当支付银行同期利息"。然而对于银行同期利息的性质作出界定，导致赔偿实践中，当事人争议较大。如 H 市院办理谭某某等人国家赔偿案，申请人对 H 市院按银行同期活期利率计算赔偿利息的方式不能接受，由于法律对此无明确规定，最终 H 市院按照就高不就低的原则，对返还的扣押款按照银行同期定期利息给予赔偿。四是精神损害赔偿难统一。修改后的《国家赔偿法》新增了精神损害抚慰金的赔偿项目，然而对如何确定赔偿数额未作具体规定，导致实践中赔偿不一。如 H 市人民检察院大多采用"不超过赔偿金的二分之一"的方式计算赔偿数额，侵犯人身自由的，精神损害抚慰金的数额不超过每日赔偿金的 1/2。而法院则采用"不超过 5 万元"的标准结合具体案件进行确定。

二、H 市检察机关信访工作存在的问题

近几年来，H 市检察机关着眼于忠实履行宪法和法律赋予的法律监督职责，准确把握控申工作的职能定位，牢固树立大稳定观和一线观念，不断强化工作举措，加大控申执法办案力度，努力把执法办案过程变成密切联系群众、疏导群众情绪、维护群众权益、解决群众问题、平息矛盾纠纷的过程。通过畅通信访群众诉求表达渠道、掌控办案风险、推行"四法化解"、狠抓专项情理活动、加强内外沟通协作等手段，在化解矛盾纠纷、维护社会和谐稳定方面取得了一定成效。但必须清醒地认识到，仍然存在一些亟待解决的问题：一是对控申工作重要性、复杂性的认识还不够。少数干警对控申工作的重要性认识不够，对自身执法活动存在的风险估计不到位，敏锐性不强，执法不规范、不文明、不严格问题仍然存在，导致案件当事人控告、申诉、投诉等问题时有发生。二是控申部门缺乏对其他执法办案部门有效制约，信访工作"大格局"构建效果不明显。一方面，涉检信访案件反映问题涉及侦查、起诉、审判等多个环节，政法各部门缺乏一套行之有效的信访案件协调机制，相互推诿、答复意见不一致，给处理增加困难。另一方面，检察机关控申部门与其他执法办案部门之间没有建立或者完善良好的信访处理互动机制，互相之间缺乏及时的沟通、配合和协作，控申部门催办无力、无效，使初级、简单的上访案件不能得到妥善解决，造成重复上访。而有的执法办案部门就案办案，认为息诉罢访是控申部门的事，检察机关内部未成工作体系。三是部分信访工作机制停留于顶层设计。①信访终结制度难以终结信访。《中央政法委员会关于进一步加强和改进涉法涉诉信访工作的意见》提出了信访终结制度，实践中迫于各种

原因考量,不敢轻易作出终结决定。导致重复信访高居不下,却无法进行终结。❶ 公开审查、听证等制度落实不力。由于公开审查、公开听证不仅需要动用人力物力资源,而且还考验检察机关执法办案能力,所以实践中只有穷尽其他方法仍难以化解矛盾时才迫不得已公开审查、听证。从 H 市检察机关办理的涉检信访案件情况来看,启动公开审查程序的案件十分有限。第三方参与化解机制几成摆设。尽管《信访条例》第 13 条第 2 款规定:"信访工作机构应当组织相关社会团体、法律援助机构、相关专业人员、社会志愿者等共同参与,运用咨询、教育、协商、调解、听证等方法,依法、及时、合理处理信访人的投诉请求。"但实践中相关社会团体或社会工作者参与程度十分有限。四是信访制度的功能异化。信访当初是作为党联系群众、克服官僚主义、改进工作作风的重要方式。其主要功能是倾听民众疾苦,是中央了解地方的信息渠道之一。❷ 但是,随着形势的发展变化,信访的功能也发生了微妙变化。特别是访民进京上访行为事实上等于是给中央施压,中央进而将压力转给地方,地方再向访民施压。每一个施压环节都有讨价还价的余地。上访已经不是一个法律问题,而是一个涉及稳定的政治问题。❸ "稳定的权威来自公正,而公正又把权威转变为政治正当性。"❹ 新《信访条例》初衷是依法、及时、就地解决信访诉求,是一种法外的救济程序,而行政、刑事诉讼等法律程序才是解决涉法涉诉问题的法定途径。实践中,因上级领导批示交办和督促,信访事项往往得到高效解决,由于低廉、便捷、高效的信访效果,在一定意义上驱动群众上访。法治"跛足",只会促使更多的老百姓喊冤上访,转向传统"人治"的渠道❺,使信访制度功能被异化。五是诉访考核没有分离。一方面,涉法涉诉考核存在多头考核。在检察机关内部,已将涉法涉诉信访工作纳入目标管理,严格

---

❶ 徐凤英:"涉法信访结而不息案件的思考",载《工会论坛》2009 年第 5 期;冯梅英、黄金蝉:"新时期涉检信访工作机制下的对策研究",载《知识经济》2013 年第 7 期。

❷ 陈伯峰:"古今中国'真相'了解体制暗合的思考",见《中西法律传统(第四卷)》,中国政法大学出版社 2004 年版,第 267~290 页。

❸ 侯猛:"最高法院访民的心态与表达",载《中外法学》2011 年第 3 期,第 657~658 页。

❹ 赵汀阳:《坏世界研究:作为第一哲学的政治哲学》,中国人民大学出版社 2009 年版,第 23 页。

❺ 冯象:"法学三十年:重新出发",载《读书》2008 年第 9 期。

考核；但同时，地方党政部门将包括检察机关在内的部门信访工作作为党政机关量质化目标考核的重要内容，对各相关部门进行考核；另一方面，考核标准无差异。对在具体考核项目中，对涉法涉诉考核与普通信访考核并无差异。这与诉访分离的改革精神相悖。

三、加强和改进检察机关信访工作的对策与建议

涉检信访作为联系检察机关与人民群众之间的桥梁和纽带，在保障人民群众的人身权利和民主权利方面起着巨大的作用。检察机关信访工作处理得好坏，不仅事关检察机关的形象问题，更与社会稳定息息相关。作为检察机关的控申部门，要做好群众信访接待工作，减少和杜绝涉检上访案件就要不断提高自身的执法水平，提高处理涉检信访问题的工作能力。在全面深化涉法涉诉信访工作改革的大背景下，检察机关应顺应改革形势，通过健全和完善制度建设，推进涉法涉诉信访工作规范化、法治化、实效化。

（一）建立信访引导机制

规范审查受理，依法及时审查、甄别、分流信访事项。根据信访性质和管辖规定，依照"属地管理、分级负责、谁主管、谁负责"的原则，及时审查分流，实现诉讼与普通信访的分离。严格按照高检院确定的检察机关涉法涉诉信访案件范围审查、甄别群众反映的诉求。对属检察机关管辖内案件及时导入司法程序依法办理，并答复当事人；对管辖外信访事项，及时转送主管机关或告知信访人向主管机关反映，教育和引导群众依法理性反映诉求、维护权益；对已经由最高检或省级检察院决定终结的控告申诉案件，除有新的事实和证据外，不再导入诉讼程序，严格按照《信访条例》和有关法律的规定进行处理。

（二）建立信访分类处置机制

主要依据诉求类型，加强分类管理。把握各种诉求类型的共性和特点，明确实体标准，有效提高接访工作的针对性和实效性。一是从疑难复杂程度来区分。对于重大、疑难、久拖不决的涉检信访案件，尤其是有可能采取极端行为的信访案件，坚持积极预防、定期排查，同时做好应急准备。

二是从诉讼权利行使来区分。凡是可以通过诉讼程序维护权利，按照诉讼程序由相关执法办案部门依程序办理即可的，不再通过控申部门按照信访程序办理。对于在法定期间没有依法行使诉讼权利导致丧失诉权的，视为放弃，不再支持其请求。三是从信访诉权是否合理来区分。主要针对有理、无理以及"法度之外、情理之中"型信访进行分类处置。对于有理信访，应当坚决依法维护上访人的权利；对于无理信访，主要采用说服教育的方法处理。对于破坏公共秩序的，应当及时收集固定证据，根据情节移交相关司法机关依法处理；对于当事人"法度之外，情理之中"的诉求，检察机关应发挥出应有的社会担当，最大限度地从法律、政策层面，帮助协调解决当事人的实际困难，保障其基本生活。

（三）健全联合接访机制

健全检察机关内部联访机制。一方面，建立健全内部衔接配合机制。控申部门发挥好组织协调作用，在各有关部门设兼职联络员，建立内部情况通报、信息共享、线索移送、结果反馈制度，定期召开联席会议，互通情况、分析形势、研究解决问题。特别对涉及多部门的案件处理、职能管辖交叉的协调、衔接以及信访案件的答复及善后处理等方面要协商达成共识，发挥整体效能。另一方面，完善涉检信访内部联合接访机制。检察机关内部成立涉检信访联合接访服务中心，由执法办案部门、控申部门、纪检监察部门等相关部门组成，分别负责受理、审查、交办、监督、反馈等职责，在联合接访中探究破解涉检信访难题的具体操作制度和经验；建立检察机关外部协调机制，建立完善与党政机关、部门的对接工作机制，集中社会力量，化解涉检信访矛盾，实现法律效果和社会效果的统一。❶ 实践中，可探索由政法委牵头，组建经常性处理涉法上访工作指挥协调中心，公、检、法、司机关信访部门为指挥中心成员部门。指挥协调中心统一指挥政法机关依法、公正、及时地处理涉法上访案件。对涉及多个单位的信访案件，可根据实际需要，组织相关单位联合接访、联合答复、共同处置息诉；定期督促、检查工作落实情况；上传下达处理信息以及重视信息传送、反馈，以便上级机关及时了解情况，科学决策。同时，中心可以定期

---

❶ 宋天智、孙琳："基层检察机关做好群众工作研究"，载《山西警官高等专科学院学报》2012年第4期。

组织开展活动，召开联席会议，通报前期涉法上访问题的处理情况，分析存在的问题；集中解决重大、疑难，具有争议的上访问题，安排部署今后工作，确保涉法信访工作有效进行。

（四）健全权益保障机制

一是开展心理疏导。在处理信访案件时，检察机关要避免简单机械地解释法律答复了事。要引入心理疏导机制，从认知和心理层面解决来访人员的心理误区。实践中，可结合信访人的家庭情况、信访历程、思想动态、接访过程等情况考虑是否开展心理疏导。对不听劝解、思想偏激、行为偏执的上访人员，通过邀请律师、心理专家、谈判专家等志愿者加入，共同对其开展心理疏导，对信访人给予心理疏导、法律援助、政策咨询和社会关怀等。要注重和加强心理学知识的学习和培养，主动加强地方相关单位联系沟通，建立心理专家库，与心理咨询机构建立合作机制，从心理学上提供专业支持和帮助。二是完善刑事赔偿。一方面，应统一赔偿数额计算标准，如明确赔偿数额上限，减少法、检两家确定赔偿数额的差距；另一方面，明确赔偿利息的性质和适用范围。如明确返还哪些类型的罚款或者罚金、追缴或者没收的金钱，解除冻结的存款或者汇款，哪些适用定期利息计算，哪些适用活期利息计算，进一步减少因法律规定不明确对国家赔偿工作带来的信访隐患。三是建立涉检信访救助机制。探索与刑事被害人救助机制相对应的涉检信访救助机制。对于对检察机关处理决定不服导致长期上访、生活又确有困难的上访人，可以适当提供必要的生活、医疗费等紧急救助；还可以根据具体情况协调相关部门帮助落实社保、低保以及提供就业机会等，体现司法人文关怀。

（五）建立案件终结机制

涉检信访案件长期终而不结，导致有限的司法资源被浪费，正常的信访秩序被破坏，多渠道解决涉检信访的出口问题势在必行。[1] 一方面，明确终结案件种类。对于检察机关的处理决定认定事实清楚，证据充分，程序完备，定性准确，适用法律准确，处理意见合法适当，当事人又提不出新的证据的信访案件；当事人"法度之外、情理之中"的合理诉求已经依政

---

[1] 刘太宗、马晓敏："全面贯彻落实实施意见着力提升涉检信访工作水平"，载《人民检察》2010年第14期。

策、法律法规妥善解决但仍坚持信访，所提出的要求超出政策、法律法规规定的涉检信访案件；信访反映的问题已妥善处理，当事人明确表示接受处理意见，又以同一事由重新信访的涉检信访案件。另一方面，明确终结程序。申报信访案件终结的检察院应当是作出最终有效决定的检察院，由该院控申部门具体负责启动申报程序、主持听证会等程序。经过公开听证、公开质证、公开答复，并按有关规定呈报省级检察院审查批准后作出终结决定，并将终结处理情况向有关信访部门通报备案，以维护司法裁判的权威性和终局性，解决终结难的问题。

（六）完善监督制约机制

监督制约机制导向将直接决定涉检信访工作的手段和方法，不正确的导向将导致不正确的处理方式和适得其反的效果。❶ 一是完善责任倒查机制。在涉检信访案件责任追究中，如果基于稳定的压力而处理案件承办人员，虽然从个案上可以削弱缠访、闹访的压力，但从长远看却加剧了司法公信力的危机。如承办人将屈服于息诉稳控压力，将维稳与息诉作为工作的主要目标，从而将导致公平公正让位于息诉摆平。这种着重于解决眼前问题的方式，对法治的损害将无法挽回。要明确责任倒查、追究的范围，对确实因工作不负责任、工作方法简单、执法行为不当、徇私枉法等引起的涉检信访案件，实行责任倒查；对处置信访不力人员、引发错案、瑕疵案的办案人员，严格落实信访责任。二是改革考评机制。涉法涉诉信访的考核指标设计必须要在宪法和法律框架内考量，同时还要考量考核是否符合诉访分离的要求，考察结果是否符合公平正义，是否有损司法权威、破坏法的程序正义与稳定，还应当与案件是否依法查处、案件终结引用的程序、处置信访的手段与结果、社会效果如何等辅助性指标有机地结合起来。❷ 涉检信访考核机制的价值导向应该是重视矛盾的真正解决，保障公民权利的真正实现、法治中国的真正实现。因此，应该以此导向改革考核指标，以信访案件的错案比率作为考核指标，而不是信访的规模和次数。只

---

❶ 朱春莉：" 涉检信访办理工作机制改革研究"，载 http: //www. jcrb. com/xztpd/2014zt/201403/NVCGZW/SDJ/201403/t20140311_ 1344921_ 2. html。

❷ 天津市检察机关联合课题组："涉诉信访存在的问题与解决路径"，载《法学杂志》2009年第2期，第94页。

有建立科学的针对不同类型信访案件的分类考评机制，检察机关才会根据上访案件的不同类别而寻找适合的治理方法，主观积极性得到提高，创造性就能被激活。三是强化督办机制。①强化上级检察院督查督办责任。上级检察院采取明察暗访、分片包干、听取汇报、定期通报、下督办令等各种形式，加强对下级检察院领导干部接访、案件终结、责任落实和责任查究等工作的督促指导。②强化控申部门对办理涉检信访案件部门的督办，对本院涉检信访工作加强监督、管理，要明确落实督办机构和人员的职责以及督办的程序、方式、措施，推动责任落实。③强化内部监督制约。对符合立案条件的申诉案件及时进入立案复查程序；对认定事实和适用法律确有错误的案件，该纠正的坚决予以纠正；对定性和结论没有错误但存在执法瑕疵的案件，提出整改意见，改进工作；对因执法瑕疵损坏申诉人合法权益的，及时解决申诉人的实际困难；对长期缠诉闹访的申诉人，进行心理疏导教育。善于从办案中发现执法环节存在的问题，深入剖析执法环节中细微问题的处理情况，最大空间提升办案效率和质量。❶

（七）建立恶意信访防范机制

首先，要区别性质，因势利导，对于极少数煽动闹事，有意破坏信访工作秩序的上访者和组织、策划者，要依法追究刑事责任；对于以暴力、威胁、侮辱、诽谤、诬陷或其他恶劣方法妨碍检察官执行职务的极个别信访人，要依法予以惩处；对极少数长期无理缠访闹访，对以上访为借口缠访缠诉的或者正常信访中冲击党政机关，聚众扰乱社会秩序的，根据有关法律和法规，予以必要的行政或刑事处罚。其次，要及时固定证据，全面分析评估，准确把握时机，依法进行处理，争取实现惩处一人、教育一片的良好法律效果和社会效果，以此规范涉诉信访秩序，促进社会和谐稳定。最后，要及时公布违法闹访处理情况，引导舆论导向。在涉检信访案件的过程中，要适时向媒体和社会公布无理上访、谋利型上访等恶意信访行为及其处置情况，纠正片面、已形成成见的舆论风气，着力构建有利于涉诉信访解决的社会环境，引导和纠正社会上存在的"权大于法"和"信访不信法"的错误认识。

---

❶ 何锦前："信息、科层与信访——以纠纷解决功能为中心"，见《2012年度（第十届）中国法经济学论坛论文集》，2012年。

法治化视角下涉检信访的研究

黄朝耀　汪梦蕾[*]

【提要】 信访制度作为一项特殊制度，在我国存在了很长时间，涉检信访是我国信访体制的一部分。近年来，涉检信访逐年上升，涉检信访问题也呈现复杂化倾向，集中反映了社会上的一些热点、难点问题，给社会维稳工作带来很大压力。因此，本文对当前涉检信访的现状问题进行全面分析，提出解决当前涉检信访中的问题的方法，将涉检信访纳入法律框架下，实现其法治化，建立新型信访机制，实现和谐的涉检信访局面。

【关键词】 涉检信访　问题　法治化

一、涉检信访的含义及价值

（一）涉检信访的含义

关于涉检信访，《人民检察院信访工作规定》第2条这样定义：涉检信访是指信访人采用书信、电子邮件、传真、电话、走访等形式，向人民检察院反映情况，提出建议、意见或者控告、举报和申诉，依法由人民检察院处理的活动。具体包括以下几项：①反映国家工作人员职务犯罪的举报；②不服人民检察院处理决定的申诉；③反映公安机关侦查活动存在违法行为的控告；④不服人民法院生效判决、裁定的申诉；⑤反映刑事案件判决、裁定的执行和监狱、看守所、劳动教养机关的活动存在违法行为的控告；⑥反映人民检察院工作人员违法违纪行为的控告；⑦加强、改进检察工作

---

[*] 黄朝耀，黄石市黄石港区人民检察院纪检组长、副检察长；汪梦蕾，中南财经政法大学刑事司法学院侦查学硕士。

和队伍建设的建议和意见;⑧其他依法应当由人民检察院处理的信访事项。❶

综合而言,涉检信访主要为三大类:一是举报,即由公民、机关、团体、企事业单位为维护国家、集体和人民的利益,向检察院检举、揭发,报告国家工作人员贪污、受贿等犯罪事实,并依法要求惩处的行为;二是申诉,即指诉讼当事人或者有关人员对已经生效的判决、裁定或决定不服时,依法向检察院提出,请求重新审查并予以处理的活动;三是控告,即指机关、团体、企事业单位和个人由于自身合法权益受到不法侵害,要求检察院依法追究侵害人刑事责任的行为。

(二)涉检信访制度的存在价值

在依法治国的政治背景下,党的十八大强调要用法治思维和法治方式深化改革、推动化解矛盾、维护稳定。2013年全国政法工作会议,将包括涉法涉诉信访工作改革在内的"四项改革"作为当前政法工作的要点,这也是顺应我国目前涉法涉诉信访工作面临的严峻局势而作出的措施。信访制度本质上根植于政府的公信力,承载着公民政治参与、民意表达、权利救济、纠纷化解和维护社会稳定的重要功能。涉检信访是检察机关倾听民意、体察民情,为民排忧解难的重要渠道。❷

首先,涉检信访是民众利益表达的重要渠道,其可以引起检察机关和社会的关注,从而保护民众利益。其次,涉检信访是政治沟通的重要渠道,反映的是社会矛盾纠纷和检察机关机制、执法状况等方面的问题,能促使检察机关进一步完善和提高工作,提升检察机关的执法公信力。❸最后,以检察机关为代表的司法机关的最终价值是服务于人民群众,维持社会秩序稳定。

在目前对信访制度的研究中,存在一种很明显的取消信访制度的倾向,其理由是信访制度是一种非理性、非法治化的制度,而信访的效率低下也

---

❶ 杜丽英:《涉检信访工作机制与对策研究——以浦东新区检察院为例》,复旦大学2011年硕士学位论文。

❷ 马怀德:《法治现代化与法治政府》,知识产权出版社2010年版。

❸ 刘太宗、李高生:"刑事涉检信访工作探讨",载《中国刑事法杂志》2012年第12期,第101页。

更加证明这种制度的存在已经没有必要。这种倾向让众多的信访人和信访机关及社会公众越来越质疑信访的合法性。涉检信访处理过程中涌现出来的诸多问题，不能归咎于涉检信访制度自身。涉检信访观念与制度的更新却并未与之相协相契，涉检信访制度的法制化与涉检信访工作的法治化之间存在的差距，在一定程度上使涉检信访工作步入了尴尬之境，涉检信访工作耗资颇巨，涉检信访工作者疲于奔命，涉检信访的社会效果在某些方面并不理想的结果，甚至使信访机构存在的合理性一度遭到质疑。

信访制度在我国由来已久，通过对我国信访问题存在的现状和问题分析，现行涉检信访制度的存在有着充分的法理依据和现实基础。尤其在我国社会意见表达渠道不畅的实际国情下，取消信访制度是不实际的，涉检信访制度存续仍有其现实意义。涉检信访的问题能否解决，其作用能否充分发挥关键在于将涉检信访纳入法治和理性的轨道，在法治的框架下，构建新的信访模式和途径，畅通民意表达渠道。同时，结合司法体制改革和法律修订，完善社会主义法治，建立以司法救济为主，信访、调解等非讼形式为补充的公民权利救济渠道，推进法治社会建设。

二、涉检信访制度的现实问题探讨

（一）信访人"信访不信法"，信访观念胜于法律意识

通过法律途径解决涉检信访问题是最切合信访人利益出发点和落脚点的纠纷解决方式。但是，在信访人观念中，往往不以法律作为解决问题的最终或首选手段，而是企图以信访行为来影响司法。实践中对涉检信访的处理，由于信访的无序性、无期限性和行政力量的过多介入等原因，已经在很大程度上消解了司法的终局性和影响了司法的独立性，使司法裁判对于纠纷解决的权威性作用不再权威，进而在一定程度上对整个司法体制，甚至是国家立法层面造成不利影响。司法的终局性及其重要意义，与司法的独立性，被视为司法的本质特征，是国际社会公认的司法活动应遵循的准则。联合国大会《关于司法机关独立的基本原则》第4条规定："不应对司法程序进行任何不适当或无根据的干涉，法院作出的司法裁决也不应加

以修改。"❶ 信访人对于检察机关的申诉事项，只要不满意就可以无休止地进行，甚至采取极端方式，而对于信访行为又缺乏相应的规制，更甚者出现了民意倒逼司法，迫使司法裁决进行改变的现象。

（二）集体访、重复访、越级访等非正常上访问题突出

据有关统计，集体访现已占到信访问题的 1/3 以上，而且呈上升势头。《信访条例》第 18 条规定"多人采用走访形式提出共同的信访事项的，应当推选代表，代表人数不得超过 5 人"。但上访群众明白单靠个人力量难以同政府机关抗衡，而一些群体性事件中超出法律限度的请求往往得到了满足，于是上访人员抱着"法不责众"的念想并抓住政府这种"求稳怕乱"的心理，通过集体组织上访扩大事态甚至采取集体围攻政府大门、堵塞交通等方式来引起政府"关注"。比较突出的农村集体上访，国有改制企业职工集体上访，家族集体上访，故意造大声势，施加压力。群体性事件往往具有较大的社会破坏性，严重影响到正常的工作秩序。

重复上访即所谓"缠访"，主要集中在两类问题上，一是历史遗留问题，由于政策的变更造成一些该落实的待遇或利益无法实现，或因为年代久远造成举证困难，以至于上访人内心认定的合法诉求不能满足，只能是一次又一次的上访。二是司法救济途径已经穷尽，但当事人由于自身对法律的理解和认知能力不够，对正确结果不愿接受，希望通过"清官"来满足自认为合法的要求。如有的当事人或因不服法院判决，或因终审判决不能执行，每到"两会"、党代会或政治敏感时期重复上访，给基层政府带来维稳压力。

越级上访不仅浪费信访资源，加大成本，还扰乱了正常的信访程序。为阻止越级上访，上级就对下级层层施压，制定严格的考核标准，规定下级辖区内一年的越级上访数量不得超过一定的限额，并把考核结果与干部的政绩和升迁挂钩，实行"一票否决"。于是，在劝说无效的情况下，地方采取"堵、截、卡"等简单粗暴的方法来对待越级上访群众。国家信访局周围就有许多各地派往北京常驻的"截访人员"，有公安民警、有各基层信访工作人员，他们的职责就是收集有关辖区居民上访信息，关注上访人动

---

❶ 2001 年 7 月由国家行政学院和美国亚洲基金会联合于上海召开的"WTO 与中国行政法改革研讨会"上的发言。

态，对上访人作出快速反应，成功拦截上访人，有的甚至采用试探、引诱和威逼的方法将信访人带走。近年来，为避免被信访人指控公安机关不务正业、行政乱作为，个别赴京上访严重的省份甚至在"截访"方式上推陈出新，与保安公司合作，由保安员以近乎"绑架"的手段将信访人带离。

(三) 信访功能错位

信访的出现，原本是构建民主监督和畅通民意表达的渠道。作为传递国家治理信息的一个途径，信访本身不负有处置信访人所反映问题的职责，只是将信访获得的信息转达有关部门处理。但随着其功能的异化，"信访早就从国家治理信息的搜集走样为法制事务的政治解决"，❶ 使得民众对信访报以极高的希望。在实践中，对信访的高度重视和不适当的宣传，在无形中夸大了信访体制的纠纷解决作用，刺激着进一步的信访扩张。

(四) 执法公信力缺失和救济渠道的缺位使得上访数量不断增多

许多案件在处理时的推诿和拖延，使得公正不能实现，导致执法公信力的缺失，一旦出现信任危机，民众必然会选择其他途径，求助于更高级别的权力，以获得权利的救济，由此引发源源不断的信访。与此同时，当事人受到不公正待遇的司法救济渠道尚存缺位。以法院裁判失误的纠错为例，刑事案件受"上诉不加刑"的影响，被害人及家属对刑事裁判不满，只能借助于检察机关的抗诉才能进入二审程序纠错。再审申诉案件亦如此，已生效裁判再次进入审判程序困难重重，法院为维护司法裁判的权威性，一般不会轻易启动再审程序，当事人在求助无果的情况下，转而纠缠检察机关，通过抗诉启动再审。尤其是刑事案件的再审，法院自行启动审判监督程序原则上不能增加被告人的刑罚，被害人及家属想要加重对被告人的处罚，只有申请检察机关抗诉这一条途径。在穷尽救济程序之后，当事人只能抓住检察机关这根救命稻草软硬兼施，实现自己的信访目的。

三、法治化视角下涉检信访制度的再构

解决涉检信访问题也是一个综合工程，涉检信访问题的解决宜"疏"

---

❶ 任海涛："信访制度是否适应时代潮流"，载《探索与争鸣》2012 年第 1 期。

不宜"堵",仅凭检察院一家的努力无法彻底解决涉检信访问题。涉检信访问题的彻底解决,需要全社会共同努力,尤其要加强法治理念的培养,当整个社会法治观念能够真正形成的时候,涉检信访就会减少甚至消失;此外要对我国目前的司法体制进行改革,让法院真正成为一个居中裁判的机关,检察院和法院明确分工配合。❶

新修改的《中华人民共和国刑事诉讼法》和《中华人民共和国民事诉讼法》强化了检察机关的诉讼监督职能,扩大了检察机关信访案件的受理范围。随着有关法律和检察改革的深入,涉检信访改革已提上日程,在强化涉法涉诉信访法治化的大背景下,需要不断改进涉检信访案件解决机制,完善涉检信访制度的功能。在依法治国的社会政治背景下,信访应当以法治原则为基础,在法治的框架内合理定位,充分发挥其辅助核心政体的效用,而非与之相矛盾,让信访回归法治,制度的改革和建设是首要任务。❷

(一)提高涉检信访立法层次,使涉检信访制度真正"有法可依"

尽快将《信访法》纳入人大立法规划,并开展充分调研。首先从法理上讲,信访权是写入宪法的一项重要的民主政治权利,仍然用行政法规和地方性法规来规范信访行为、调整信访法律关系力度欠缺。既不利于信访人依法理性维权,又不利于信访机关依法行政,也影响到司法裁判权威。

(二)强化涉检信访的诉求表达功能,减少其权利救济功能

要在法治框架下正确认识和准确定位涉检信访制度的功能。目前我国的信访活动大致可以分为三类,即参与类、求决类、涉诉类。参与类信访主要是对各级国家机关的工作提出建议、意见及批评的信访事项,体现公民的民主意识和权利意识,应成为信访的主要功能;求决类信访是请求各级行政机关解决实际问题的信访事项,这一类信访事项中,绝大部分可以通过仲裁、复议、诉讼解决,不应纳入信访解决的范围;涉诉类信访是对已经终审生效的法院判决提出的申诉,与我国诉讼制度规定的审判监督程

---

❶ 陈广胜:"将信访纳入法治的轨道——转型期信访制度改革的路径选择",载《浙江社会科学》2005年第4期。

❷ 刘建国:"涉检信访工作的理念、机制与方法",载《中国检察官》2009年第1期。

序相背离,❶ 应该纳入司法系统通过法律途径解决。要将信访中的法律问题界定为"诉"作为一种意见进行听取,及时依法处理;将法律问题终结后或因法律问题引起的善后落实问题界定为"访",及时通过相应的行政手段予以解决,❷ 实行诉访分离制度。

（三）扩大司法救济渠道

一是适当扩大司法机关受案范围,将更多的涉检信访事项引入司法的范畴,解决当事人因投诉无门而引发信访。二是对错误的司法决定缺乏救济途径,如对法院裁判上诉的限制,导致相当一部分存在瑕疵的裁判结果不能进入程序纠错,可考虑拓宽上诉案件范围。三是某些不合理机制带来司法救济的困难,以二审终审和审判监督机制为例,这种设置一方面压缩了当事人维权的机会,另一方面又对终审裁判构成冲击,导致终而不结,维权出现反复。

（四）落实依法独立办案原则

涉及司法的信访案件只能通过司法途径加以解决,国家应支持司法机关依法独立办案,不受信访的干扰和影响。同时严格信访程序,减少信访中的"人治"现象,明确信访接待是为了解社情民意,并对重大复杂信访问题进行督办,而不是直接处理问题。特别对于党委和人大交办、转办司法机关处理的涉检信访案件,其监督应针对司法程序方面,即司法机关是否依法定程序办案,而在实体处理上应尊重司法机关的专业判断。

（五）建立涉检信访终结制度

实践中常常会遇到有些信访人反复进入各级人大、政府、检察院、法院进行信访,上级国家机关接访后,反复做出交办、转办,接到交办、转办指令的国家机关又要重复原来的信访案件处理工作,由此导致国家机关耗费大量的司法资源,也使国家机关陷于这些信访案件,影响正常工作开展。面对这种情况,可以参照我国《信访条例》规定的三级终访的思路,构建涉检信访终结制度。信访人对检察机关作出的处理意

---

❶ 陈广胜:"将信访纳入法治的轨道——转型期信访制度改革的路径选择",载《浙江社会科学》2005 年第 4 期。

❷ 孙谦、童建民:《检察机关贯彻新刑事诉讼法学习纲要》,中国检察出版社 2012 年版,第 109 页。

见不服的，可以请求上一级检察机关复查，如果对复查意见不服，可以向复查机关的上一级检察机关请求复核，信访人对复核意见不服，仍然以同一事实和理由提出诉求的，各级检察院以及其他国家机关不再受理。建立涉检信访终结制度需要各级国家机关达成共识，尤其是最高国家机关对建立信访终结制度要重视起来。建立涉检信访终结制度可以避免国家司法资源的浪费，使检察机关从缠访中摆脱出来，也有利于树立检察机关的权威。❶

四、结　语

涉检信访与检察机关职能紧密相关，既是检察机关份内之事，也是检察机关服从整个国家信访工作大局，必须要面对和做好的事情。检察机关要有服从大局的意识，积极主动开展信访工作，接待来访人员，设身处地为信访人员着想，抱着一定要给信访人明确无误的答复和实实在在解决问题这样的态度来面对信访工作。在很大程度上，态度决定一切，有一个正确的态度，就已经有了一个良好的开端。涉检信访问题回避不了，信访工作需要坚持不懈地抓下去，但涉检信访制度的改革和完善也是必然的。改革和完善信访制度的方向，是把信访纳入法治化轨道，在依法治国，依法执政，依法行政的系统中，实现依法信访，依法处理信访，依法化解矛盾纠纷，依法维护社会长治久安。信访功能，信访范围，信访规则，信访程序和信访依据等方面的法治化，是我们改革和完善信访制度和信访工作实践的主要内容，在此基础上，使信访成为我国法治体系中的一项重要制度和实践，服从和服务于依法治国的基本方略。

参考文献

[1] 方世柴、戴小明：《行政法与行政诉讼法》，北京大学出版社 2005 年版，第 316 页。

---

❶ 卢阳："涉检信访工作机制完善探讨"，载《法制与社会》2009 年第 9 期。

［2］马怀德：《法治现代化与法治政府》，知识产权出版社 2010 年版，第 220 页。
［3］刘太宗、李高生："刑事涉检信访工作探讨"，载《中国刑法杂志》2012 年第 12 期。
［4］任海涛："信访制度是否适应时代潮流"，载《探索与争鸣》2012 年第 1 期。
［5］陈广胜："将信访纳入法治的轨道——转型期信访制度改革的路径选择"，载《浙江社会科学》2005 年第 4 期。

基层检察院涉检信访的困境及解决对策

陈国胜　潘　慧[*]

【提要】 基层检察院如何处理好涉检信访案件，能否让人民群众依法有序表达诉求，及时解决实际问题，是当前一项极为重要的工作，它直接影响检察机关维护稳定的第一要务，直接关系人民群众的切身利益，直接体现检察机关"强化法律监督，维护公平正义"的工作效果。为此，笔者对近年来黄石港区检察院的涉检信访案件进行调查分析，以期更好地做好涉检信访工作，维护群众合法权益，促进社会和谐稳定。

【关键词】 涉检信访　原因　创新机制

一、近几年来涉检信访工作的现状及特点

据统计，湖北省黄石市黄石港区检察院近三年来涉检信访案件总量为95件。其中，举报职务犯罪线索50件，申请诉讼监督17件，民事行政监督17件，控告申诉1件，其他10件。主要呈以下特点。

（一）数量呈逐年上升趋势

2012~2014年，涉检信访案件数分别为：25件、31件、37件，逐年上升。截至2015年3月控申部门受理申请民事监督举报线索2件，申请立案监督2件，控告该院违法办案1件，日常受理群众来访案件10件。所以，从数量来看，信访案件逐年上升，且上升比率越来越高。

---

[*] 陈国胜，湖北省黄石市黄石港区人民检察院副检察长；潘慧，湖北省黄石市黄石港区人民检察院工作人员。

(二) 集体信访、缠访闹访问题突出，息诉罢访难

有的群众在不明事件真相或不明案件管辖的情况下，盲目跟从聚众、助势参与群体上访，有的是对相关案件处理结果未达自己的要求不满意，重复信访、缠访。

(三) 信访内容包罗万象、涉及面广

既有反映公安机关办案人员有案不查、徇私枉法案件，也有不服公安机关处理决定、不服法院判决裁定，请求检察机关法律监督的刑事、民事申诉；现实中与民生问题息息相关的征地拆迁、企业改制、教育医疗、社会保障、土地纠纷、城镇建设、环境污染等领域的社会问题，也以信访形式涌向国家法律监督机关。

(四) 工作机制不尽合理

信访工作在过分强调责任的同时造成了缩手缩脚、怕惹事、怕管事的负面影响。例如在绩效考评工作机制中，办理涉检信访案件进行的责任倒查机制，造成相关责任人员在办理案件过程中，缩手缩脚，甚至互相推诿，从而给涉检信访案件的办理留下了隐患。

二、当前涉检信访问题的原因分析

(一) 群众维权意识明显增强

随着社会的发展，群众民主意识和法律意识在不断增强，要求切实维护自身合法权益的意识也不断增强，但是由于大部分人受法律知识水平所限，不知应如何通过法律途径来维护自身的合法权益，这便使得群众维护自身合法权益的愿望通过信访渠道反映出来。在信访工作中很多人往往不注重证据的收集，而且对证据的理解和事实的认定不够客观，司法部门的处理一旦没有达到群众所期望的结果，他们就开始了长期的上访之路。群众法律意识和证据意识淡薄是产生信访问题的重要原因之一。

(二) 部分当事人对处理案件的期望值过高

应该说，基层检察机关处理的绝大部分案件都是事实清楚，适用法律正确，程序合法的。但是有些案件当事人由于个人私欲过高，有的案件举报人对法律条文理解有所偏差或断章取义，对案件在法律事实认识上存在

误区,听不进办案人员和信访接待人员的解释答复,他们以自我为中心,对自己有利的就接受,对自己不利的就拒绝,对案件处理提出毫无法律依据的要求,一旦达不到个人预期的目的,就表示对案件结果不理解,不满意,就认为执法不公而不断上访,这也是涉检信访案件中处理难度最大的一部分。

(三)信访接待工作存在薄弱环节❶

检察机关自身存在问题,基层检察院往往都存在工作任务繁重、人员配备不到位等问题,检察业务熟练、年轻力强的干警一般都配备到了反贪、反渎、公诉、侦监等重要业务部门,控申部门要么配备一些刚参加工作的年轻同志,要么配备一些快要退休的老同志,而这些同志要么是检察业务不熟练,要么是工作积极性不高,在接待群众来访时说理不够或者态度冷漠,使部分群众对检察机关的处理决定产生怀疑或误解,也会导致涉检信访问题的发生。

(四)信访工作制度不完善❷

检察机关在接待处理群众信访问题时,没有完整细致可操作的机制,这样容易导致当事人对检察机关的处理不服。此外,对于一些无理缠访的当事人不敢依法处理,检察机关也没有细致可操作的机制,而是一味迁就妥协,力求少生事端。在信访条例等制度中设定了"信访责任倒查制度",但由于部门之间的利益分配及上级机关对基层院目标考核机制的要求,因此信访责任倒查制度难以落实。❸ 涉检信访工作是一项社会系统工程,不仅是司法机关或检察机关内部的事情,而且需要社会其他部门多方真诚配合才能做好。而现行信访制度最大的问题就是功能错位,信访制度本质应该是收集和传达群众民意的一种制度设计,而现在却成了群众解决问题的一种救济方式,而且被视为优于其他行政救济方式甚至司法救济的最后一根救命稻草。由于信访制度设计的不足,加之对造成上访案件责任倒查制度的执行不力,难于操作,导致目前信访工作开展难度加大。

---

❶ 刘曦:"当前农村涉检信访现状、特点、成因及对策",载《中国检察官》2014年第10期。

❷ 叶晓玲:"对当前基层检察院涉检信访问题的情况分析",载《法制与经济旬刊》2010年第9期。

❸ 苏涛:"新形势下基层检察院涉检信访工作的思考",载《山东大学学报》2010年第8期。

（五）经费保障紧缺滞后，案款退赔难以到位

在接待和处理信访的过程中，由于过去办案不够规范，有的职务犯罪案件在侦查阶段和终结判决后所认定的涉案数额发生变化，出现收多判少，需要给当事人退款的情况。另外还有错案赔偿的问题。受理申诉后，因这些案款上缴财政，现在又要退赔，必须经过较长时间的办理程序。但当前基层院办案经费仍较紧缺，只能申请财政拨款退赔，由于长时间退赔工作难以落实到位，从而引起当事人重复上访。

三、解决涉检信访问题的相关对策研究

控申接待室作为检察院联系社会群众，参与社会管理创新的对外窗口，承担着法律监督和化解社会矛盾的重要职能。❶ 而在社会管理创新条件下，妥善处理涉检信访问题不仅需要控申部门如法治宣传，创新管理，队伍管理等软件建设，更需要检察院在案件管理，检察职能延伸等方面创新合理机制，才能更好地解决群众所关心的问题，最后达到息诉罢访，维护社会稳定的目的。

（一）强化涉检信访工作干警的素质，提高化解涉检信访问题的能力

一是加强学习。即要求涉检信访工作干警认真学习并熟练掌握党在新时期的各项方针、政策和国家的法律法规，使涉检信访工作干警"内强素质，外树形象"，不断提高为人民服务的水平。二是树立公仆意识，为民排忧解难。强调干警坚持为基层服务、为群众服务，要求经常深入基层了解民情，反映社会热点，除了办理日常信件外，面对素质参差不齐的上访群众，使涉检信访工作干警均能独当一面，做到耐心听取意见，深入调查问题，公正处理问题，快速高效地做好处理涉法上访工作，使一批批来信来访者反映的问题，能够件件有回音、事事有着落。

（二）构建多元化的法律宣传工作机制，从源头上化解涉检信访问题

从处理的信访案件看，有一些群众上访所反映的问题不属于检察机关管辖，当诉求得不到解决时，一些群众偏执地认为是检察机关故意拖延，

---

❶ 覃健："基层检察院涉检信访工作存在的问题及对策"，载《法制与经济》2011年第10期。

消极处理。有时还会产生闹访、缠访的问题，不仅影响了司法效率，还损害检察机关维护公平正义的社会形象。为增强群众的法律意识及对检察机关职能进一步了解，接受群众和社会各界的监督，必须改变传统的纸质材料单一的宣传方式，采用多元化的宣传方式，实现多方位的法治宣传效果。首先，利用网络进行法制宣传，创新举报方式。网络社会的崛起，日益成为人们的交流和信息获取的主要工具，为检察院建立以网络为主要平台的社情民意畅通机制提供可能。黄石港区检察院控申部门在此基础上，总结其他兄弟院的先进经验并结合自身特点建立检察门户网官网平台，定期在该平台张贴贴近生活的法律小案例或与生活相关的法律知识，该平台除承担法律宣传的职能外，还可以进行网上举报和法律咨询，希望通过该机制能够及早化解社会矛盾，维护社会稳定，拓展举报渠道。其次，积极开展"举报宣传周"活动。除每周检察长接待日的安排外，黄石区检察院定期对各类信访案件和涉检信访隐患案件进行排查，筛选出矛盾相对突出，多次上访和存在重大信访隐患的案件，落实带案领导带领走访，了解民情，听取诉求，进而有效化解矛盾。最后，大力开展送法进社区，送法进学堂等多样式的法律宣传。黄石区检察院控申部门积极与居委会或街道办密切工作联系，组织院领导以及各职能部门14位负责人走进王家里社区、海关山社区，走进街道设立宣传点，讲解法律知识，共制作展板20份，发放宣传资料80余份，接受群众控告1件，接受群众咨询20次，取得良好的社会效果。

（三）控申职能向群众延升，快速化解矛盾

聘请涉检信访信息联络员，设立社区检察工作站，将问题解决在基层，避免造成信访人员的经济损失的同时也有利于节约司法资源，同时对于一些容易造成缠访、闹访的问题可以形成预警机制。鉴于司法所等部门承担着一些法律宣传的职能，检察机关可以与这些部门建立联系，聘请司法所的工作人员为检察院的检察联络员，充分发挥信访骨干信访业务精通、维稳经验丰富、地缘熟悉人脉广、信息掌握及时的优势，互补检察机关控申信访工作人员少、经验不足、信息不灵等方面的短板。检察联络点不仅是检察职能的社会延伸，也是社会管理创新下的必需，它能够及时了解基层的社会治安和法制状况，协助基层开展社会治安工作，及时解决不利于稳

定的问题，同时能够与群众建立良好的沟通机制，收集各类犯罪线索，拓宽案件线索来源，解决社区群众矛盾，切实做到检力下沉，问题解决在基层，矛盾化解在基层。

（四）完善信访风险评估机制，提高紧急问题的应对能力

涉检信访风险评估是指检察机关案件承办部门或承办人员对所办理的案件作出特别是不捕决定、不诉决定、不立案等决定前，对决定是否会引起当事人上访、缠访等不稳定因素进行分析、预测和判断，提出恰当的处理意见，提前采取必要措施。涉检信访风险评估预警机制能够把问题解决在萌芽状态，最大限度地预防和减少涉检信访案件的发生。但是，检察机关信息平台的完善和各部门的沟通协作，相互支持，有机配合是信访风险评估机制建立的基础。此外，控申部门要建立自己的信访信息预警资料库，定期对检察联络员反馈的信息和本单位业务部门排查信息进行分类评估，发现引起上访的共同原因，制定预防机制。此外控申部门应该与其他单位组织加强外部互动，实现信息共享，尤其是对于可能引发群体性事件、突发事件、越级上访事件的案件，建立一体化调节化解机制，充分调动发挥各单位自身的优势，有效化解社会矛盾。

（五）畅通检察对接机制，提高工作效率

控申信访接待窗口处理的案件类型复杂多样，其中很多案件涉及办案部门，接待人员对信访所反映的案件具体办理情况不甚了解，不能及时有效地答复信访人，容易引起信访人对检察机关的不满与怀疑。因此，部门之间的协作不畅，造成不能够及时有效地处理信访问题，必须在案件管理系统的基础上完善信息平台，畅通检察对接，实现信息共享。笔者认为，控申部门应当承担案件管理流程中的接收案卷和分流案卷的职责，了解案件的进度，解决接待人不了解案件，了解案件的人不接待的困境，同时控申部门也能够及时审查案件，了解案件情况，对可能引起涉检信访的案件进行预防，及时救助刑事被害人，缓和社会矛盾，维护社会稳定。但是，信息机制共享，部门工作对接是办案流程建立的前提。控申部门在接到案件时，对案件进行初步登记，分流到相关业务部门。该部门接收案件后，通过网上办公平台，将该案件的承办人及案件的办理情况反馈到控申部门，当信访人来访时，控申工作人员能够及时有效答复。

(六) 完善刑事被害人救助工作，保障受害人合法权利

公平正义是现代社会文明进步的重要标志，对刑事被害人的救助能更好地维护社会的公平正义，反映和谐社会的价值取向，也是维护社会秩序稳定的必然要求。刑事被害人的权利受到侵害，虽然犯罪分子得到国家的刑罚处罚，但是刑事被害人的精神受到很大的创伤，容易激发他们对国家社会的不满，给社会稳定带来不安定的隐患，对刑事被害人的救助可以作为维护社会稳定，化解社会矛盾的有力武器。❶ 尤其是对于那些得不到及时赔偿，家庭确实困难，对检察机关相关处理决定不服，导致多次上访，又不能按照国家赔偿法予以补偿的被害人，从经济上给予适当的补偿，能够安抚心情，消除对立情绪，从而解决信访问题。

(七) 涉检信访工作透明化，提高涉检信访工作的公信力

建立涉检信访监督机制，实现涉检信访透明化，是自觉接受社会监督，实现阳光信访的体现，能够有效平息上访人的激动情绪，减少社会对抗，维护社会稳定。❷ 将人民监督员制度与涉检信访工作结合能够打消信访人的种种顾虑，使人民群众对检察机关办理的涉检信访案件，直接置于群众的监督之中，通过人民监督员的参与，让他们对检察机关的公平性、公正性作出如实评判，促进当事人息诉罢访，树立检察机关的公信力。同时对于多次上访难以平息的信访案件，检察机关可以邀请人大代表、政协委员、律师等社会人员参与，组成信访听证会，通过公开听证，依靠社会力量和群众舆论做好矛盾化解，达到当事人满意，实现法律效果和社会效果的有机统一。社会管理创新的终结目的是维护社会的稳定与和谐，而检察院控申部门的信访接待工作则承担着化解社会矛盾，维护社会稳定的重要职责，是社会安定与否的晴雨表。因此，涉检信访工作不仅仅是控申部门的业务，更应该将信访工作纳入全院的目标考核当中，融入执法办案部门的各个环节，形成合力，既要发挥控申部门的窗口作用，又要让批捕、公诉等部门积极配合，形成信访工作一体化的格局。❸ 同时，控申部门加强信访接待队

---

❶ 杜金洪：“浅析社会创新管理机制下基层检察院涉检信访的解决对策”，载《法制与社会》2013 年第 11 期。

❷ 施春典：“关于完善处理检察信访长效机制的思考"，载《中国检察官》2010 年第 3 期。

❸ 高卫：《论我国涉检信访工作机制的完善》，河北师范大学 2012 年硕士学位论文。

伍的软实力的建设,在日常接待中巧妙运用心理方面的知识,化解重复访、缠访等疑难问题,这要求对接待干警定期进行心理学知识的培训,参加心理实践活动,提高自身的运用能力。❶ 此外控申部门要积极发挥自身的能动性,摸索信访接待中的创新机制,与公安、法院、政法委等部门实现信息交流,分享各自的信息资源,突破各自为政的局面,避免接待中的互相推诿现象。唯有如此,才能形成完整的系统,及时有效地化解社会矛盾,维护社会稳定,发挥检察机关在社会创新管理机制下的职能。

参考文献

[1] 王宁:"当前涉检信访的现状及机制完善探讨",载《中国检察官》2014年第3期。
[2] 康积明:"新形势下涉检信访的特点分析和对策",载《今日中国论坛》2014年第10期。
[3] 曹澄鸣:"当前基层涉检信访的类型、原因与对策",载《中国检察官》2013年第11期。

---

❶ 苏涛:"新形势下基层检察院涉检信访工作的思考",载《山东大学学报》2010年第8期。

浅析涉检缠诉、缠访的解决途径

陈华斌　王红卫[*]

【提要】 长期以来，解决缠诉、缠访问题一直是涉检信访工作的重要内容。上述问题不仅事关人民群众的切身利益，事关检察机关的司法公信，也事关社会稳定和长治久安。笔者认为，治理缠诉、缠访问题，只有做到关口前移、提前防范，从源头上预防和减少缠诉、缠访问题的产生，才是涉检信访工作的治本之策。

【关键词】 涉检信访　缠诉　缠访　途径

一、涉检信访的界定

涉检信访就是涉及检察机关工作的群众来信来访，是通过向检察机关提出控告、申诉、举报，来达到某种目的，实现某种诉求，以实现或维护自身权益。涉检信访主要是指：（1）群众举报后未查处、查处不到位或查处后未反馈的；（2）依法应当受理的控告、申诉而不受理的；（3）不服检察机关处理决定的；（4）执法不规范引发的信访事项；（5）执法错误，该纠正未纠正的；（6）控告检察干警执法不廉、违纪违法的；（7）其他涉检信访事项，依法属于检察处理权限的。其实，涉检信访有狭义和广义之分。狭义的涉检信访是指对检察机关应该处理的事项和对有关处理决定不服的信访；广义涉检信访是指除狭义涉检信访外，群众对其他执法机关应该处

---

[*] 陈华斌，湖北省黄石市西塞山区人民检察院副检察长；王红卫，湖北省黄石市西塞山区人民检察院检察官。

理的事项和有关处理决定不服而要求检察机关依法实施法律监督的信访。[1]

群众的信访问题得不到及时解决，或有的对法律有误解，有的问题虽得到处理，但仍然不满意，进而重复上访、无限申诉，形成缠诉、缠访现象，作为法律监督的检察机关如何从维护司法公正、服务和谐社会建设的角度出发，积极稳妥地处理好涉检信访案件，及时有效地解决缠诉、缠访问题，已经成为当前的一个重大而紧迫的现实问题。

二、涉检信访中缠诉、缠访问题产生的原因

（一）执法办案活动有瑕疵

从我院近几年受理的涉检缠访、闹访案件看，一些当事人之所以长年上访，有些并不是因为案件裁判或者处理结果有问题，而是在办理过程中工作不细致、处理欠妥当有瑕疵，而这些瑕疵很难依据法律途径解决，导致了当事人长期缠诉、缠访。如对扣押的款项不服的，要求返还扣押物品的。当信访人提出的要求得不到满足时，就多次到检察院申诉，演变成缠访行为，其中不乏恶意闹访。当接访人员在接到工作中不同意信访人的偏激看法，缠闹者便往往情绪失控，要求检察长亲自接访，把希望完全寄托在院领导身上，认为只要领导开口事情就好办了，而对一般接访人员不屑一顾，未得到领导接访缠闹者甚至会利用一些不理性举动来吸引社会的关注。[2]

（二）侦查监督环节信访案件所占比例较大

在接待群众来访中，反映要求立案监督的信访案件占比例较多，主要反映以下几方面的问题：一是反映公安部门立办的轻伤害案件办案周期长；二是反映轻伤案件双方调解无法达成协议后久拖不决；三是有的案件由于客观原因尚没侦破，当事人存在怀疑心理，便认为办案人员偏袒对方，甚至怀疑办案机关办关系案、人情案。认为执法活动有违法问题，要求检察机关以渎职为由立案侦查。许多情况下，他们所反映的问题属于执法过程

---

[1] 胡长群、刘平安："试析无理缠访现象特点成因及对策建议"，载《法律博客》2008年第8期。

[2] 刘曦："当前农村涉检信访现状、特点、成因及对策"，载《中国检察官》2014年第10期。

有瑕疵、尚未达到犯罪的程度，不具备立案侦查的条件。❶ 当事人对检察院的解释不理解，从而引发的缠诉，闹访。也有案件当事人对法律、法规一知半解，认为大闹大解决、小闹小解决、不闹不解决，为达到自己的目的无理缠诉。

（三）部分历史遗留的信访积案

由于错过了处理和解决的最佳时期，造成案件时间跨度长，法律、政策变化大，当事人诉求高，种种问题交织在一起，当事人反映的问题无法进入司法程序，增大了案件的处理难度。导致其长期上访乃至偏执型缠访，当事人多数在职业、年龄、文化程度、家庭情况、经济状况、性格脾气、法律意识等方面存在着一定的特殊性，尤其是性格固执、喜欢钻牛角尖，自以为对法律比较了解，坚持要从法律上"解决问题"。有些来访者其反映的问题，不属于违法犯罪，无法启动司法程序，但多年以来，不听有关部门的解释，坚持到检察机关上访，要求立案并追究相关人员的刑事责任。由于诉求无法得到满足，偏执的状况加剧。❷

（四）其他人为性因素导致涉法涉诉信访矛盾突出

一些部门出于维稳考虑，对上访者过于迁就，有群众越级上访就千方百计从各方面做工作，直至上访人满意并息诉，这种过激反应加重了信访人"不上访不办事"的思想；有些信访部门由于害怕进京进省上访，不是依法处理信访问题，而是对无理缠访的人一味妥协迁就，不少无理上访者抓住了这种心态，变本加厉上访，新问题层出不穷；还有一些上访者反映到某些部门后，接待人员对案件事实并不清楚，答复口径不统一，多头批示，给当事人过多希望，因而无形中孕育了"鼓励机制"，形成了不断上访的恶性循环，最后问题仍得不到解决时就导致长期缠诉、缠访。❸

---

❶ 刘海鹏：《论涉检信访制度——从赤峰市检察院信访工作看信访工作制度》，内蒙古大学2012年硕士论文。

❷ 杜丽英：《涉检信访工作机制与对策研究——以浦东新区检察院为例》，复旦大学2011年硕士论文。

❸ 营龙云、潘竹梅：“浅析涉检信访成因”，载《中国市场》2010年第6期。

三、涉检缠诉、缠访问题的解决途径

（一）提高认识，加强案件管理工作

首先要解决好思想认识问题，即对实行案件评查制度有一个正确的理性认识，以增强做好这项工作的自觉性。评查不是目的，核心在于提高执法人员业务素质和司法能力，规范办案部门的执法行为，确保办案质量，从源头杜绝涉检缠诉、缠访问题的发生。

（二）完善法律文书说理制度

加强检察法律文书说理工作是提高检察机关执法水平和办案质量，保障检察权依法公正行使的有效途径，说理工作有助于当事人和有关机关全面正确理解人民检察院的执法行为和所作决定的事实、法律、政策依据，促进社会和谐稳定。我们要充分认识检察法律文书说理工作的重要意义，切实转变观念，不断创新机制，推动检察法律文书说理工作深入开展。做到凡是检察机关作出最终处理决定的法律文书都要充分说理，特别是对不立案、不批捕、不起诉、不抗诉、立案监督案件的答疑说理工作，通过释法解惑、心理疏导，引导和帮助当事人化解积怨，展现检察机关在个案中采信证据、认定事实、适用法律的依据。❶

（三）强化诉讼监督，化解社会矛盾

树立"以法律监督为手段，以纠正执法错误为关键，以解决问题为根本"的思想，高度重视立案监督工作，严格依法审查。对于符合立案侦查条件的，依照法定程序监督侦查机关立案侦查，及时向控告人反馈信息，并且要全程跟踪监督案件进展情况，防止督而不办，久拖不决。对于不符合立案侦查条件的，要协同控申部门做好控告人的工作，耐心地向控告人说法、明理，使控告人真心接受处理结果，不留矛盾隐患，使人民群众更信服司法机关，从而化解社会矛盾。❷

（四）建立多元化调处机制

解决疑难复杂信访问题，一直是涉检信访工作的关键环节，探索通过

---

❶ 刘向前："分析涉检信访的成因、解决途径及措施"，载《活力》2010年第8期。
❷ 李昌奎：《涉检信访处置机制研究》，山东大学2010年硕士论文。

以下几种形式解决缠访、缠诉案件。一是把检察救助与执法办案紧密结合，通过救助抚慰被害人，消除其不满情绪，达到化解矛盾的根本目的。二是充分依托检察职能优势，在信访工作中探索建立社会矛盾联动化解机制。主动协调相关部门，建立联合处理刑事案件缠诉、缠访工作，形成工作合力，化解疑难案件。三是要积极主动地协调相关部门，动员各方力量，形成化解刑事案件涉访涉诉的合力，构建刑事案件息诉协调工作大格局，从而引导群众依法合理表达诉求。❶

（五）进一步延伸检察工作触角

进一步发挥基层检察院在化解矛盾中的基础作用，广泛开展检察工作进农村、进企业、进社区、进学校等活动，使法律监督工作贴近群众、贴近基层。目前我院在辖区已设立检察联络点和检察室，今后要切实发挥检察室、联络点在查办案件、开展预防、宣传法制、化解矛盾、及时解决群众司法诉求、帮教管理特殊人群等方面的独特作用，把检察室、联络点建成化解社会矛盾的阵地，切实维护群众的合法权益。

（六）切实做好案件风险预警评估处置工作

检察机关建立执法办案风险评估预警机制有其现实的必要性，办案人员要正确处理风险预警评估与加强执法办案的关系，既要切实履行法律监督职责，又要实事求是地做好风险预警评估工作，及时预警、依法处置、有效化解矛盾，确保执法办案"三个效果"的有机统一。案件承办人要摒弃就案办案的单一做法，及时评估预警执法办案中的风险，进一步规范执法行为，转变执法方式，增强办案在化解社会矛盾中的防范预警性，及时发现和化解不和谐、不稳定因素。

（七）构建"大控申"格局

化解涉检信访案件是一个系统工程，需要多个部门相互配合，形成合力，才能达到效果。控告申诉部门是检察机关化解矛盾的最前沿，但控申工作是一项复杂的系统工程，那种"只靠控申部门息诉罢访"已经不能适应新形势需要。要做好涉检信访的化解工作，必须构建起控申与各项检察业务对接，将息诉罢访责任分解到各个检察环节，逐步建成全院业务部门

---

❶ 上海市闵行区人民检察院课题组："涉检信访风险预警评估机制研究"，载《法治论坛》2011年第3期。

各司其职、共同参与、积极配合的"大控申"工作格局。❶

参考文献

[1] 胡长群、刘平安:"试析无理缠访现象特点成因及对策建议",载《法律博客》2008 年第 8 期。
[2] 上海市闵行区人民检察院课题组:"涉检信访风险预警评估机制研究",载《法治论坛》2011 年第 3 期。
[3] 李昌奎:《涉检信访处置机制研究》,山东大学 2010 年硕士学位论文。
[4] 刘向前:"分析涉检信访的成因、解决途径及措施",载《活力》2010 年第 8 期。
[5] 营龙云、潘竹梅:"浅析涉检信访成因",载《中国市场》2010 年第 6 期。

---

❶ 刘忠权、任思敏、关玉新、宋剑锋:"试论依法规范有效办理涉检信访案件",见《第五届国家高级检察官论坛文集》,2009 年 7 月版。

浅谈如何处理新时期下涉检信访案件

吕明明　梁国良[*]

【提要】 近年来,针对涉法涉诉信访总量高位运行,少数群众"信访不信法""信上不信下""弃法转访"等突出问题,中央就涉法涉诉信访工作机制改革作出重大部署,明确提出要实行诉讼与信访分离制度、建立涉法涉诉信访事项导入司法程序机制、建立涉法涉诉信访依法终结制度等。检察机关作为依法处理涉检信访问题的责任主体之一,在当前深化司法体制改革、依法建设法治国家的背景下如何贯彻中央改革精神、有效处置涉检信访案件,已经成为检察机关面临的一项重大课题。

【关键词】 涉检信访　法律监督　听证

涉检信访案件,是指公民、法人或其他有关单位通过信访渠道反映的涉及检察机关或检察人员的案件,包括不服检察机关处理决定的案件;反映检察机关在处理群众举报线索中久拖不决,未查处、未答复的案件;反映检察机关违法违规或检察人员违纪违法等案件。检察机关如何处理涉检信访案件,能否让人民群众依法有序表达诉求,及时解决实际问题,是当前一项极为重要的工作,它直接影响检察机关维护稳定的第一要务,直接关系人民群众的切身利益,直接体现检察机关"强化法律监督,维护公平正义"的工作效果。[①] 笔者结合自己的基层群众工作经历,就检察机关如何做好涉检信访工作浅谈以下几点看法。

---

[*] 吕明明,湖北省阳新县人民检察院案件管理部干警;梁国良,中南财经政法大学副教授,硕士研究生导师。

[①] 赵作金、黄蕾:"健全涉检信访工作机制之途径探讨",载《中国检察官》2011 年第 7 期。

一、新时期涉检信访特点分析

随着我国改革开放的不断深入，社会不断发展，人民群众的民主、法制意识也在不断提高，人民群众对检察执法工作也提出了更新、更高的要求。虽然检察机关加大工作力度，规范司法行为，但是涉检信访案件依然存在，且呈现出新的特点。

（一）信访形势严峻，诉求内容广泛

近年来，检察机关通过采取加强自身建设，提高办案质量，落实办案责任制等措施，涉检信访案件总体呈下降趋势，但形势依然严峻。与此同时，涉检信访的诉求内容非常广泛，涵盖了检察工作的各个方面，既有不服检察机关处理决定、反映检察机关违法违规和检察人员违纪违法的涉检信访案件，也有不服公安机关处理决定、不服法院判决裁定，请求检察机关监督的刑事、民事申诉；既有反映国家工作人员涉嫌职务犯罪的控告举报，也有对检察机关工作提出的建议、批评等。

（二）来访者反应的诉求多，但事实证据少

随着群众法制意识的提高，人民群众懂得利用法律武器来保护自己的权利，但往往他们只提供一些表面的事实，缺乏相应的事实证据，甚至有时听从别人的一面之词，夸大事实真相，便向检察机关反映自己的诉求，一旦经检察机关查实没有犯罪事实，向他们答复时，他们往往认为检察机关不秉公执法，办人情案，从而不能让信访人得到满意的答复，因此不肯息诉息访，继续以各种理由到其他机关部门或者上级检察机关上访。

（三）重复访、越级访情况仍时有发生

人民群众的法律意识虽有所提高，但是对法律程序的了解依然不够。很多来访者遇到问题或者只要县级检察机关在几天或者一个星期内没有给他们满意的答复便直接上市、上省、上京越级访，他们希望通过上级督促下级解决他们的诉求，从而造成越级上访。另外，上访者认为其向多个有关部门反映问题，问题得到解决的可能性更大，或者认为上访的次数越多问题就得到很快解决，从而造成重复访。

（四）无理缠访、闹访的现象依然存在

对于一些信访人虽做了充分的劝导解释工作，但是部分信访人抱着不

按自己的意愿解决问题绝不罢休的心态,多次来访;有的问题即使已经解决,信访人仍旧缠访不休,他们中不乏一些性格偏执者,甚至有极少数人信访只是表象,背后还另有目的和动机。同时部分来访人的行为也趋于激烈,在来访过程中对工作人员进行言语的攻击,干扰工作人员和接访秩序。

(五)信访手段多样、侧重敏感时期

近年来,人民群众信访的方式由来信来访逐渐转向家庭型、集结型上访,级别逐步攀高,动辄扬言赴省进京上访;手段也呈多样化,要求也呈复杂性,超越了检察职权范围,给涉检信访问题的解决设置了诸多障碍。

二、涉检信访案件发生的原因分析

通过对近年来涉检信访案件的调查分析和求证,原因有以下几方面。

(一)信访群众自身方面

1. 群众对检察机关职能认识不清,盲目信访

一些来信来访的群众对检察机关的职能、性质、管辖权限等并不了解,认为检察机关能解决所有问题,盲目来访。在日常处理工作中经常碰到的一些非涉检信访案件,比如非国家工作人员违法犯罪问题或者虽具有国家工作人员身份,但非职务行为的违法犯罪问题等,这些问题本属于党政机关、行政机关管辖,理应由纪委或信访局受理,但是信访人却错误地认为这应当由检察机关管辖,从而到检察机关来访,要求解决,如果检察机关处理不好,便认为是检察机关推诿,不负责任,便走上上访之路。

2. 群众思想上存在错误认识

部分来信来访人对案件的处理存在法律上、事实上的认识错误,却又不愿意听取工作人员的解释,固执己见,对依法作出的处理决定只因不符合自己的主观愿望而认为司法不公,进而到上级部门进行申诉或控告,少数的甚至闹访、无理缠访。

3. 群众经济条件的约束

部分上访群众受家庭经济条件的约束,打不起官司,拖不起时间,便不走正常合法的司法程序,导致他们信"访"不信"法",他们多次向上级机关上访、缠访,企图引起上级机关的重视,让其进行干预,从而达到他

们的目的。❶

（二）检察机关自身工作方面

1. 办案质量不高、执法不公，案件存在瑕疵

司法机关执法活动确实存在不容忽视的执法不公问题。主要是一些司法人员不能依法秉公办案、严格执法。有的基层派出所民警，违纪违法办案，一些本该立案的刑事案件由于某种因素的干扰，而不予立案侦查。有的审判人员在审理案件中不尊重客观事实，不依法公正审判，甚至还有与当事人、律师串通一气、枉法裁判的现象；有的检察人员讲人情，不能严格地履行法律监督职能；有的司法人员存在重实体法轻程序法的现象。执法方面存在不公的问题是引发涉检信访的重要原因。

2. 信访接待处置工作方法不当

控申部门是联系群众的桥梁，是化解矛盾纠纷的第一线，但是有些控申工作人员的专业知识不够熟练，法律政策水平不高，对一些复杂、疑难的来访不能依照法律政策作出正确的解答和圆满处理；也有些控申人员对待上访人员态度不够和蔼热情，语言不够通俗易懂，存在不耐烦的现象，对来访者不能够进行推心置腹的说服教育工作，而是简单打发了之，致使矛盾激化。

3. 信访工作制度不完善

一是联合接访大格局运行不畅。不少来检察机关上访反映的问题有其复杂性，有的信访问题涉及多个职能部门，需要协调解决，但由于种种原因，其他业务部门和控申部门没有建立或者完善良好的信访处理联动机制，互相之间缺乏及时的沟通、配合和协作，以至有些来访对象因检察机关某一部门的法律解释工作没有做到位而反复来检察机关上访。二是缺少对无理上访的处罚机制。检察机关对无理取闹、行为激烈的闹访户缺乏有效的处置手段，检察机关既无类似公安机关的行政和治安处罚权，也无类似法院的司法拘留权，只能商请公安机关协助处理，造成部分信访人员误认为检察机关对自己没办法，因而不断闹访、缠访。三是涉检信访案件难以终

---

❶ 苏建忠、陈允政："浅谈当前涉检上访的原因及对策"，载《西南政法大学学报》2009 年第 2 期。

结。❶ 在《人民检察院控告申诉案件终结办法》出台以前，涉检信访案件没有明确的终结程序，无法可依，导致信访人重复访，案件反复进入本级或上级机关等受理程序，上级机关对越级上访者简单一刀切式的转交基层部门，给很多上访者造成"大闹大解决，小闹小解决，不闹不解决""信访不信法"的错误导向，在一定程度上也滋长了个别上访人员重复访、缠访的不良倾向。四是信访考评机制不科学，变相刺激和鼓励信访。❷ 由于蜂拥而至的上访压力，中央坚持"稳定压倒一切"，以有无"进京访"作为政绩考评因素，检察机关也以有无"赴省进京访"和越级访、息诉罢访案件数作为评价涉检信访办理工作的主要指标，导致一些地方为防止赴省进京访和越级访、加大息诉罢访工作力度而"委曲求全"，事实上助长了"会哭的孩子有奶吃""只要上访就有好处"的不良风气，最终放纵无理上访，催生谋利型上访，加剧了公众对信访的执著追求，导致实践中群众通过信访途径解决司法领域的问题成为常态。

三、对做好新时期下涉检信访工作的几点看法

针对当前涉检信访工作中存在的问题和原因，笔者认为应从以下三个方面处理新时期下涉检信访案件。

（一）健全事前预防机制，从源头上治理涉检上访问题

1. 提高案件质量，建立执法办案过错责任追究制度

质量是检察机关办案的生命线，涉检信访的发生，多数是由于办案质量不高，执法不规范引起的，严格执法、公正执法、文明执法、保障办案质量，是检察工作的本质要求，也是从源头上预防涉检信访问题的治本之策。一是严格质量管理。坚持定期开展案件评查活动，针对评查中发现的在事实、证据、程序、法律适用、文书规范、办案纪律、社会效果等方面存在的问题，通过完善内部监督管理制度、严格办案程序等措施，及时研究整改，规范司法行为。二是建立责任追究制度。对处置信访不力人员，

---

❶ 刘桂琴："浅析涉检信访工作中存在的问题及对策"，载《法制博览》2013年第9期。
❷ 曹志："新形势下涉检信访形成原因与对策"，载《法制快报》2009年12月10日。

引发错案、瑕疵案的办案人员,应当追究执法过错责任;对因工作不负责任、工作方法简单、执法行为不当、徇私枉法等引起的涉检信访案件,实行责任倒查。❶

2. 建立涉检信访风险评估预警机制,及时掌握涉检信访苗头

涉检信访风险评估机制是指检察机关在执法办案过程及信访接待工作中,通过对案件背景、案件性质、社会影响、涉案人数、当事人情绪、审查案件过程中发现的苗头性问题以及对拟决定事项或其他检察行为是否存在信访风险进行论证,对有可能发生涉检信访的,制订信访风险化解、处置预案,及时解决矛盾,从而把握工作主动权,有效预防和减少涉检信访发生的工作机制。❷ 在具体工作中,自侦、公诉、侦监等业务部门要对正在办理的案件进行评估预测,及时报备,并与控申部门共同研究制订个性化的化解预案,提前做好涉检信访的预警工作。要加强与司法机关、行政机关、街道、居委会等单位部门的沟通、配合,建立公、检、法、司重大案件执法风险评估例会制度和信息资源共享制度,并形成书面专刊来反馈案件风险动态,及时启动突发事件应急机制,力争把涉检信访矛盾的隐患化解在萌芽状态。

3. 重视初信初访工作,及时处理,防止矛盾升级

基层既是信访的源头,也是处理信访问题的前沿,切实把问题解决在第一时间,把矛盾化解在初始阶段,是有效解决"倒三角"和重复访问题的关键。一是态度要到位。坚持思想教育工作,强化控申干警执法为民意识,培养认真负责、严谨细致、求真务实的工作作风,增强履职尽责的自觉性,多从群众的角度、立场看问题,树立公平公正原则,纠正和克服对群众的偏见和浮躁、应付心理。二是解决要到位。只有就地、及时、妥善解决群众反映的问题,才能避免重复访、越级访的发生。要把工作着力点放在问题的解决上,提高初访的一次办结率和就地稳定率,切实做到件件有着落,事事有回音,防止矛盾积累和升级。三是疏导要到位。对群众反映的问题区别性质,把涉及民商事、行政、刑事等诉讼权利救济的信访事

---

❶ 薛丽、薛培君:"六个方面加强涉检信访工作",载《人民检察》2010年第21期。
❷ 孟昭文、胡崇安:"检察机关执法办案风险评估机制的构建",载《人民检察》2011年第6期。

项依法导入司法程序，对确实存在错误的，要勇于承担责任，该纠正的纠正，该赔偿的赔偿，该处理的处理；对反映的问题有一定理由，但要求过高的，做好说服解释工作，在政策和法律允许范围内尽可能照顾和满足其合理部分的要求；对无理缠访闹访的，坚持教育疏导在先，既要耐心细致地做好就地稳控工作，又要明确态度，进行批评教育，引导理性合法表达诉求，维护信访秩序。

（二）健全事中多元化解调处机制，有效控制和化解涉检信访

1. 健全联合接访机制

涉检信访问题往往案情复杂、涉及面广、处置难度大，若仅靠控申部门单打独斗很难达到预期效果，所以办理涉检信访案件必须要有"一盘棋"思想和营造大格局的意识。一是建立健全内部协作机制。做好涉检信访工作有利于规范执法行为、改进检察工作，有利于维护群众的合法利益，有效缓解社会矛盾、促进社会和谐稳定。因此处理好涉检信访问题是全体检察人员的责任，要在上下级检察院之间、系统内各相关业务部门之间建立起情况通报、信息共享、线索移送、结果反馈制度，定期召开联席会议，互通情况、分析形势、研究解决问题。特别对涉及多部门的案件处理、职能管辖交叉的协调与衔接以及信访案件的答复及善后处理等方面要协商达成共识，发挥整体效能。二是建立健全外部协作机制。要加大与当地人大、政法委、法院、公安、司法等部门的工作协调力度，定期交流和通报涉检信访案件信息，使外部力量与检察机关工作形成互动，建立一系列互促共赢的协作配合机制。

2. 健全公开听证制度

扩大公开听证的范围，对于重大涉检信访案件、当事人拟不同意检察机关复查决定的案件、信访人提出公开听证申请的涉检信访案件，在案件办理过程中，可以启动公开听证程序，由作出决定的检察院对决定过程和结果进行说明，信访人陈述问题及要求，有关涉案人员答辩，公开有关证据及相关法律依据，与会代表依据法律法规和政策进行公开评议，形成听证结论。公开听证可以邀请人大代表、政协委员、法律专家、律师和当事人及其近亲属、所在单位或者基层组织的代表参加，依靠社会力量做好化

解矛盾纠纷工作,达到息访息诉的目的。❶

3. 健全检调对接机制

检调对接工作是检察机关受理的对社会公共利益危害程度较低、社会负面影响较小、侵害人与被害人自愿接受调解的轻微刑事案件,在人民调解委员会正式达成民事赔偿调解协议的,检察机关依法作出不捕、不起诉、变更强制措施的决定,或建议公安机关撤案,或建议法院依法从轻、减轻处罚,或依法进行其他处理的一种工作机制。❷ 该机制作为一种矛盾调解工作的新思路,在遵循自愿、公平、公正、合法原则的前提下,能够有力扶助社会弱势群体,将社会矛盾化解于萌芽状态,体现了以人为本、执法为民的基本要求。

(三)健全事后处置机制,真正实现息诉罢访

1. 建立合理的信访终结机制,避免无理重复访、缠访

根据《人民检察院控告申诉案件终结办法》,对于涉法涉诉反复上访的问题,实行信访终结制度。对合理诉求确实解决到位、实际困难确已妥善解决的问题,经过公开听证、公开质证、公开答复,由省级以上政法机关审核后,按有关规定作出终结决定。涉检信访终结决定要具有终局性,终结以后,各级检察机关不再将其信访诉求作为申诉案件立案审查、复查,上级政法机关、信访机构不再将其作为涉检信访问题向下级检察机关交办、专办和通报,信访机关可以将省级以上检察机关作出的终结结论,作为认定无理上访、缠访闹访的依据,以维护司法裁判的权威性和终局性。❸

2. 健全国家赔偿机制

建立国家赔偿制度的目的,就是要保障公民、法人和其他组织依法取得国家赔偿的权利。要树立依法、公平及时赔偿的理念,及时受理、认真审查刑事赔偿申请,凡符合赔偿条件的都应依法、及时给予赔偿,严禁滥用免责条款规避赔偿责任,拖延履行赔偿义务。要准确把握法律监督属性,积极开展国家赔偿监督,着力加强对该赔不赔、赔偿决定明显错误以及存

---

❶ 秦新承:"涉检信访终结制度若干问题研究",载《法学杂志》2011 年第 1 期。

❷ 樊旺谋、何永宁:"浅谈县级检察院实行检调对接化解社会矛盾的重要性",载《法制快报》2010 年 10 月 1 日。

❸ 斯建民:"创新举措处理涉检信访",载《中国检察官》2008 年第 10 期。

在司法人员贪赃枉法行为等案件的监督，进一步完善监督手段，依法提出重新审查意见并加强跟踪监督，保证监督实效。

3. 健全涉检信访受害人救济制度，加大对信访当事人的关怀力度，维护社会和谐稳定

对于向检察机关举报、作证，遭受打击报复，无法通过法律途径获得赔偿且生活困难确需救助的，以及由于检察机关在执法办案过程中的过错行为给当事人造成人身或财产损失，根据现行法律、法规和政策，无法获得国家赔偿，生活严重困难确需救助的，要适当进行救济。❶ 同时，要开展刑事被害人司法救助工作，对于在刑事案件中遭受犯罪行为侵害，无法及时获得有效赔偿的，给予适当的经济资助，帮助刑事被害人及其近亲属缓解经济困难、舒解精神痛苦。

---

❶ 李效安：“建立涉检信访被害人救助制度”，载《检察日报》2008年6月1日。

信访之于涉检纠纷处理机制的功能定位
——社会安全阀

万敬忠　官　畅[*]

【提要】 近年来涉及检察院的信访案件呈现出多发性与复杂性的特点，检察机关信访部门化解矛盾的难度十分大。在当前司法改革的背景下讨论涉检信访问题的本质就是寻求在法治框架下建立科学的纠纷处理机制，拥有实权的信访机构一旦成为纠纷解决机制的最终部分，不仅给纠纷解决机制增加了不确定性，更是一种对法治的破坏。因此，应使信访部门的角色回归传统的传达社情民意功能，并且，在涉检纠纷中，信访应具有社会安全阀的功能，即缓解纠纷矛盾而非解决纠纷矛盾的功能，就像安全阀可以将锅炉上的多余蒸汽排导出去而不会破坏整个系统一样。

【关键词】 涉检信访　纠纷处理机制　社会安全阀

一、涉检信访的概念

随着20世纪90年代以来市场经济建设的速度加快，单位社会解体、向契约社会转型的加速，人际交往的关系类型从单位社会里的权力与服从类型逐渐转变为契约社会中的平权类型，由此引起了纠纷的大量涌现，而高昂的诉讼成本和根深蒂固的人治传统使得纠纷主体更偏好于非诉讼式解决

---

[*] 万敬忠，湖北省黄石市黄石港区人民检察院副检察长；官畅，中南财经政法大学侦查学2013级研究生。

方式——信访，于是新一轮的信访热逐步形成。根据2007年3月最高人民检察院颁布的《人民检察院信访工作规定》文件内容，涉检信访指的是信访人采用书信、电子邮件、传真、电话、走访等形式，向人民检察院反映情况，提出建议、意见或者控告、举报、申诉，依法由人民检察院处理的活动。❶ 具体来说，人民检察院依法处理的信访事项可以分为控告、举报、申诉和建言四类。

（1）控告，具体包括三个方面，一是控告公安机关的侦查活动违法，二是控告刑事案件判决、裁定的执行和监狱、看守所、劳动教养机关的活动违法，三是控告人民检察院工作人员的违法违纪行为；

（2）举报，即举报国家工作人员的职务犯罪行为；

（3）申诉，具体包含两个方面，即不服人民检察院处理决定的申诉和不服人民法院生效判决、裁定的申诉；

（4）建言，即向人民检察院提出的加强队伍建设、改进检察工作的建议和意见。

二、现行涉检信访制度的功能

现行涉检信访制度主要具有两方面的功能。

第一是传递纠纷信息即上达社情民意的功能。我国现行《宪法》第41条规定了公民对于任何国家机关及其国家工作人员，都有提出建议和批评的权利，❷ 也就是从根本法的高度规定了公民的信访权。在涉及检察机关的纠纷中，公民可以通过各种合法形式向检察机关信访部门反映情况，对检察机关及其工作人员的工作提出批评或建议。

第二是权利救济的功能，即通过行使行政手段以促进纠纷的解决并实现对公民权利的救济，其本质是把信访当做正常的司法救济程序的补充程序。实际上，随着信访潮逐渐升温，信访机构的权利逐步强化，信访机构

---

❶ 百度百科：《人民检察院信访工作规定》，载http://baike.baidu.com/link？url=jM5mhASVlusc-stDg5yt-lPujhI3B_KZERK6SvVjDXL1YEDQZ6lkHcGQbP575IhQ-btgcihFD1EKZurzEbWwW_。

❷ 百度百科：《中华人民共和国宪法》，载http://baike.baidu.com/link？url=-fWA94OasXcC3L-GOpax7OVrKZdHCOykqIq6lMyZpaE3sdwEROAKAhv1aUMnNQW3RjoN2zI5z7931tLHCCSm-K#3_ 3。

正由一个传达纠纷信息的角色逐渐转变为解决纠纷的正式机构,而司法机关则沦为纠纷解决机制里的"次级"机构,也就是说法院判决的终局性遭到破坏,信访人可以通过信访要求重新启动司法程序,不仅如此,甚至可能会由于种种司法外权利的重压,合议庭不得不作出与先前的判决结果大不相同的判决。❶

三、信访成为涉检纠纷处理机制的负面指引

从全国各地检察机关的信访案件中可以发现,自 2009 年至今,涉检信访案件总量呈不断攀升态势。并且由于部分民众对检察机关监督职能和案件管辖范围产生了误解,导致进入检察环节的矛盾纠纷十分复杂多样,除了《人民检察院信访工作规定》中列明的八项外,还有很多不属于检察院管辖范围的案件也被送入检察机关的信访部门,要求检察机关解决。但由于一部分信访人对于信访存在误解,误认为案件越是往高处告,就越能得到重视;对违纪或违法的界限认识不清,经检察机关审查后依法做出不予立案的决定后,仍然固执己见,于是多头信访、重复信访和越级信访也是屡屡发生。除此种不合理诉求引发的信访外,还有合理诉求与不合理诉求交织,或合理诉求与不合法方式交织的信访现象,使得检察机关信访部门化解矛盾的难度十分大。

(一)反制度性指引

信访制度作为一种纠纷解决制度是建立在成体系的社会纠纷解决机制以外的,信访制度的实行是基于一种预设——假定社会纠纷解决机制是不公正的,信访案件中问题的解决又反映了其对于社会纠纷解决机制的否定。❷因此信访制度作为一种纠纷解决制度,其本质上具有非制度性和反制度性。然而社会生活中,成功信访的案例刺激了民众信访的积极性,点燃了社会的信访热情,"信访不信法"成为一种普遍的社会心理状态。在民众信访的实践中,一部分人通过信访途径维护了自己的合法权利,使得其他权利受到侵犯、损害的公民也纷纷选择通过信访来寻求救济;但是不容

---

❶❷ 周永坤:"信访潮与中国纠纷解决机制的路径选择",载《暨南学报》2006 年第 1 期。

忽视的是，实践中不乏因责任单位过分追求息诉罢访，无原则地作出让步，使信访者取得了非制度甚至是非法的利益的案例，于是在涉检纠纷中，更多试图获取法外利益的民众感到有机可乘而纷纷走向信访，既发泄对检察机关的不满，又给检察机关施加压力，导致了涉检纠纷处理环境的恶化。

（二）非理性指引

1. 集体信访现象增多

随着我国市场经济的深层发展，改革逐步深化，利益格局不断调整，涉检信访呈现出上访主体多元化与集体信访现象日趋严重的态势。集体信访，指的是不属于同一个家庭的5人以上，就相似事项或问题有组织地向检察机关提出请求的来访。❶ 一般情况下，参与集体访的上访者原本互不相识，但由于有着共同的涉检事项，并涉及共同的利益，通过手机、网络等线上形式达成同盟，以"人多力量大"的"优势"进行信访，向检察机关施压。作为《信访条例》中允许的一种信访形式，集体信访本身是合法的，然而以自发组织为首要特点的集体信访极容易被别有居心的人利用，转而演变为群体性事件、社会暴力事件，对社会秩序的和谐安定危害尤其大。由此集体信访就处于既不便被强行禁止，但又必须高度警惕其是否游走在破坏社会安定秩序的边缘的尴尬境地。

2. 缠访闹访案件攀升

近年来，在检察机关受理的信访案件中，"不属检察机关管辖"类案件逐年攀升，其中缠访闹访问题层出不穷，一方面民众要求检察机关履行宪法赋予的监督职能，从而提出诉求，得不到解决便缠访闹访；另一方面检察机关因为法律明确规定的职权范围，而不能越权办案、违法办案，无法通过常规法律监督手段化解矛盾。检察机关只能靠说服、教育和疏导来协调，但碍于缠访闹访者的文化层次、法律知识、考虑问题角度等因素的差异，给案件的化解工作带来了相当的难度，处理过程十分被动。如果矛盾长期得不到有效化解，缠访闹访者的不满逐渐累积至临界点，一旦爆发极易产生极端行为，轻则由缠访闹访转为越级信访、进京信访，重则引发群体性事件或暴力事件甚或制造个人恐怖案件。缠访闹访案件不仅占用检察

---

❶ 秦新承："涉检信访终结制度若干问题研究"，载《法学杂志》2011年第1期。

干警大量时间、影响正常的工作秩序,还可能严重影响社会的安定团结,并干扰公民的正常生活秩序。

四、重新定位涉检信访功能的必要性

在当前司法改革的背景下讨论涉检信访问题的本质就是寻求在法治框架下建立科学的纠纷处理机制,涉检纠纷作为司法纠纷的一种更应注重程序性与规范性,更应反对人治,也就意味着应使问题、纠纷通过法定程序解决而不是由信访这一具有浓重"人治"色彩的反制度性机构来解决。然而我国目前的实际情况是信访机构通过与地方最高权力代表的联系,其事实上走上了"超级法院"的通道,甚至本身就扮演着"超级法院"的角色,成为了社会纠纷解决机制中的核心。❶ 一旦拥有实权的信访机构成为社会纠纷解决机制的一部分,甚至是最终部分,不仅将会增加纠纷解决制度的变数与不确定性,更将是对法治的一种破坏。由此来看,重新定位信访部门在涉检纠纷处理机制中的功能显得尤为重要。

五、涉检信访功能的重新定位——传递纠纷信息与社会安全阀

笔者认为,在涉检纠纷处理机制中,国家的司法救济应是公民权利救济最为主要的形式。实际解决纠纷的机关、部门应是且只能是具体信访所涉及的问题的机关,如在涉检信访中涉及检察业务工作的,由业务主管部门办理;涉及法律适用相关问题研究的,由法律政策研究部门来办理;涉及组织人事相关工作的,由政工部门来办理;涉及检察人员违法违纪行为的,由纪检监察部门来办理。❷ 我们应该重新确立信访制度的功能,也就是要在强化和程序化信访制度使其作为公众政治参与的一种渠道的同时,还要把公民权利的救济这一功能从信访制度中剥离开来,从而才能确定司法

---

❶ 周永坤:"信访潮与中国纠纷解决机制的路径选择",载《暨南学报》2006年第1期。

❷ "高检院:信访事项受理后7日内要送有关部门办理",载 http://news.xinhuanet.com/legal/2007-05/13/content_ 6093784.htm。

救济的权威性。❶ 信访部门在涉检纠纷中发挥的应是传统的传递纠纷信息与社会安全阀的功能。

一方面，信访权是受我国宪法保护的权利，我国现行《宪法》第41条规定了公民对于任何国家机关及其国家工作人员，都有提出建议和批评的权利。❷ 信访权的宪法性质决定了公民有通过信访上达民意的权利，国家机关有接待和处理信访的义务。最高检出台的《人民检察院信访工作规定》从涉检信访的范围及工作方式等方面以制度的形式呼应了宪法的要求。并且在实践中，将信访作为表达民意的手段也是一种客观的社会现象。因此，信访机构的存在有其必然性与必要性，主要表现为信访是公民上达民意的重要手段，此为其功能之一。

另一方面，社会生活中矛盾冲突是永远都会存在的，涉检纠纷不会消失，涉检信访的本质是公民对检察院处理决定、法院生效判决或司法工作人员产生了不满甚至敌对的情绪，要求国家公权力站在自己的立场来解决问题。然而人欲无限多样化，信访部门在处理种种纷繁复杂的涉检纠纷案件时，因其非专业性与非程序性而不应具有解决各种实体纠纷的权利，其扮演的应是缓解矛盾使纠纷通过法定程序投递至问题所涉及的具体部门的角色，即社会安全阀。

六、社会安全阀制度对涉检信访的启示

（一）社会安全阀制度与涉检信访的联系

所谓使信访具有社会安全阀的功能是指，在涉检纠纷中，信访应该具有缓解纠纷矛盾而非解决纠纷矛盾的功能。根据西方社会学理论，安全阀作为锅炉上的一个装置，其作用是当锅炉里的水沸腾后，因温度过高而产生了大量蒸汽时，它可以将多余的蒸汽排导出去，而不会损坏整个装置系统的功能。❸ 社会安全阀也有着相同的作用，但它排泄出去的是信访人的不满情绪，或称敌对情绪而不是多余的蒸汽。

---

❶❷ 于建嵘："中国信访制度批判"，载《中国改革》2005年第2期。

❸ 李俊："社会安全阀理论与信访制度"，载《广西社会科学》2002年第4期。

社会安全阀理论指出，任何一种类型的社会系统在运转过程中都会产生一定的敌对情绪，形成一定量的张力，这种张力具有破坏系统的可能性，当社会系统的耐压能力不敌这种敌对情绪的张力时，就会导致社会系统的瓦解。因此，每个社会都需要利用一种方式来处理这一问题，而使冲突表面化正是最主要的方式；一个社会越是能以某种认可的方式允许冲突的存在正当化，并且，冲突越是制度化，就越有可能把那些具有破坏性的冲突掌握在自己的控制之中。❶ 使冲突制度化是指从制度上认可冲突的必要性，并为之设置发泄、化解的渠道，从而消除冲突的根源。在西方国家，使冲突制度化的方式主要有诉讼、罢工、游行、示威、静坐等，在我国，由于政治体制、意识形态、法治程度上的差异性，使冲突制度化的最主要的方式则是信访。

（二）涉检信访机构的职能指向——化解非现实性冲突

社会安全阀理论的创立者、法国社会学家科塞提出根据当事人是把冲突作为达到目的的手段还是目的本身为标准，可以将社会冲突划分为两种基本类型：现实性冲突与非现实性冲突。

现实性冲突指的是一种作为手段的冲突，其目标指向明显，并且直接指向真正的冲突对象。因而，达到这个目标就可能消除导致冲突产生的原因。比如，工人为了增加工资而举行的罢工、法庭上为了争夺财产的继承权发生的诉讼都是现实性冲突的外化。

非现实性冲突指的是作为目的的一种冲突，这种冲突指向的不是真正的冲突对象，而是选择了一种替代的对象，也就是寻找冲突对象的"替罪羊"。当事人将冲突指向替代对象是为了发泄复杂的情绪，释放内心的不适与敌对紧张的情绪，而不是如现实性冲突那样为了获得某种现实的利益。由于涉检信访问题所涉及的大多数都是因检察机关决定不立案而无法进入诉讼程序，或因检察机关在诉讼程序中所作出的某些决定而引起的纠纷，此外还有如前所述的种种弊病，将信访制度看作一种化解现实性冲突以直接解决问题的手段显然是违背法治精神与和谐社会的目标的。笔者认为，应该将信访机构的职能定位于非现实性冲突的化

---

❶ 黎民：《西方社会学理论》，华中科技大学出版社2005年版，第163页。

解，即作为涉检纠纷处理系统中的"替罪羊"，作为真正解决纠纷的职能部门的替代对象来与信访者正面接触，使其将不满的情绪发泄出来，将所涉纠纷的本质暴露出来，不再被敌对情绪所裹挟，从而促使涉检纠纷走向理性的解决路径。

（三）涉检信访功能发挥的两个阶段

上述这种为涉检纠纷提供替代目标和替代手段的制度也就是科塞的"社会安全阀"制度。其在实际信访案件的运用中，主要应具有两个阶段的功能，第一阶段以舒缓敌对情绪为目标，在敌对情绪得到舒缓、信访人能够冷静地与受理人沟通的基础上才能进入第二阶段，即回归理性，使纠纷进入法定的纠纷解决渠道。

1. 第一阶段：舒缓敌对情绪

由于所希望解决的问题没有得到解决，常常会导致处于弱势的信访人一方对国家机关怀有强烈的不满情绪，这种情绪除了会指向其所不满的对象外，还会指向与不满对象有关的其他个人或组织，极端情况下还会指向社会。如2011年5月江西抚州爆炸案作案人钱某因拆迁纠纷走上信访之路，不满政府的妥协力度转而进行诉讼，诉讼请求一再被驳回后开始进京信访，经过多次信访后，仍不同意政府的补偿意见，认为自己"十年依法诉求至今未果"❶而在抚州市检察院、临川区行政中心和行政中心东边区药监局旁边的马路先后制造三起爆炸案件，致4人死亡，9人受伤。对于这样的悲剧应当在不满情绪暴露之初就通过恰当的渠道将其释放、发泄出去，即在其初次信访时，信访机构就起到倾听、抚慰的功能。信访人在与信访部门工作人员交流中常常由于委屈、悲愤而格外激动，他们的情绪一旦失控就会发生过激行为，甚至直接危及信访案件受理者的安全。因此，信访受理人员应选用具有心理学专业知识的人来担任，受理人员既应具有一定的观察、理解、思维判断能力，还要具有良好的自我控制、人际沟通和交往控制能力。以舒缓信访人负面情绪为当前目标进行沟通，既要知其事，也要知其情、其人，根据其心理动因对其劝慰疏导，使其能够冷静下来，运用理性来看待所涉纠纷。

---

❶ 载 http://baike.baidu.com/view/5812607.htm?fr=aladdin。

2. 第二阶段：回归理性

科塞认为"在一个不平等系统中，其下层成员如果越是怀疑现存的稀缺资源的分配方式的合法性，那么他们就越有可能起来与社会中上层进行斗争"，社会秩序的维持在某种程度上是以对现存制度的认可为基础的，由冲突引起的社会动荡是在出现了视这种合法性为非法的认识之后才发生的。在信访纠纷中，公民的不满情绪源自其对于合法的理解与检察机关工作人员的行为所反映出的合法标准不一致，认为其某个行为本身或行为所导致的某个案件的终局裁定不合法。究其深层原因无外乎三个方面：(1) 公民对法律、政策的理解产生了偏差；(2) 检察机关工作人员的行为偏离了合法或合理轨道；(3) 法律政策本身的不合理。

信访机构的第二阶段功能主要围绕以上三点原因来发挥作用，在通过第一阶段受理人的心理疏导后，在信访人能够抛开敌对情绪的裹挟，愿意理性地看待问题的基础上，信访部门应该安排第二阶段受理人进行普法宣讲。由具备法律专业知识的人员就所涉及的具体问题，根据不满情绪产生的原因进行解答，耐心、诚恳地向其说明我国目前的法律政策与制度，所涉纠纷问题在应然状态下实施的合法逻辑如何，实然状态中我国当前国情对部分法律规定在实施中的限制程度如何，我国的司法救济途径有哪些等问题。

应当注意的是，在此阶段不应作出对所涉纠纷的价值判断，一方面，信访人已经对法律权威与法律实施过程产生了质疑，此时应尽力维护法律威严、树立法治理念，强调司法救济的重要性与终局性；另一方面，如前所述实际解决纠纷的机关、部门应是具体问题相对应的机关、部门，为了保证涉检纠纷能够顺利进入司法救济程序，为了维护司法独立性、公正性、权威性，信访部门应保留对所涉纠纷的价值判断。

涉检信访研究动态分析[*]

张德淼 万鹏吉[**]

【提要】 涉检信访工作是检察机关加强群众工作、履行法律监督职能的重要内容,是检察机关防范和化解社会矛盾、促进社会和谐稳定的重要途径。为进一步深化涉检信访体制机制改革,本文拟在梳理现有研究成果的基础上,探寻解决涉检信访难题的应对良策,以期对涉检信访制度的改革创新有所裨益。

【关键词】 涉检信访　权利救济　听证

在全面深化司法体制改革的历史背景下,如何深化涉检信访体制机制改革,进一步推动涉检信访工作的法治化进程,成为当前乃至今后一个时期一项重要而紧迫的工作任务。本文拟在梳理现有研究成果[❶]的基础上,探寻解决涉检信访难题的应对良策,以期对涉检信访制度的完善有所裨益。

---

[*] 本文系最高人民检察院一般课题"涉检信访工作机制改革研究"(课题编号 GJ2014C38)和湖北省人民检察院重点课题"涉检信访工作机制改革研究"(课题编号 HJ2013A07)的阶段性成果。

[**] 张德淼,中南财经政法大学教授、博士生导师;万鹏吉,湖北省黄石市人民检察院干部。

[❶] 笔者收集整理发现,当前我国涉法涉诉信访的研究资料大多集中在涉诉信访方面,涉及涉检信访的文献资料并不多。其中以涉检信访为主题的硕士学位论文仅仅数篇(至今没有博士学位论文),其他多为发表在期刊、报纸上的研究文章。就采用文章的期刊而言,以涉检信访为主题发表在法学类核心期刊的文章仅 10 余篇,绝大多数刊发在一般期刊或省级期刊。从资料文献情况来看,涉检信访问题研究有待进一步深入。

一、涉检信访的概念及其功能

最早以文件形式提出涉检信访的是最高人民检察院 2004 年下发的《最高人民检察院关于开展集中处理涉检信访活动的通知》，其中明确提出涉检信访这一术语。从此，涉检信访作为一个专业名词，受到越来越多的关注。泉州市人民检察院课题组认为，"涉检信访是指公民、法人或其他组织依法通过一定的形式，向人民检察院反映属于其职责范围内的事项，由人民检察院对相关事项进行核查、处理，对处理结果进行回复的一项制度"。❶ 张晓华、卢超认为，涉检信访是指："由检察机关管辖的刑事案件实体或程序的处理所引起的当事人及相关人员的信访，主要包括检察机关的处理决定和对涉嫌贪污贿赂、渎职侵权等职务犯罪的举报答复。"❷刘忠权、任丽敏等人认为，"涉检信访案件是指检察机关在诉讼监督活动过程中，受理和接待公民、法人或者其他组织、单位，向检察机关反映、建议意见或者请求依法办理和检察机关涉及的案件"。❸ 实践中对涉检信访的理解比较狭义，认为涉检信访就是指涉及检察机关诉讼环节或管辖内的信访案件，界定的范围比较窄，主要原因一是对概念把握不太准确，二是担心如果把范围扩大，较多案件定性为涉检信访案件，处置息诉难度大，成为烫手山芋。2007 年 4 月，最高人民检察院（以下简称"高检院"）在《人民检察院信访工作规定》中首次明确，涉检信访即信访人采用书信、电子邮件、传真、电话、走访等形式，向人民检察院反映情况，提出建议、意见或者控告、举报和申诉，依法由人民检察院处理的活动。这一定义成为指导我们处理涉检信访工作最权威、最直接的依据。2010 年 4 月，高检院下发了《关于清理排查涉检信访积案范围有关问题的补充通知》，对涉检信访案件作了更明确的规定：涉检信访案件是指公民、法人或其他单位通过信访渠道反映的涉及

---

❶ 泉州市人民检察院课题组："涉检信访问题之现状及对策研究"，载《中国检察官》2013 年第 4 期。

❷ 张晓华、卢超："和谐理念下的涉检信访处理——对北京市顺义区涉检信访案件及机制探索的实证研究"，载北大法律信息网 2006 年 6 月 27 日访问。

❸ 刘忠权、任丽敏等："试论依法有效规范办理涉检信访案件"，载《检察研究参考》2009 年第 4 期。

检察机关或检察人员的案件，包括：不服检察机关处理决定的案件；反映检察机关在处理群众举报线索中久拖不决、未查处、未答复的案件；反映检察机关违法办案或检察人员违法违纪的案件。2013年年初高检院下发的《检察机关执法工作基本规范（2013年版）》，继续沿用这一表述。应该说，上述规定是目前对涉检信访案件概念最明确、最合理的界定。

事实上，信访、涉法涉诉信访和涉检信访三者已经共同构建起中国特色信访制度的基本框架体系，它们之间既相互联系又互有区别。涉法涉诉和涉检信访是信访工作的一个分支，是信访工作的重要组成部分，隶属于信访工作。内涵上三者自成体系又相互交织。信访内涵最丰富，范围最广，广义上的信访概念内容都包含在其内涵之中；涉法涉诉信访内涵较之有了很大局限，范围变窄，内容收缩；涉检信访内涵范围窄，内容最少，仅仅局限于检察信访工作的某些方面。外延上，三者是包含与被包含的关系，信访外延范围最广，涉法涉诉信访其次，涉检信访范围最小，即信访包含涉法涉诉信访，涉法涉诉信访包含涉检信访。

关于涉检信访的功能，学界和实务界有不同的界定。李昌奎、❶ 刘海鹏❷等人从信访制度的社会功能出发认为，涉检信访的功能主要包括三个方面：一是民主监督，人民群众通过来信来访等方式，对国家机关和国家工作人员的工作及存在的问题提出意见、建议和批评，对国家机关及其国家工作人员失职渎职行为提出申诉、控告或检举，对他们进行全面的民主监督，这是信访制度设计的初衷，也是国家赋予其最主要的功能。二是权利救济，大量实践证明，涉检信访不仅是公民表达诉愿的重要途径，而且已经成为一种简单、有效、经济的权利救济方式。三是社会稳定的"安全阀"。他们根据美国社会学家L.科塞的"社会安全阀"理论，认为涉检信访制度确实发挥着促进社会稳定的安全阀作用。而杜丽英❸从公共管理的角度出发，认为涉检信访既是政治沟通的重要渠道，又是民众利益表达的重

---

❶ 李昌奎：《涉检信访处置机制研究》，山东大学2010年硕士学位论文。
❷ 刘海鹏：《论涉检信访制度——从赤峰市检察院信访工作看涉检信访制度》，内蒙古大学2012年硕士学位论文。
❸ 杜丽英：《涉检信访工作机制与对策研究——以浦东新区检察院为例》，复旦大学2011年硕士学位论文。

要通道,在一定程度上发挥了监督和完善检察工作的作用。而刘太宗、李高生❶等人则从涉检信访的作用对象以及检察机关的职能属性出发,认为涉检信访不仅具有救济功能,同时还具备法律监督程序引导、映射、矛盾释放化解等功能。

二、涉检信访工作运行状况研究

当前,我国改革已进入攻坚期和深水区,各种社会矛盾集中爆发,对检察机关的涉检信访工作提出了新要求新任务。国内学界和实务界也开始对我国涉检信访制度的现状进行分析和研究。归纳而言,当前我国涉检信访工作有如下特点。

(一)涉检信访案件较多集中在检察机关业务部门

刘海鹏等人运用实证分析法,通过考察赤峰市检察院近三年的涉检信访工作情况,认为信访案件主要为举报职务犯罪的案件、不服检察机关不起诉的案件和不服检察机关不批捕案件,约占检察机关受理信访案件的80%。这些案件主要集中在检察机关的自侦部门、批准逮捕部门和公诉部门,而其他部门占有很小的比例。王伟、刘鹏等人❷也持相似观点,认为检察机关在职务犯罪案件的侦查、处理等诉讼环节,均可能导致涉检信访案件的发生。刘伟发❸在《渭南市检察机关涉检上访问题调查报告》中指出,涉检信访案件中自侦案件嫌疑人上访问题比较突出。而郑建银❹则认为,涉访领域多为故意杀人、故意伤害致死案件,上访总数中该类案件占70%以上,相对集中且大多数是被害人近亲属上访。

(二)涉检信访中"重复访""越级访"问题突出

在上访过程中,有不少当事人越级上访,有的动辄进京上访,有的针对同一事项重复上访,有的到多个机关部门上访。龙婧婧认为,从当前涉

---

❶ 刘太宗、李高生:"刑事涉检信访工作探讨",载《中国刑事法杂志》2012年第12期。

❷ 王伟、刘鹏、肖祥云、彭治安:"涉检上访原因实证分析及源头治理",载《贵州警官职业学院学报》2008年第6期。

❸ 刘伟发:"渭南市检察机关涉检上访问题调查报告",载《渭南师范学院学报》2008年第6期。

❹ 郑建银:"化解涉检信访的途径与对策",载《中国检察官》2012年第11期。

检信访现状分析，涉检信访形式有"偏激"倾向，越级访、重复访、集体访等非正常上访现象十分突出。信访人抱着"人越多越能形成压力""言越重越能引起重视""官越大越能解决问题"和"闹得越凶越能达到目的"的不当心理，往往不去起诉就直接上访来寻求救济，有时还在案件审理过程中就上访，有的起诉不受理就去上访，使得这种看似有利于冲破关系网束缚的信访更受人青睐，催生了"缠访"的形成。泉州市人民检察院课题组通过对涉检信访人员的调查发现，近半数的人都是越级上访。龙碧霞❶则认为，从信访人采用的信访方式看，集体访、多头访、重复访、过激访、越级访所占比例不低。

（三）部分涉检信访案件处理久拖不决难度进一步加大

涉检信访案件中，检察机关对上访人合理的法律诉求虽然能够客观公正地依照法律和政策办理，但是对其不合理的诉求是无法满足的。而个别当事人在表达其合理诉求的同时往往放大其非合理诉求，加之别有用心之人从中推波助澜，使问题更加复杂化，处理稍有不当就容易激化矛盾，这给涉检信访案件处理增添了难度。刘若茵、房新光❷等人通过考察分析罗湖区检察院涉检信访工作现状，认为涉检信访案件中虽重复访案件数量下降，但重点案件处理难度大。施春典❸认为，涉检信访案件中，有的矛盾纠纷合理诉求与不合理诉求交织，合理诉求与不合法方式交织，如征地拆迁、企业改制、涉农问题等纠纷所引发的各种群体性事件，其诱因复杂，给矛盾化解带来相当大的难度。

（四）涉检上访案件数上面大下头小，呈"倒金字塔"形

王伟、刘鹏等人通过分析贵州省检察机关近五年来的涉检上访案件数据，认为涉检上访案件主要集中在省检察院和市州检察院，基层检察院涉检上访案件数量相对较少，省检察院受理的涉检上访案件数远远大于市州分院和基层检察院涉检信访案件数均值。李昌奎通过收集、分析济南市检察机关2002~2010年上半年信访情况发现，从2003年开始，市级检察院一

---

❶ 龙碧霞："反思与回应：涉检信访之中国式困境"，载《湖北警官学院学报》2013年第10期。

❷ 刘若茵、房新光："罗湖区涉检信访现状及原因分析"，载《法制与经济》2009年第9期。

❸ 施春典："关于完善处理涉检信访长效机制的思考"，载《中国检察官》2010年第3期。

个单位受理的信访量占全市的 60% 以上，10 个基层院只占信访受理总量的不到 40%，这种上多下少"倒三角"局面的形势一直持续到现在。如何将矛盾化解在基层，避免更大社会矛盾的出现，是基层检察机关面临的一个重大挑战。

此外，对于涉检信访案件总量的变化趋势，研究人员存在明显分歧。龙婧婧和任斌❶等人认为，当前涉检信访就其绝对数来说增长较快，且数量居高不下。龙婧婧通过深入调查后判断，在社会利益格局发生重大调整、各种社会矛盾集中凸显的大背景下，这一现状不仅短期内难以改变，而且还将持续一段时间。而王伟、刘鹏和刘若茵、房新光等人则认为，近年来，检察机关通过采取不断加强自身建设，提高办案质量，落实办案责任制等措施，涉检上访案件数量整体呈下降趋势。

三、当前涉检信访困境原因探究

目前，学界和实务界对于当前我国涉检信访工作存在的问题进行深入研究，但是对于涉检信访工作运行陷入困境究竟是什么原因，各方仍然持不同观点。笔者归纳之后，概括为以下几个方面。

（一）办案人员执法水平不高，执法行为不规范

杜松岩❷通过实证分析哈尔滨市检察机关办理的涉检信访案件得出，执法不规范造成执法不公正，是导致涉检上访的根本原因。他认为，办案人员采取强制措施不规范，在当事人人身自由上影响了公正；侦查活动不规范，在认定案件事实上影响了公正；履行法定义务不规范，在当事人诉讼权利上影响了公正；收集审查证据不规范，在案件定性和对相关问题善后处理上影响了公正。郭嗣彦、许娟❸和钱云灿❹等人认为，部分检察干警执法不规范，是涉检信访案件增多的重要原因。郭嗣彦、许娟进一步指出，

---

❶ 任斌："试论涉检信访工作机制的完善"，载《检察风云：社会治理理论专刊》2014 年第 1 期。

❷ 杜松岩："涉检上访与规范执法的调查分析"，载《国家检察官学院学报》2005 年第 10 期。

❸ 郭嗣彦、许娟："涉检上访的成因分析及源头治理"，载《中国司法》2009 年第 5 期。

❹ 钱云灿："涉检信访问题工作机制探微"，载《法学杂志》2010 年第 6 期。

涉检上访的首要原因是检察人员该作为的不作为、不该作为的乱作为，具体到立案、侦查、批捕、起诉、抗诉等多个诉讼环节中表现为：要么是该立不立、该诉不诉、该抗不抗、该返不返、该赔不赔。要么是不该立强立、不该扣乱扣、不该捕乱捕、不该诉强诉。此外，司法腐败、司法不公等现象的发生，势必影响案件的公正处理，导致涉检上访案件时有发生。

（二）部分信访群众对法律规定理解不够不透

相当一部分信访群众由于对法律理解不够深透不够全面，看待司法机关的处理决定，往往不是站在法律的角度。钱云灿认为，对一些人身故意伤害案件，有人坚持同态复仇和刑罚报应理论，崇尚"以眼还眼、以牙还牙"的哲学理念，特别是被害人家属往往缺乏基本的证据观念，抱有强烈的"报应"心理，片面要求司法机关从重处理。当主观愿望不符合客观实际和法律及政策规定，自己的要求得不到满足时，容易固执己见，缠访缠诉。杨剑锋❶认为，在现实生活中，信访人由于法律知识匮乏、经济条件有限，走司法途径解决问题不仅费用昂贵而且时间太长，这就导致他们放弃正常的法律诉讼程序，而选择成本低、解决快且无时效限制的涉检信访途径来解决自己的问题。此外，龙碧霞还认为，由于受我国长期以来的"青天"意识及"人治"理念影响，当代民众亦偏好通过信访途径来寻找他们心中的"青天"以表达其诉求。

（三）涉检信访之权利救济功能被过于放大

权利救济功能是涉检信访的功能之一，本是"通过个案的个性化处理作为政治制度安排中的刚性制度缺陷的合理补充"，这种补充性的制度特征即意味着作为权利救济方式的使用本身具有局限性。❷龙婧婧通过分析认为，涉检信访因其具有的权利救济功能而成为检察机关推进"社会矛盾化解"的重要环节。就实证考察而言，现阶段涉检信访在总量、内容、形式等方面的特点反映出涉检信访过度承载"权利救济"功能的事实；就法治理论而言，涉检信访超负荷的权利救济功能与程序公正、司法权威、规则统治之间存在冲突。龙碧霞则认为，近年来，涉检信访案件常年居高不下，

---

❶ 杨剑锋："当前涉检信访问题浅析"，载《人大建设》2011年第10期。

❷ 龙婧婧："涉检信访不能承受'权利救济'之重"，载《昆明理工大学学报（社会科学版）》2011年第12期。

集体访、多头访、重复访、过激访、越级访等非常态信访现象所占比例不低，折射出部分民众已将涉检信访当成其权利救济的重要途径，涉检信访正超负荷承载着"权利救济"的功能，这不仅与规则理性相背离，亦损害了司法权威，令涉检信访陷入困境。从理论上讲，国家的司法救济是公民权利救济最主要的形式和最后的屏障。可在实践中，涉检上访人员在诉讼之中或诉讼之后更相信信访这一救济手段，并作为最后的希望所在，这不仅使当前的检察资源不堪重负，而且成为阻滞检察机关执法公信力建设的无形力量。

（四）当前涉检信访的各项工作机制尚不完善

王伟、刘鹏等人认为，涉检信访工作机制本身的不完善，也会使此类信访案件增多。其一，我国几乎所有的涉法案件，都有法律上的申诉渠道，这个申诉渠道可以看作是具体法律对宪法规定的公民上访权的落实。但是，这个申诉渠道，即本来能够产生终局结论的法律程序之外的信访工作机制又抵触或者部分抵触法律程序，从而使该信访工作机制处在两难境地。其二，由于目前我国涉检上访案件机制与其他涉法信访案件的处理机制一样缺乏制度化、规范化。在处理涉检上访的时限、流程、转办规则等方面缺乏较为完善具体的制度和可实际操作的规定，这在一定程度上制约了涉检上访案件的及时处理，极易造成涉检信访。涉检信访具有"主体不限、条件不限、次数不限、时间不限、审级不限"的特性，这种特性是多头访、重复访、越级访等信访现象产生的直观原因。

四、治理涉检信访问题对策研究

由于学界和实务界对于我国涉检信访工作存在的问题看法不同，对其成因也没有完全达成共识，因此对于涉检信访问题的治理对策和改革路径也产生了不同的观点。笔者从以下五个方面对众多专家学者的建议和对策进行归纳。

（一）涉检信访应坚持人本理念

唐柱宏[1]认为，涉检信访工作应自觉树立"四个理念"，才能做到事半

---

[1] 唐柱宏："秉承'四个理念'做好信访工作"，载《人民检察》2008年第12期。

功倍,达到化矛盾为和谐的效果。一是平等理念,在涉检信访工作中要坚持平等接访、平等保护和平等处断的理念;二是诚信理念,人无诚信不立,法治无诚信则废,涉检信访工作直接面向群众,更应恪守诚信;三是效率理念,实现公平正义,就必须将效率理念融入涉检信访工作之中;四是责任理念,涉检信访工作融职权和责任于一体,职责由法定,失责必受罚。龙婧婧认为,要全面提升涉检信访的工作理念。一是要强化法律至上理念。法律至上是法治的第一要义,是涉检信访的最高准则。二是要强化群众工作理念。十八大报告要求"着力解决人民群众反映强烈的突出问题,提高做好新形势下群众工作的能力"。三是要强化法律监督理念。"强化法律监督,维护公平正义"是检察工作的主题。为涉检信访工作的顺利进行和不断发展提供强大的精神动力和思想保障。朱南斌、来红杏等人❶以认真探索"诉访分离"机制、正确处理诉的问题为视角,认为涉检信访工作首先应更新理念,坚持以人为本、平等接访,努力追求创新,让平等和关爱体现在接访办案的全过程。

(二) 加强案件管控,妥善处置涉检信访案件

(1) 建立信息收集、交流、反馈机制,及时掌控涉检信访动态。刘建国❷、郑建银等人认为,建立信息收集、交流、反馈、分流机制,及时掌控涉检信访动态,把握工作的主动权。一是建立涉检上访信息收集机制。通过定期不定期地排查矛盾、接待来信来访、上级交办信件等多种渠道,对倾向性、苗头性、预警性信息和已发生的涉检上访信息进行广泛地收集整理,使有关部门提前开展工作,在处理涉检上访案件时能够迅速反应、占据主动。二是建立内部信息互通交流机制。控申部门及时与本院其他部门联系,相互通报案件办理情况等有关信息,尤其对可能引发当事人上访的信息应及时通报和掌握。控申部门根据工作需要可随时到办案部门了解案件办理情况,便于给上访人员及时准确回复。三是建立外部信息通报机制。对于控申部门接待的应由其他机关和部门管辖的来信来访问题,都及时报请检察长批准后向有关机关和部门移交和反馈,防止出现漏管失控,并定期到相关部门及时了解掌握信访动向,做到信息共享。

---

❶ 朱南斌、来红杏:"诉访分离妥善处理涉检信访问题",载《中国检察官》2013年第5期。

❷ 刘建国:"涉检信访工作的理念、机制与方法",载《中国检察官》2009年第1期。

(2) 建立涉检信访风险评估预警机制,及时掌握涉检信访苗头。赵作金、黄蕾❶认为,检察机关自侦、公诉、侦监等业务部门要对正在办理的自侦案件、审查批捕案件、审查起诉案件进行评估预测。当预测到可能发生案件当事人涉检信访案件时,应将情况报控告申诉部门备案。并与控申部门共同研判涉检信访发生的可能性以及存在的隐患,制定个性化的化解预案,提前做好涉检信访的预警工作。于昆、任文松❷认为,涉检信访案件评估预警机制既是预防和化解社会矛盾的有效措施,又是实现涉检信访法治化的首要环节。控告申诉检察部门应建立系统的涉检信访案件风险评估预警及处置办法,对案件评估范围、评估内容、评估程序、工作责任及风险控制等作出明确规定。各相关业务部门所办理的涉检信访案件应全部实行控告申诉信访风险评估,划分风险等级,并根据风险等级明确责任制定措施,提前做好化解矛盾工作;尤其对不立案、不批捕、不起诉、不抗诉或退回公安机关做其他处理的案件,在作出决定前应与举报人、受害人、申请人联系沟通,释疑解惑,化解申诉信访风险。

(3) 建立案件分流调控机制。郑建银、田大治❸等认为,人民群众对国家机关的主管范围可能不甚了解,有时会出现"有病乱投医"的问题,这就要求司法机关接访部门以对党和人民高度负责的态度处理好有关问题。建立案件分流调控机制,就可以使此类案件得到及时移送、妥善处理。一是建立外部案件移交分流机制。对不属于本机关管辖的案件及时向有关机关和部门进行移交和分流,不积案、不压案,并及时对信访群众进行反馈,使问题得到及时有效的处理。二是建立内部分流调控机制,严格落实"首办责任制"。对属于检察机关管辖的涉法上访案件,应当按照"分级负责、归口办理"的原则,严格实行首办责任制,形成全院抓信访的信访工作大格局。首办责任部门对于本部门承办的控告、申诉案件,应当及时指定首办责任人,按照有关工作规定办理,并按时限将办理情况反馈控申部门。

(4) 推行多元化矛盾调处机制。田大治认为,做好涉检信访工作必须推行多元化调处机制,认真扎实做好上访群众的稳定工作,维护其合法权

---

❶ 赵作金、黄蕾:"健全涉检信访工作机制之途径探讨",载《中国检察官》2011年第7期。
❷ 于昆、任文松:"涉检信访工作机制之探析",载《河南社会科学》2014年第1期。
❸ 田大治:"涉检信访案件对策研究",载《新乡学院学报(社会科学版)》2011年第8期。

益。一是坚持检察长接访制。检察长亲自接访，能够提高检察机关形象，能够使检察机关密切联系群众，增强来访群众的信任感。检察长接访能够减少工作环节，更便于协调检察机关各有关部门的力量，解决群众反映的问题，提高接访效果。二是建立反馈回访制。对已经处结的案件要定期回访，防止矛盾反复、上访反弹；对正在处理的案件要及时反馈，告知案件进展情况，防止矛盾激化。三是建立跨部门矛盾调处机制。在具体案件处理上，实行联合办公、多部门联动，打破条块分割、封闭化运行，谋求涉检信访案件的"一揽子"解决。张志、甘国凯❶认为，应建立多元化的涉检信访协调处理机制，力促信访问题的化解。建立信访申诉工作信息网络系统，通过在纵向的检察系统内部和横向的相关信访单位网上接受和分流信访申诉，实现信访申诉情况的纵横对接，建立信访申诉案件转办、分流处理机制和息诉息访联动机制，积极引导群众理性信访，合理诉求。

（三）规范案件办理，杜绝涉检信访隐患发生

（1）全面落实首办责任制。牛学理❷认为，首办责任制是检察机关各业务部门依据法律规定的案件管辖范围，对依法受理的各类案件，按照"属地管理、分级负责、归口管理""谁主管、谁承办、谁负责"的原则和领导包案责任制的要求，认真办理，保证质量，负责到底，把问题彻底解决在首次办理环节，避免当事人重复信访、久访不息的一种责任制度。首办责任制规定了案件承办责任人办理各类案件的质量和标准，规定了案件承办责任人对办理案件的质量负责，对所办理的案件，在作出处理决定的同时，应提前做好预警机制，提前做好释法明理和稳控工作，确保当事人态度冷静，正确对待处理结果。赵作金、黄蕾认为，有效控制和化解涉检信访，要全面落实首办责任制。而落实首办责任制应坚持态度到位、解决到位、疏导到位的工作方式，通过引导群众理性合法表达诉求，维护信访秩序。

（2）建立案件质量保障机制。案件质量问题不但影响司法机关的权威和形象，而且直接侵害当事人的合法权益，诱发涉检信访案件发生。郑建银认为，要从源头上防止和减少涉法上访案件的发生，必须建立行之有效

---

❶ 张志、甘国凯："探究新形势下涉检信访的成因及创新化解之道"，载《广西师范学院学报（哲学社会科学版）》2011年第8期。

❷ 牛学理："推行双向承诺工作机制及时化解涉检信访"，载《人民检察》2008年第10期。

的案件质量保障机制,从实体上和程序上两方面确保执法办案的质量。朱南斌、来红杏认为,建立案件质量保障机制,规范执法行为,提高案件质量,是从源头上预防和减少涉检信访风险的根本途径。涉检信访工作的着眼点不在于如何控制群众上访,而是要把工作的重点放在提高案件质量上。严格依法办案,必须严把事实关、证据关,适用法律和程序关,把每一起案件办成经得起法律和历史检验的铁案。

(3) 严格责任倒查追究制。牛学理认为,应严格责任倒查追究制。在处理涉检信访工作中,对因办理涉检信访案件不负责任、处理不当,不能兑现承诺,造成越级信访的,对承办单位及承办人给予批评教育;造成一人次有理进京信访的,由所在基层院检察长带领主管副检察长、办案单位正职到市院向领导小组说明原因,取消基层院、检察长、承办单位及承办人一切评先资格等。同时,由市院纪检监察、政治部门组织责任倒查,追究有关人员相应责任。刘建国认为,为了加强对涉检信访工作责任的落实,保证工作不走过场、不留死角,对因工作不负责任、工作方法简单、执法行为不当、徇私枉法等引起的涉检信访案件,要实行责任倒查制度,严格落实信访责任。

(四) 完善工作机制,建立科学涉检信访格局

(1) 建立涉检信访听证制度。刘太宗、李高生认为,涉检信访听证制度是一套独立于行政机关的独特的公开处理信访方式,主要解决反映的不良、不合理以及疑难复杂的信访,能够弥补解决纠纷的空白地带,涉检信访听证制度有着重要的法律和实践价值。钱云灿、于昆、任文松等人认为,运用听证会方式处理涉检信访问题,由原作出决定的检察机关对该决定作出的过程及其结果进行说理,信访人陈述问题及要求,有关涉案人进行答辩,公开有关证据及相关法律依据,与会代表依照相关法律、法规和政策进行公开评议,最终形成听证结论。这一过程充分体现了"司法民主"的现代司法理念,也是新时期解决涉检信访问题的一项制度创新。秦国文、万志前[1]等人认为,协商民主中关于公共协商的制度架构对于完善我国涉检信访听证制度具有借鉴意义,因此,应从明确涉检信访听证的适用范围、

---

[1] 秦国文、万志前:"协商民主视角下的涉检信访听证制度",载《中国检察官》2015年第2期。

确立听证原则、细化听证程序、明确听证笔录效力等方面完善我国涉检信访听证制度，以更好地实现其民主协商和息诉罢访功能。从上述论述可以看出，进一步完善公开听证制度，依靠和整合各方力量化解矛盾纠纷工作，已经成为处理涉检信访案件的一条有效途径。

(2) 完善检调对接工作机制。"检调对接"是指人民检察院在办理轻微刑事案件、民事申诉案件过程中，将执法办案与深入化解社会矛盾相结合，依托人民调解组织等各类矛盾纠纷调处工作平台，密切配合，各司其职，共同促进当事人就案件中的民事责任和解息诉，有效化解社会矛盾，促进社会和谐稳定的工作机制。柯汉民指出，要依托社会"大调解"工作体系，积极推进"检调对接"工作，及时有效地化解涉检矛盾纠纷。朱南斌、米红杏认为，在办理涉检信访案件时，检察机关应积极推进"检调对接"工作，借助政府相关职能部门困难救济、帮扶等手段，妥善解决"法度之外、情理之中"的问题，及时有效地化解涉检信访矛盾。

(3) 借鉴其他矛盾调处机制。窦秀英、李亚平认为，应结合检察信访的实际，有选择地借鉴心理咨询学上一些成熟的会谈技术和措施，对来访人员加以有效疏导，缓解其心理压力，排除其心理障碍，达到化解矛盾的目的。郭嗣彦、许娟认为，可以借鉴日本的行政苦情制度、法国的共和国协调员制度，为从源头上治理涉检上访问题提供可供参考的途径。如日本的行政苦情制度。日本行政法对于苦情处理的规定中，多次提到苦情处理部门有主动发现问题以及主动采取措施予以救助的任务和使命。主动发现问题意味着行政机关能够尽早掌握主动，更有利于对苦情的合理处理，以及能够在一定程度上缓和与行政相对人之间的矛盾，这是我国涉检上访制度值得借鉴的地方。

(五) 落实检察改革，推动涉检信访回归法治

(1) 构建涉检信访终结机制。柯汉民指出，推行涉检信访案件终结制度。对地方各级检察机关经复查认为原处理结论正确的涉检信访案件，应当组织有关部门答疑释惑；对仍不息诉罢访的，应当组织公开听证、公开答复；对合理诉求已解决到位、实际困难已妥善解决的，可依法作出终结决定。采取适当方式发布相关情况和终结决定。已终结的案件，信访人以同一事实和理由继续信访的，检察机关不再登记、不再办理、不再通报。

周新萍和于昆、任文松等人认为,要严格把握终结条件和终结程序,对涉检信访案件,已经穷尽法律程序,依法作出法律结论的即为终结结论。对在申诉期限内反复缠访缠诉的,经过案件审查、评查等方式,并经中央或省级政法机关审核,认定其反映的问题已经得到公正处理的,除有新的事实和证据外,依法不再启动复查程序,切实解决涉检信访申诉案件出口不畅的问题。秦国文、李刚等人则从检察委员会的职能作用出发,就涉检信访案件的终结退出机制进行了制度设计,进一步丰富了涉检信访终结机制的具体内容。

(2) 完善被害人救助制度。刘太宗、李高生、于昆等人认为,我国宪法增加了尊重和保障人权条款,为对被害人的权利救济进入法治化轨道奠定了宪法依据,将被害人救助制度尽快纳入法治轨道,对涉检信访中要求补偿的生活确有困难的部分刑事案件被害人进行适当补偿,促使上访人息诉罢访。同时,建立被害人救助制度,还可以缓解被害人和犯罪嫌疑人及其家庭之间的紧张冲突,防止矛盾激化,避免被害人方面实施报复行为,促进社会和谐稳定。张志、甘国凯认为,保护公民的基本权利是现代法治的一个重要特征,建立信访人员困难救助机制,着力保障弱势群体的权利,防止不稳定因素的产生。

(3) 建立缠访闹访处理制度。闹访、暴访、缠访在一定程度上已成为影响社会秩序和社会稳定的一个重大隐患。王伟、刘鹏等人认为,检察机关应建立健全对闹访、暴访、缠访的处理机制。对违法上访、无理上访、恶意上访、策动群访的人必须加以制裁,对以上访为借口缠访缠诉的,对达不到自己目的和要求赴省进京上访、越级上访的,或者在正常信访中冲击国家机关秩序、聚众扰乱社会秩序的,应根据有关法律和法规,予以必要的行政和刑事处罚。

(4) 建立诉访分离机制。朱南斌、来红杏建议,应积极探索"诉访分离"机制,正确处理诉的问题和访的问题,将涉检信访工作纳入法治化轨道,以维护群众利益,促进司法公正,维护社会和谐。李波、张琛等人则认为,应积极探索建立诉访分离机制,将涉法涉诉案件纳入法治轨道,对于化解社会矛盾、树立司法权威具有重要意义。

2014年9月,中央政法委印发了《关于建立涉法涉诉信访事项导入法律程序工作机制的意见》《关于建立涉法涉诉信访执法错误纠正和瑕疵补正机制的指导意见》和《关于健全涉法涉诉信访依法终结制度的实施意见》,对检察机关涉检信访工作提出新的要求。检察机关作为依法处理涉检信访问题的责任主体之一,只有顺应涉检信访改革新要求,将办理涉检信访案件与履行法律监督职能紧密结合起来,探索涉检信访案件导入司法程序机制,健全完善信访案件终结机制。进一步健全国家司法救助制度,依法处理信访难题,依法纠正执法差错,既要保护合法信访,又要制止违法闹访,才能实现案结事了、息访息诉,实现维护人民群众合法权益与维护社会主义司法权威的有机统一。

第二部分 检察环节涉检信访工作机制实践

基层院正确处理涉检信访案件的实践途径

刘 红[*]

【提要】 涉检信访是指检察机关依法办理公民、法人和其他单位通过信访渠道反映的涉及检察机关或检察人员的案件。[1] 涉检信访案件不仅是社会矛盾纠纷的体现，也是检察机关工作机制、执法状态等方面问题的具体反映。[2] 涉检信访案件处理得怎样，直接关系到人民群众的切身利益，直接影响检察机关的形象和工作效果。本文主要就基层院如何做好涉检信访案件工作谈几点看法。

【关键词】 法律监督 涉检信访 途径

一、涉检信访案件的特点

近几年，随着中央各项新政策新举措的有效推出，人民群众生活水平不断提高、法制意识普遍增强，涉检信访案件也呈现出新的特点。

（一）上访时间敏感化

从上访时间看，涉检信访案件向敏感时期集中的特点明显。在"两会"开幕、"五一""七一""十一"等重大活动、重大节庆期间，恰是涉检信访案件尤其是上访案件比较集中的时期。

---

[*] 刘红，湖北省黄石市西塞山区人民检察院副检察长。
[1] 柯汉民："加强和改进新形势下的涉检信访工作"，载《求是》2011年第9期。
[2] 刘太宗、李高生："刑事涉检信访工作探讨"，载《中国刑法杂志》2012年第12期。

(二) 重复访、越级访、集体访高发化

部分上访人员的思想认识存在以下几个误区：第一，遇到问题直接上市、上省、上京越级上访、缠访，让上级督促下级，从而造成越级访；第二，对自身的合法权益受到损害，其认为向多个有关部门反映，问题得到解决的可能性更大，或认为上访次数多问题就能得到较快解决，因而造成重复访；第三，少数上访者信"访"而不信"法"，❶甚至认为一个人的上访力度不大，不能引起有关部门的重视，而采取集体上访的形式，给有关领导部门施加压力，扩大影响。

(三) 涉检信访反映问题复杂化

根据相关数据显示，涉检信访反映的问题复杂而集中，历史遗留疑难问题较多。涉检信访问题涉及社会很多领域，但又表现出较强的规律性。一是热点问题比较集中。重点围绕城市化出现的征用土地、房屋拆迁，新农村建设中涉及的征地拆迁、安置和土地流转问题，社会保障体系建设中的医疗、养老等问题，以及企业改制遗留下来的涉及人民群众切身利益的信访案件较多。二是针对检察机关决定不批捕、不起诉、撤销案件和其他处理决定的申诉，这类涉检信访案件集中反映出人民群众对国家刑事法律、政策知识匮乏。三是控告公安机关工作人员和审判机关法官的案件占有相当比例。这类问题积案较多，重复来信来访量大，反映的问题也较为复杂。

(四) 上访形式和手段多样化

当前涉检信访的类型包括集体上访、联名上访、利用网络发布、通过新闻媒体施压、进省进京等，手段形式也呈现多样性，有哭闹、谩骂、躺着不动的，有纠集家属、老人、病人的，有围攻、造声势（打标语、横幅）的，有利用互联网发布无中生有的虚假事实给检察机关施压的，涉检信访案件中缠访、闹访现象有所抬头，无理访居多，严重影响机关的办公，正常的工作无法开展，上访行为呈现偏激倾向。

(五) 信访的主体和对象多元化

从这几年控告申诉部门接待的情况来看，信访者涉及各个领域，农民、工人、社会闲散人员、教师甚至律师等，年龄段从二十岁到八十岁不等，

---

❶ 刘文静："为什么会信访不信法"，载《检察日报》2013年9月4日。

所举报和控告的对象主要有行政单位、行政官员、法官、警察、检察官等涉及各个行业。

二、涉检信访案件的成因

涉检信访案件主要集中在侦查监督、公诉和职务犯罪查办等环节。上述环节形成涉检信访案件的原因比较复杂，分析涉检信访案件形成的原因，不外乎三方面：执法机关原因、群众自身原因、法律及政策原因。❶

（一）执法机关的原因

（1）公安机关在办案过程中，收集证据不扎实，使诉讼无法进行，从而导致被害方上访，有的基层刑警队民警违纪违法办案，一些本该立案的刑事案件由于某种因素的干扰，而不予立案侦查，引起上访。

（2）公安机关、检察机关、审判机关对案件定性不准确，事实不清，证据不足，产生瑕疵案、错案，引起当事人上访申诉。

（3）各执法机关对群众举报查处不及时，与群众沟通不够，群众产生误解，造成上访。有的案件由于不同部门工作人员对当事人的答复不一致，致使当事人对检察机关作出的决定产生误解，认为检察机关办理案件不公正，而引起上访。

（4）检察机关处理案件不规范，办案人素质不高，责任心不强，不重视细节，有的检察人员存在畏难情绪，不能理直气壮地履行监督职能，这些也是导致上访的原因。

（5）有的执法人员存在重实体法轻程序法的现象，有的审判人员在审理案件中不尊重客观事实，不依法公正审判，甚至还有与当事人、律师串通一气、枉法裁判的现象，从而引起群众不满，导致上访。

（二）群众自身的原因

1. 人民群众法律意识普遍增强

随着检察机关不断强化法律监督，随着普法宣传的深入开展，人民群众的法律意识、权利意识进一步提升，敢于善于用国家法律维护自身合法

---

❶ 李微："涉诉信访：成因及解决"，载《中国法制》2009年第8期，第234页。

权益。

2. 群众对检察机关职能不清

检察机关是国家法律监督机关，有的当事人对检察机关职能不清楚，认为检察机关可以解决所有问题，把根本不属于检察机关管辖的案件控告、申诉到检察院，如检察机关处理不好，便认为检察机关推诿，不负责任，走上上访之路。

3. 部分上访人员的思想认识存在误区

部分上访者对国家的法律和刑事政策不了解，对信访的认识存在错误，遇到问题不是实事求是地在法律、政策范围内向当地政法机关及时反映，以求尽快解决，而是认为走司法途径费用大、周期长，不如直接赴省、上京越级上访、缠访，让上级督促下级来得快。对所反映问题的处理结果期望值过高，一旦要求得不到满足，便缠访、闹访、越级访，甚至为了谋取私利，恶意上访。一方面，信访成为一部分人不法"发家致富"的新途径；另一方面，它又成为一些地方"花钱买稳定"的无底洞，社会的诚信机制受到极大的损害。❶

（三）法律及政策的原因

（1）国家对信访终结的规定不明确。上级机关对越级上访者简单一刀切式的让基层部门接回，并限期解决，这给很多上访者造成"大闹大解决，小闹小解决，不闹不解决""信访不信法"的错误导向，给党和政府在群众中的公信形象造成很坏的影响。这在一定程度上也滋长了个别上访人员重复上访、缠访的不良倾向。

（2）对无理访、缠访、闹访缺乏适当的制裁机制。地方政府为了不影响政绩，无奈对上访者采取安抚政策，把大部分精力用在安抚接访上，而无法开展正常的工作。对个别恶意缠访人员的打击不力、姑息迁就，一定程度助长了整个上访群体的缠访情绪。这种用小恩小惠来买平安的短期行为虽然花费了大量的人力物力，却只能引发更多的矛盾，制造更多的攀比心理和效仿行为，带来更多的上访者，从而积重难返。

（3）信访接待工作存在薄弱环节。各部门之间科学、规范、协调的依

---

❶ 席月民、孙宪忠："当前司法遇到的三个突出民生问题"，载《法学》2012年第12期。

法预防和处理工作机制尚未形成,亟待完善。接待工作"谁主管谁负责"的原则尚未有效贯彻落实。信息传递不畅,反馈时效性差,影响了解决上访的最初时机。部门与部门之间存在相互推诿的现象,致使信访案件办理责任落空时有发生,问题得不到及时解决,甚至会引发新的矛盾。

（4）"维稳"压力与"维权"舆论左右涉检信访工作,信访处置偏离法治轨道。面对当前"大闹大解决、小闹小解决、不闹不解决"的不良风气,有的访民存在"上访有利可图",出现"谋利型上访",选准敏感时期缠访、闹访、越级访,处置之时表现出已难以用法治方式解决,出现"花钱买平安"的倾向,无异于进一步鼓励无理信访。尤其是舆论与媒体主导的权利话语在不同程度影响信访的处理,妨碍法治秩序的建构。❶

三、源头处理涉检上访问题的几点建议

涉检信访处理过程中涌现出的诸多问题,不能归咎于涉检信访制度自身。涉法涉诉信访所透露的本质问题是如何处理好畅通民意表达与维护司法权威的矛盾。❷ 针对当前基层检察机关涉检信访工作中存在的问题和原因,为了从源头上预防涉检上访问题的发生,笔者提出以下几点建议。

（一）提高认识端正态度,加强领导责任

这是做好涉检信访工作的前提和关键,检察人员尤其是领导,要充分认识到解决涉检信访问题的重要性。面对新时期繁重的信访工作任务,检察机关的领导干部应该切实担负起"信访第一责任人"的重任。第一,要提高对以人为本、执法为民的认识,端正为人民服务的态度,坚持社会主义法治理念,树立"群众利益无小事"的民本观念,为群众排忧解难,维护社会稳定;第二,把涉检信访工作列入议事日程,作为一项重要工作来抓,建立由控告申诉部门牵头抓、相关科室配合抓、分管检察长直接抓、检察长总体抓的工作机制,形成全院一盘棋,上下联动层层抓落实,

---

❶ 陈柏峰:"无理上访与基层法治",载《中外法学》2011年第2期。
❷ 李微:"涉诉信访:成因及解决",载《中国法制》2009年第8期。

左右互动齐抓共管的局面；第三，强化"检察长接待日"工作，坚持预约接待、上门接待制度，充分发挥检察长接待来访群众化解矛盾的作用，实行检察长替代制度，保证每个"检察长接待日"都有检察长接待，避免群众在"检察长接待日"见不到检察长的身影，以取信于民；第四，要坚持"带案下访、定期巡访、化解矛盾、维护稳定"的工作原则，对下访巡访工作检察长要亲自挂帅、亲自出征，这样才能直接了解社情民意，及时掌握信访动态，更好地指导信访工作，尽力把各类信访苗头消灭在萌芽状态，把矛盾解决在基层，把涉检信访人员稳控在当地；第五，对重大、疑难的涉检信访案件实行领导包案制度，对所包之案要"包接待、包处理、包息访"，努力做到亲自了解分析案情、制定处理方案、协调解决问题以及答复上访人员，要查明原因、分清责任、解决问题、纠正错误。

（二）提高业务水平和办案质量，从源头上预防和减少涉检信访的产生

侦查监督、公诉和职务犯罪查办这三大诉讼环节是涉检信访隐患的源头，要预防和减少涉检信访的产生就要从源头上抓起。一是检察人员要提高自身的政治素质和业务素质。要及时了解和掌握党的路线、方针和政策，不断提高自身的政治素质，做到立检为公、执法为民、清正廉洁、不徇私枉法；加强法律法规的学习，不断提高业务素质，还要善于学习相关知识，扩大知识面。二是要公正办案、规范办案和文明办案。要公正执法、廉洁自律、不徇私情，排除外来的压力，顶住说情风，不办"关系案""人情案"；要按照检察机关执法规范来办案，对所办理的案件要认真审查、取证，不放过任何疑点，把案件办成铁案；在公正、规范办案的同时还要文明办案，如果对所办理的案件作出不立案、撤案、不批捕、不起诉等决定，就要强化释法说理工作。通过强化起诉书、不起诉书和公诉词等文书的释法说理，增强公诉文书的信服力；通过与被告人、被害人等诉讼参与人接触的机会，倾听诉求，疏导怨愤，强化释法说理，既要让人信服司法公正，也要运用好法律帮助被害人及相关利害关系人寻求物质和精神的救济。这样才能保证案件的办理没有纰漏和瑕疵，减少和避免当事人的上访，从而在源头上预防和减少涉检信访案件的产生。

（三）规范接待受理处理机制，尽力把涉检信访案件解决在接待受理环节

涉检信访案件的产生大多在检察机关作出决定之后，第一个环节就在接待受理阶段，这个环节工作的好坏，直接关系整个涉检信访案件处理的效果，因此要努力使涉检信访在这个阶段息诉罢访。在接待受理工作中，首先要以热情接待、耐心倾听为前提，让上访人充分表达其诉求，并仔细分析其上访的真正原因、动机和目的，从中探究其心理，找出问题的关键，这是解决信访问题的前提和基础。其次要以细致疏导、耐心教育为方法，形成息诉罢访的良好氛围。找出上访的原因、动机和目的以及问题的关键后，就要针对不同情况，应用不同的方法来解决。对上访人合理合法的诉求，要严格依法办理，该纠正的要及时纠正，不留后遗症；对上访人不合理的诉求，不能姑息迁就，根据不同情况对其进行释法说理细致疏导；对无理取闹纠缠的上访人，尽力稳定其情绪后，要动之以情、晓之以理、明之以法，既要对其讲明法律后果和利害关系，又要对其进行有的放矢的批评教育，消除其"抵触"情绪后要抓住机会，劝其息诉罢访。另外，在受理接待的实际工作中，要注重心理疏导的运用，对控申检察人员要进行必要的心理疏导方面的培训，掌握一些心理疏导方面的知识和技能。

（四）切实维护公民权益，勇于担责纠改错误

在处理涉检上访案件时，勇于担责纠错，适时赔偿退款，尽快案结事了，也是预防和减少涉检上访案件的有效途径。检察机关要敢于面对问题，勇于承担责任，怀着对人民群众的深厚感情做好涉检上访工作。对待群众反映的问题，必须拿出解决问题的勇气，把案情弄清楚，有错必纠，该赔则赔，这样才能把矛盾和纠纷彻底化解在基层。

（五）强化部门协作配合，稳妥处理涉检上访

妥善处理好每起涉检上访案件，达到将上访矛盾和纠纷都能消化在基层，不是检察机关某一个部门所能完全解决的问题，相关部门必须加强协调、密切配合、形成合力才能完成。检察机关各部门要树立"大信访、大协作"观念，在办理每个案件过程中，都要承担涉检上访带来的消极风险和负面效应的敏感意识，相关执法部门承办单位要与控申部门建立联系协调机制，畅通情报，信息共享，共同做好涉检上访案件的处理工作，努力

为社会和谐稳定大局作出新贡献。

(六) 实行检务监督机制，强化检务公开，实行阳光检务

将检务监督辐射到检察工作的各个方面，对办案活动实行全过程跟踪，要求检察人员依法办案，把案件质量视为生命线，尽力把所办之案办成铁案，避免利益驱动，盲目追缴扣押、冻结、收缴和处理的款物。建立信访督查专员制度，对涉检信访案件进行全过程的跟踪督查，及时发现问题尽快解决问题。强化检务公开，实行阳光检务，对重大、疑难和复杂的涉检信访案件实行公开听证、[1] 公开答复，必要时还可以邀请人大代表、政协委员、人民监督员和当事人的领导及亲朋好友到场参加，让当事人和其他参加者充分发表意见，对上访人的诉求是否合理，案件的办理是否公开公正，适用法律是否准确，处理结果是否合理合法等进行监督和评判。做到有访必接、有问必答、有诉必应、有错必究，提高检察机关的执法公信力，努力实现办案效果、法律效果和社会效果的有机统一，更好地维护社会稳定。

(七) 建立和完善涉检信访的救济制度

对涉检信访案件救助主要是建立救助基金制度和完善司法救济制度。[2] 当前，因经济利益引发或因伤害产生的涉检信访占有相当比例。有的信访人确实生活困难，被伤害后根本无钱医治，而对方又无经济赔偿能力，信访人往往就会为这笔医疗费用不断上访；有的经济利益受到损失而得不到赔偿，造成生活困难后不断上访因而成为涉检信访。对这些涉检信访，有了一定的救助，矛盾就很可能得到化解，才能息诉罢访。因此，一是要建立涉检信访困难群众救济基金。要加强与有关单位特别是民政、财政部门的联系，共同对特困被害人实施救助。如拨出一定的救助基金，明确救助受害人的条件、范围、救助额度等，帮助受害人解决生活困难，渡过难关。二是要加强司法救助的管理，适当降低司法救助门槛，切实使有困难的群众打得起官司。三是要加强刑事附带民事诉讼案件判决的执行力度，使受害人尽快得到经济赔偿，减少上访和申诉的产生。

---

[1] 最高人民检察院：《检察机关执法工作基本规范 (2013 年版)》，中国检察出版社 2013 年版，第 2·39 条。

[2] 刘太宗、李高生："刑事涉检信访工作探讨"，载《中国刑法杂志》2012 年第 12 期。

（八）加大法律宣传和教育工作

通过提审、出庭公诉等与犯罪行为人接触的过程，加大法律宣教工作，耐心倾听、平和、理性执法，真诚感化犯罪嫌疑人；通过深入学校、工厂和农村进行法制教育讲座等途径，大力开展法制宣传工作，并且积极开展涉案信息传递、法律咨询、政策宣传等，积极开展源头治理工作。

中共中央办公厅、国务院办公厅印发的《关于创新群众工作方法解决信访突出问题的意见》，针对信访问题提出了一系列改革要求。特别需要指出的是，该意见在强调要进一步畅通和规范群众诉求表达渠道的同时，提出要注重运用法治思维和法治方式化解矛盾纠纷。每一位检察官更要深刻认识法治是改革发展稳定的强大动力，把法治作为开展工作、解决问题的基本途径，改变单纯依靠行政命令、讲话、文件、指示、批示发号施令的积习，使治国理政全面纳入法治轨道，真正做到以法治凝聚改革共识、规范发展行为、促进矛盾化解、保障社会和谐。

参考文献

[1] 营龙云、潘竹梅："浅析涉检信访成因"，载《中国市场》2010年第6期。

[2] 林红莉："论信访制度的定位——从纠纷解决机制角度系统化的思考"，载《学习和探索》2006年第1期。

[3] 赵盼："浅谈基层涉检信访的原因与对策"，载《法制与社会》2014年第10期。

[4] 冯中华、王永慧："检察权制约机制的理论基础和模式选择"，载《人民检察》2008年第5期。

试论检察委员会在涉检信访终结中的作用*

李 刚**

【提要】 党的十八届三中全会明确提出，要改革信访工作制度，把涉法涉诉信访纳入法治轨道解决，建立涉法涉诉信访依法终结制度。检察委员会作为我国检察机关的业务决策机构，如何深入贯彻落实中央的改革精神，结合自身职能监督、指导涉检信访案件办理工作，切实解决当前检察实务中的涉检信访难题，是当前检察机关面临的一项重要课题。

【关键词】 检察委员会 涉检信访 终结制度

在多年来坚持改革开放和发展社会主义市场经济的大背景下，我国正经历着经济体制的深刻变革、社会结构的深刻变动、利益格局的深刻调整、思想观念的深刻变化，利益主体日趋多元化、利益诉求日趋多样化，各种利益主体和利益诉求发生的矛盾冲突越来越多地进入司法领域，使得司法机关成为各种社会矛盾和纠纷的聚集地，导致涉法涉诉信访大幅增加，检察机关也不例外。一些信访人员对于几年前、十几年前甚至几十年前生效的法律裁判仍然申诉不止；上级机关对于经过几次、十几次、几十次处理过的涉检信访还转交给检察机关复查。当事人"信访不信法，信上不信下"，其造成的"羊群效应"又促使涉检上访愈演愈烈，直接影响社会和谐稳定，司法权威性、终局性受到严重冲击。

---

* 本文系最高人民检察院一般课题"涉检信访工作机制改革研究"（课题编号 GJ2014C38）和湖北省人民检察院重点课题"涉检信访工作机制改革研究"（课题编号 HJ2013A07）的阶段性成果。

** 李刚，湖北省黄石市人民检察院研究室主任。

一、涉检信访终结制度的发展沿革

信访和司法具有不同的属性，司法权要求裁判的既定力和终局性，即司法权对于纠纷解决具有最终的裁判权，否则就会陷入对裁判者需要进行再裁判的无限循环的怪圈。司法权的终局性表现为两个方面：一是裁决效力的至上性。即对于司法机关作出的生效裁决，除经司法机关依法改判外，其他任何机关、组织或个人均不得变更或撤销；二是裁决效力的终局性。即司法机关对具体纠纷作出生效裁决后，不得再将这一纠纷纳入司法裁判的范围，亦称"一事不再理"原则和"禁止双重追诉"原则。而涉法涉诉信访制度（包括涉检信访制度）对司法裁判的终局性提出挑战。大量的涉检信访案件涌向党委、政府、人大等机关，而这些机关又不能直接解决问题，只有将材料转批检察机关，或者直接批示和提出督办意见。在这种情况下，检察机关既要办理案件，又要应付上级机关的批示和督办，正常的办案秩序被打乱。同时，上级机关将信访案件作为下级检察机关工作绩效考核的重要依据，实行"一票否决制"，很多案件由于当事人的缠诉上访，检察机关为了完成涉检信访结案率，迫于各种压力，不得不改变原有的生效决定，影响了司法裁判的终局性。司法权是维护社会公平正义的最后一道防线，因此司法机关的终局裁决必须得到应有的尊重和维护。如果允许其他国家机关和制度设计挑战司法裁判的终局性，就会导致国家权力运作流程的紊乱和错序。同时，如果没有时间的约束，允许以不同理由反复地申诉和请求修改一种纠纷的解决方案，那这个纠纷就永远得不到解决。如果败诉一方的诉讼要求可以在司法机关之外得到满足的话，司法机关的公信力和司法的权威就永远得不到尊重。

有鉴于此，我国在历经多年的涉法涉诉信访实践之后，设立了涉法涉诉信访终结制度。2005年5月1日正式施行的《中华人民共和国信访条例》（以下简称《条例》）和同年中央政法委印发的《涉法涉诉信访案件终结办法》共同形成涉法涉诉信访终结制度的雏形，最高人民检察院据此于2005年12月制定了《人民检察院信访案件终结办法》，涉检信访案件的终结从此有了"操作程序"。2009年，《中央政法委员会关于进一步加强和改进涉法涉诉信访工作的意见》首次在国家层面提出建立涉法涉诉信访终结制度。2012年，《中央政法委员会关于完善涉法涉诉信访终结机制的意见》具体规定了涉法涉诉信访终结制度的重要意义、基本原则、责任主体、审核认定、后续工作和责任查究六大方面问题。2013年，党的十八届三中全会通过的《中共中央关于全面深化改革若干重大问题的决定》明确提出："把涉法涉诉信访纳入法治轨道解决，建立涉法涉诉信访依法终结制度。"该决定首次在国家的层面提出涉法涉诉信访终结制度的法治化问题，提出涉法涉诉信访终结制度改革的新思路。2014年9月，中央政法委印发了《关于建立涉法涉诉信访事项入法律程序工作机制的意见》《关于建立涉法涉诉信访执法错误纠正和瑕疵补正机制的指导意见》《关于健全涉法涉诉信访依法终结制度的实施意见》，对涉法涉诉信访的受理、办理、终结作出进一步的明确规定。

二、现行涉检信访终结的操作程序中涉及检察委员会的规定及不足

现行的《人民检察院信访案件终结办法》对涉检信访案件终结的程序规定，存在终结决定权主体规定不具体的问题。根据《人民检察院信访案件终结办法》，省级检察院及最高人民检察院有权作出终结决定，但由检察长还是检察委员会作出决定未明确规定，既可以由检察长决定，也可以由检察委员会决定。终结决定权主体的多重化，可能导致终结决定权的滥用和失控。从对权力实行监督的角度考虑，应力求避免个人的权力专断，故应将涉检信访案件的终结权交由检察委员会行使。

（一）现行涉检信访终结程序仅需一次检察委员会讨论不够慎重

按照《人民检察院信访案件终结办法》，涉检信访案件的终结，由最高人民检察院或者省级人民检察院作出决定。其中，不服县级或者地市级人民检察院处理决定的信访案件，要逐级向省级人民检察院书面申报终结，由省级人民检察院作出终结决定；不服省级人民检察院处理决定的信访案件，应当向最高人民检察院书面申报终结，由最高人民检察院作出终结决定。《人民检察院信访案件终结办法》明确规定，申报决定应当由检察委员会讨论作出。对于层报单位的地市级检察院和作出终结决定的省级检察院、

最高人民检察院,在层报和作出终结决定时,却不是必须经过检察委员会讨论,《人民检察院信访案件终结办法》规定最高人民检察院或者省级人民检察院在"必要时提交检察委员会讨论作出终结决定"。以黄石市为例,2012~2014年上半年,全市检察机关办结涉检信访案件62件,而市检察院只讨论了本院办理的2件涉检信访案件。

涉检信访案件之所以能够成为"信访"案件,就是因为其案情复杂、存在疑点难点,一起简单明了的案件是绝无可能成为涉检信访案件的。而检察委员会的一项重要职能,就是讨论、审议重大、疑难案件。因而涉检信访案件不仅应该在办案单位申报终结时讨论,在其逐级呈报终结时,承担层报职责的检察院,也应该召开检察委员会进行讨论,从而对案件的事实、证据、办案情况全面审查把关,做到对事实负责、对法律负责、对人民群众负责。现行《人民检察院信访案件终结办法》中只规定了申报终结的单位的检察委员会讨论,地市级检察院层报到省级人民检察院后,基本上依靠省级人民检察院控告申诉部门的承办人审查把关,加重了省级人民检察院控告申诉部门的办案负担,在某种意义上也是对涉检信访案件终结工作的不慎重。有鉴于此,笔者认为,应建立涉检信访案件终结机制中的"检察委员会逐级讨论制"。

(二)现行涉检信访终结程序涉及层级过多、程序烦琐

现行《人民检察院信访案件终结办法》第8条规定:"对省级人民检察院作出终结决定的,应当将《信访案件终结决定书》报最高人民检察院备案";第9条规定:"最高人民检察院控告检察部门收到省级人民检察院上报备案的《信访案件终结决定书》后,应当在三日内按照职能分工移送本院有关部门审查。有关部门承办人应当在十日内提出是否同意省级人民检察院终结决定的审查意见,报部门负责人审核。认为终结决定正确的,应当在报经分管检察长审批同意后结案;认为终结决定确有错误的,应当在报经检察长决定后,书面通知作出终结决定的省级人民检察院纠正。"由此可见,即使是基层检察院要想终结一起涉检信访案件,最后也要由最高人民检察院决定。全国如此之多的信访案件,汇集到最高人民检察院作最后的终结手续,可以想象工作量的繁重。最高人民检察院制定的《人民检察院信访案件终结办法》做这样的程序规定,对于信访案件的终结,是慎重

的，但是把工作全部压在省级人民检察院和最高人民检察院，既加大了这两级检察机关的工作负担，又显得效率不高、程序烦琐，对有限的司法资源也是一种浪费。不妨对比一下，死刑案件也不过是中级法院一审、高级法院二审，二审终审之后，最高人民法院复核而已，绝不会把基层法院的普通一审案件的判决放到最高人民法院去备案审查。而涉检信访案件的终结，每一起案件最后都要到最高人民检察院，对涉检信访案件的终结设计如此烦琐的程序，其复杂和烦琐程度已经超过死刑案件。

三、涉检信访终结程序中检察委员会逐级讨论制的具体设想

我国现行的审判制度是两审终审制，笔者因此设想对涉检信访案件终结也应限于两级检察委员会讨论，两级检察院的上一级检察院备案审查，这样既是对涉检信访案件终结的慎重，又避免浪费有限的司法资源。

（1）对于县级人民检察院拟作终结的信访案件，设想做以下程序规定。一是必须由该院检察委员会讨论，经检察委员会讨论同意终结的，应将案卷及相关材料报地市级检察院。二是地市级检察院控告申诉部门收到申报后，应当在3日内按照职能分工移送本院有关承办部门审查。承办部门应当在3个月内提出审查意见，认为原处理决定正确应当终结的，提交检察委员会讨论，检察委员会同意终结的，由地市级检察院制作《信访案件终结决定书》发送给申报终结的县级人民检察院，同时将《信访案件终结决定书》及相关材料报省级检察院备案；认为原处理决定错误应当撤销或者重新调查处理的，报检察长审批决定。三是省级检察院控告申诉部门收到地市级人民检察院报送备案的《信访案件终结决定书》及相关材料后，应当在3日内按照职能分工移送本院有关部门审查。有关部门承办人应当在10日内提出是否同意地市级人民检察院终结决定的审查意见，报部门负责人审核。认为终结决定正确的，应当在报经分管检察长审批同意后结案；认为终结决定确有错误的，应当在报经检察长决定后，书面通知作出终结决定的地市级人民检察院纠正。

（2）对于地市级人民检察院拟作终结的信访案件，设想做以下程序规定。一是先由该院检察委员会讨论，经检察委员会讨论同意终结的，应将

案卷及相关材料报省级检察院。二是省级检察院控告申诉部门收到申报后，应当在3日内按照职能分工移送本院有关承办部门审查。承办部门应当在3个月内提出审查意见，认为原处理决定正确应当终结的，提交检察委员会讨论作出终结决定，检察委员会同意终结的，由省级检察院制作《信访案件终结决定书》发送给申报终结的地市级人民检察院，同时将《信访案件终结决定书》及相关材料报最高人民检察院备案；认为原处理决定错误应当撤销或者重新调查处理的，报检察长审批决定。三是最高人民检察院控告申诉部门收到省级人民检察院上报备案的《信访案件终结决定书》及有关材料后，应当在3日内按照职能分工移送本院有关部门审查。有关部门承办人应当在10日内提出是否同意省级人民检察院终结决定的审查意见，报部门负责人审核。认为终结决定正确的，应当在报经分管检察长审批同意后结案；认为终结决定确有错误的，应当在报经检察长决定后，书面通知作出终结决定的省级人民检察院纠正。

（3）对于省级人民检察院拟作终结的信访案件，设想做以下程序规定。一是由该省级人民检察院检察委员会讨论，同意终结的，将案卷及相关材料报最高人民检察院。二是最高人民检察院控告申诉部门收到省级人民检察院的申报后，应当在3日内按照职能分工移送本院有关承办部门审查。承办部门应当在3个月内提出审查意见，认为原处理决定正确应当终结的，报检察长决定，必要时提交检察委员会讨论作出终结决定，并制作《信访案件终结决定书》发送给申报终结的省级人民检察院；认为原处理决定错误应当撤销或者重新调查处理的，报检察长审批决定。之所以在这里只规定"必要时提交检察委员会讨论作出终结决定"，是因为最高人民检察院工作以宏观指导为主，最高人民检察院检察委员会的主要工作不是"议案"而是"议事"，如果所有省级检察院申报的涉检信访案件的终结都需要最高人民检察院检察委员会讨论决定，对于最高人民检察院检察委员会无疑是个沉重的负担，同时也会导致终结涉检信访案件的时间大幅拖延，不利于工作效率的提高。

四、结　语

2013年，全国各地政法机关登记涉法涉诉信访上升38.5%；2014年前

7个月，中央政法机关接待群众来访同比上升7.1%。在涉法涉诉（包括涉检在内）信访数量持续上升的形势下，充分发挥检察委员会的作用，确保终结案件质量，让信访人心服口服，促使信访人息诉罢访，不失为化解涉检信访的一项可行措施。而建立拟终结的涉检信访案件两级检察委员会讨论制，加强对拟终结的信访案件的监督，强化对内和对下的把关和指导，集思广益，统一认识，最大限度地做到事实清楚、定性准确、证据充分、程序完备、结论公正，不仅有利于提高涉检信访案件办理的质量，更有利于提高涉检信访案件办理的效率。

参考文献

[1] 彭浩："涉诉信访终结相关理论问题之澄清"，载《广西政法管理干部学院学报》2010年第3期。

[2] 张学群等："涉诉信访终结工作中的疑难问题研究"，载《人民司法》2012年第9期。

[3] 杜丽英：《涉检信访工作机制与对策研究》，复旦大学2011年硕士学位论文。

[4] 陈慧琳、范功怡："浅析涉诉信访终结制度的构建与完善——如何实现纠纷导出机制的程序价值"，载《法制与社会》2012年第12期。

[5] 王宁："当前涉检信访的现状及机制完善探讨"，载《中国检察官》2014年第2期。

[6] 程亮："浅议检察机关在涉法涉诉信访中的角色和职能定位"，载《江淮法治》2010年第24期。

[7] 秦新承："涉检信访终结制度若干问题研究"，载《法学杂志》2011年第1期。

民事和行政诉讼监督工作涉检信访问题及防控对策

刘家云　黄开祥[*]

【提要】 民事和行政诉讼监督是检察机关的一项主要业务工作，是检察机关依法履行自身法律监督职能的重要表现形式。如何立足自身职能，有效化解涉检信访问题，是检察机关民事行政检察部门亟须研究解决的问题。

【关键词】 民事行政检察监督　涉检信访　对策

近年来，随着修改后《民事诉讼法》的实施和检察机关对人民法院民事、行政诉讼、执行活动监督地位的进一步确立与完善，越来越多的当事人把申请检察监督[1]作为维护自身合法权益的重要救济渠道，这既是对检察机关的信任，也在客观上加大了检察机关的工作量，使民事和行政诉讼监督部门与基层群众、与社会弱势群体打交道显得更频繁，涉检信访问题增多。为妥善处置这类涉检信访问题，把矛盾化解在萌芽状态，切实维护社会和谐稳定，进一步提升检察机关的执法公信力，笔者特结合工作实际，在这方面作些探讨。

---

[*] 刘家云，湖北省大冶市人民检察院检察官；黄开祥，湖北省大冶市人民检察院检察官。
[1] 申请检察监督是民事诉讼法和行政诉讼法赋予当事人的一项通过法律途径维护自身权益的权利。

一、民事和行政诉讼监督工作中可能发生的涉检信访问题及其表现形式

检察机关民事和行政诉讼监督工作涉检信访问题,是公民、法人或其他有关单位通过信访渠道反映的涉及民事和行政诉讼监督工作或从事这项工作的检察人员可能存在的问题。实践中,这类涉检信访问题主要发生在三个方面。

(1) 当事人反映检察机关在处理申请监督案件时可能存在的实体方面的问题。当事人之所以申请检察监督,其目的是希望申请监督的事项能得以实现,自身权益能得到应有的保护。而一旦检察机关所作出的处理决定没有满足他们的愿望时,就有可能导致他们不满,并直接引发涉检信访问题。而且,申请监督事项大多涉及当事人之间的利益纷争,即使一方当事人满意,因触及其他当事人权益,其他当事人也有可能不满意,同样会引发涉检信访问题。

实体方面可能引发的涉检信访问题,主要发生在受理、立案环节和结案环节。

在受理、立案环节,一是符合受理、立案条件的案件未予受理和立案。例如,某有限公司因提高门面房租金,遭承租户一致抵制,且双方发生封路、锁门与拆除路障、打砸公司人员和财物等社会治安问题。当地政府组织专班平息事态,并对相关责任人进行处理后,该公司向法院起诉,要求追究相关责任人的民事责任。法院从维稳大局出发没有受理,该公司申请检察监督,要求检察机关对法院有案不立问题进行纠正。检察机关也考虑到维稳,也未立案。该公司不服,连同检察机关一并控告。二是不该受理、立案的反而受理、立案了。例如,薛某作为王某的诉讼代理人,未及时向王某告知法院判决结果,导致王某丧失上诉权,权益受损。法院强制执行时,王某要求薛某承担由此带来的民事责任。薛某申请检察监督,检察机关受理后,向法院发出再审检察建议,法院启动再审,虽满足了薛某的要求,但王某不满,向上反映检察监督存在问题,引发涉检信访。

在结案环节,具体表现为,当事人对检察机关作出的建议提请抗诉、

检察建议或再审检察建议等决定不服,从而引发涉检信访问题。如上例中的王某因不满检察机关向法院发出再审检察建议,❶ 导致法院再审,引发涉检信访问题。还有的当事人因不服基层检察院向上级检察机关所作出的建议提请抗诉决定,而引发涉检信访。例如,某村民小组因某市人民政府撤销其土地承包使用权证,起诉市人民政府和交通局,法院一审、二审、再审判决、裁定后,当事人仍不服,申请检察监督,检察机关经立案审查,认为当事人申请监督理由成立,并建议上级检察机关提请抗诉,其他当事人、市交通局不服,引发涉检信访。

(2) 当事人反映检察机关在处理申请监督案件时可能存在的久拖不决、未查处、未答复方面的问题。民事诉讼法、行政诉讼法和民事诉讼监督规则都明确规定,人民检察院受理当事人申请监督的案件,应在3个月内审查终结并作出决定。一旦在规定期限内未结案,就会引起当事人不满,并认为检察机关违法办案。例如,当事人冯某申请检察监督后,拿到检察院《受理通知书》,知晓了检察监督期限,且多次前往检察机关催办。但检察机关因故在3个月期限内未办结,冯某向上级反映,引发涉检信访问题。

(3) 当事人反映检察机关可能存在的违法违规办案或检察人员违纪违法方面的问题。检察监督应严格限制在对法院审判、执行活动进行监督的范围内,即使启动法律监督调查机制,也只能对法院违法诉讼进行监督,或对违法证据进行复核,而不能应当事人申请或急于查明案件事实真相去调查诉讼证据,否则会授人以柄,让对方当事人产生误解。例如,当事人彭某与姜某债务纠纷一案,彭某对自己的诉讼请求提不出任何充足证据,法院判其败诉。彭某认为法院认定事实错误,申请检察监督后,办案人员围绕彭某所反映的问题调查取证,引起姜某不满,姜某认为检察机关没有站在公正立场,成了彭某的代言人,影响诉讼平衡,从而引发涉检信访。还有的办案人员违反办案纪律规定,参加当事人吃请,或参与娱乐活动,有的甚至接受当事人财物,败坏检察机关的形象。其他当事人获悉后,自然会产生涉检信访。

---

❶ 再审检察建议,是检察机关在民行检察监督程序立法不完善的情况下,着眼维护司法公正和权威,依据法律原则和立法精神,在履行民行检察监督权上的发展和创新,是对抗诉监督的一种补充,并与抗诉相辅相成,构成一个完整的监督体系。

二、民事和行政诉讼监督工作涉检信访问题的成因

诱发民事和行政诉讼监督工作涉检信访问题的原因虽多种多样，但按一般的分类法，不外乎主观、客观两个方面。

（1）主观方面。民事和行政诉讼监督工作分案件线索受理和承办两个环节，案件线索受理由综合受理接待中心承担，案件承办由民事和行政诉讼监督部门来进行。涉检信访问题的主观诱因也主要缘于这两个部门。

是因工作人员自身素质不高所致。具体到信访接待人员而言，其素质既体现在对民事诉讼法、行政诉讼法和民事诉讼监督规则相关业务知识是否通晓和灵活运用，也表现为接待方法、工作态度是否能让申请监督人接受。如针对一些诉讼代理人和当事人反映强烈的法院有案不立、且不作裁定而申请检察监督的问题，如果信访接待人员不熟悉受理条件，且在接待时硬邦邦的，不善于做释法说理工作，对这类案件一概拒收，不给当事人指明一条出路，就会给当事人留下检法串通一气、不主持公平正义或与对方当事人有什么关系的错误认识，并引发涉检信访问题。例如，黄某认为法院原民事判决错误，公安机关不应对其儿子以拒不执行人民法院判决、裁定罪立案侦查，并就该民事判决申请检察监督。信访接待人员接访后，以其申请检察监督超过6个月期限为由，决定不予受理，没有给黄某指明出路，导致黄某连同检察机关一并控告。

具体到民事和行政诉讼监督部门来说，一些基层检察院熟悉民事、行政诉讼法和民事诉讼监督规则并能灵活运用的人并不多，他们大多缺乏扎实的理论功底，而是凭经验、热情工作，难以适应民行诉讼监督工作的现实需要，极易发生违法违规办案情形。有的当事人提出的这方面的涉检信访问题，问题发生了办案人尚不知晓，就属这种情形。对当事人申请检察监督、法院裁判正确的民事行政诉讼案件，如果办案人员群众工作能力差，不善于从情、理、法等方面做当事人的息诉罢访工作，以化解当事人心中的怨气，而是一味附和当事人，或一推了之，同样易引发涉检信访问题。如上例中，黄某的涉检信访件转到民行部门后，民行工作人员以受理接待部门同样的理由继续答复黄某，黄某难解心中怨气，继续上访。

二是因没有做好案件风险评估工作所致。民行检察监督既要讲究法律效果，又要讲求政治效果、社会效果，尽量做到"三个效果"的有机统一。对一些集体诉讼、代表人诉讼和企业改制、破产、农民被征地、拆迁等申请检察监督案件，在受理后要先做好风险评估工作。特别是对当事人提出的一些不合理诉求，如果不负责任地乱表态，一旦当事人的诉求达不到满足时，就会引发涉检信访问题。

（2）客观方面。其诱因具体表现为以下几个方面。

一是立法上的缺陷。《民事诉讼法》规定人民检察院有权对人民法院的民事诉讼活动实行法律监督，并将检察监督的范围规定为13种情形。❶ 而在司法实践中，法院的诉讼违法情形远远不止这些，当事人为维护自身合法权益，对每种违法情形都有举报、控告的权利。由于受法律规定的限制，对"13种情形"以外的情形，即使当事人举报、控告，检察机关也不能进行监督，这样不免会引起当事人信访。

《民事诉讼法》还规定了人民检察院有权对人民法院执行活动实行监督，但对监督的范围、方式、方法等都没有具体规定，直接导致监督无从下手。如终结本次执行程序是法院常用的一种结案方式，也是当事人对法院执行活动最有意见的问题之一。对这种结案方式能不能监督、如何监督，由于没有明确的强制性规定，法院往往对检察建议不予采纳，当事人对检察机关的这种监督方式也有很大意见，认为既无力也无效，甚至认为检察监督只是走过场。

二是申请监督者自身的原因。不少群众不知晓民事和行政检察职能，

---

❶ "十三种情形"是指《民事诉讼法》第200条规定当事人申请人民法院再审的13种情况，也是检察机关开展民事审判监督的条件之一。其具体内容为：（1）有新的证据，足以推翻原判决、裁定的；（2）原判决、裁定认定的基本事实缺乏证据证明的；（3）原判决、裁定认定事实的主要证据是伪造的；（4）原判决、裁定认定事实的主要证据未经质证的；（5）对审理案件需要的主要证据，当事人因客观原因不能自行收集，书面申请人民法院调查收集，人民法院未调查收集的；（6）原判决、裁定适用法律确有错误的；（7）审判组织的组成不合法或者依法应当回避的审判人员没有回避的；（8）无诉讼行为能力人未经法定代理人代为诉讼或者应当参加诉讼的当事人，因不能归责于本人或者其诉讼代理人的事由，未参加诉讼的；（9）违反法律规定，剥夺当事人辩论权利的；（10）未经传票传唤，缺席判决的；（11）原判决、裁定遗漏或者超出诉讼请求的；（12）据以作出原判决、裁定的法律文书被撤销或者变更的；（13）审判人员审理该案件时有贪污受贿，徇私舞弊，枉法裁判行为的。

有的错误认为检察机关是法律监督机关，对人民法院审理的所有民事、行政案件在任何时候都可进行监督。这实际上是一种误解。例如，对进入审判监督程序的民事案件的检察监督，修改后的《民事诉讼法》第209条设置了前置条件，即规定了当事人可以申请监督的三种情形。❶ 只有具备三种情形之一，人民检察院才可履行监督职能。由于当事人不知晓此规定，一审判决后就到检察机关申请抗诉，因不符合受理条件，检察机关不能受理。一旦不受理，当事人认为检察机关不履行职能，并引起涉检信访。此外，申请检察监督的期限由过去的2年改为现在的6个月，这一规定的改变，也使一些当事人对超过6个月期限检察机关不予受理的案件产生误解，引发涉检信访。

三是因法院推诿问题所致。人民法院在民事、行政诉讼和执行活动中出现违法、违纪行为，引起当事人不满并上访，但出于某些原因不敢直接面对，更不愿进行纠正，遂告知当事人检察院是监督机关，把当事人推到检察院。而检察机关通过检察监督又无法解决这些问题，于是引起当事人涉检信访。例如，陈某对法院违法受理其子与他人债务纠纷、导致其子所办工厂破产一案多次到法院上访，要求赔偿其子工厂破产损失。法院对此无法解决，告知陈某到检察院申请检察监督。检察院经审查认为，法院受理该案虽存在瑕疵，但与陈子工厂破产无必然因果关系，遂建议法院对承办该案的法官作党纪政纪处分。陈某对此监督结果不满，连同检察院一并控告，引起涉检信访。

四是因上级机关或同级有关部门盲目交办或转办引起。当事人反映问题往往存在越级和遍地开花现象，上级机关或同级有关部门受理后，不调查研究，盲目交或转基层检察院办理。而有些问题基层检察院在职责范围内根本无法解决，有的存在许多不实之处。基层检察院答复当事人后，当事人往往不满意，并引起涉检信访。例如，陈某申请法院强制执行一案，为尽快追回欠款，向省检察院举报执行人员违法，省检察院将此信访件交基层检察院办理。基层检察院经调查核实并未发现执行人员有违法行为。

---

❶ 当事人可以申请监督的三种情形，是指《民事诉讼法》第209条所规定的当事人可以向人民检察院申请检察建议或者抗诉的情形。其具体内容为：（1）人民法院驳回再审申请的；（2）人民法院逾期未对再审申请作出裁定的；（3）再审判决、裁定有明显错误的。

当事人不服,继续向上级控告、举报,周而复始,始终不能息诉罢访。

五是检察机关在人、财、物等方面不能满足日益增长的监督需求。一些基层检察院领导对民事行政诉讼监督工作不太重视,一般只配备两三个人,不仅人手少,而且年龄老化、半路出家,专业人才更少,不能适应繁重且越来越信息化的办案工作需要,超审查期限的风险越来越高;很多基层检察院还没有配备交通工具,影响办案效率;有的甚至下达创收任务,分散办案力量和精力。一旦当事人发现民行检察部门不务正业,不办理民行检察监督案件,而去办理其他案件,同样会产生涉检信访。

六是因一些探索性工作所致。前些年,检察机关开展公益诉讼和督促民政部门为弱势群体维权等探索性工作,均发生过涉检信访问题。例如,张某交通肇事致无名氏死亡案。民行部门获悉后,及时发出检察建议,督促民政部门作为原告为无名氏家属维权。民政部门采纳检察机关建议,与张某就民事赔偿达成调解协议,张某因此被法院从轻判处有期徒刑缓期执行。由于民政部门没有将保险公司一并作为被告参与诉讼,导致张某向保险公司索赔时,保险公司对这一调解协议不予认可并拒赔。张某认为此结果的发生,系检察机关建议民政部门提起诉讼所致,并控告检察院。

三、有效遏制民事和行政诉讼监督工作涉检信访问题的几点对策

涉检信访问题的危害是显而易见的。对这类问题如果处理不好,既损害检察机关的形象和执法公信力,又有可能诱发新的社会不稳定因素。所以,作为检察机关的民事和行政诉讼监督部门,要做好民事和行政诉讼监督工作,减少和杜绝涉检信访问题的发生,应从积极预防和妥善处理两个方面入手,建立和完善六大机制建设,标本兼治。

一要建立和完善案件质量保障机制。严格、公正、文明执法,保障办案质量,是检察工作的本质要求,也是从源头上预防民事和行政诉讼监督工作涉检信访问题的治本之策。一方面,要多吸引一些民商法专业毕业的年轻人才充实到民行队伍中来,克服老龄化、非专业化弊端,建立专业化、阶梯式的监督队伍;另一方面,要结合主办检察官办案责任制试点工作的实施,完善案件质量监督机制,严格落实"首办责任制"和错案责任追究

制，防止推诿扯皮，提高工作效率。坚持涉检信访案件回访考察，及时掌握上访人的思想动向，切实为他们排忧解难，以实现彻底息诉罢访。

二要建立和完善涉检信访风险评估预警机制。对民行部门正在办理的案件都要进行评估预测，当预测到可能发生涉检信访问题时，应及时报综合受理部门备案，并与之共同探讨涉检信访发生的可能性以及存在的隐患，及时掌握涉检信访苗头，制定个性化的化解预案，提前做好预警工作。建立重点信访排查机制，定期对涉及民行工作的所有来信来访进行排查，从办理案件、接待来信来访、接收其他部门分流转交、上级交办的信访案件等渠道中，广泛收集倾向性、苗头性和预警性信息，把有可能引发越级访或者群体性突发事件的疑难复杂上访案件列为涉检信访重点案件，逐案分析研判，并制定化解方案，做好突发事件处置工作。

三要建立和完善释法说理工作机制。对法院正确的民事、行政判决裁定，执行工作也没有问题的申请检察监督案件，要站在维护社会和谐稳定的高度，耐心、细致地做好当事人的释法说理和疏导工作，尽最大能力做到定纷止争、息诉罢访；而不能简单告知结果就结案了事、对当事人的不满情绪不理不睬，更不能态度生硬、蛮横。

四要建立和完善涉检信访听证机制。探索试行涉检信访事项公开听证，通过双方公开有关证据和相关政策法律，充分尊重信访人知情权，有利于疏导信访人，使其放弃一些无理信访要求，促使矛盾的化解，有效解决复杂疑难涉检信访。对无理取闹、缠访缠诉的涉检信访案件，邀请人大代表、政协委员、当事人单位的领导和亲朋好友等参加公开答复，实行阳光执法。通过公开案情、公开诉求、公开办案过程、公开处理结果，从案件事实、证据分析、诉讼原则、法律适用等方面进行深入浅出的法理分析，让他们发表意见，进行评判，监督办案是否公正、公开、透明，上访人的诉求是否合理，并依靠群众和社会舆论的力量，做好息诉罢访工作。

五要建立和完善多元化的涉检信访调处机制。针对严峻的涉检信访形式，只有充分发挥检察一体化机制的职能作用，建立健全多元化的纠纷调处机制，通过多种有效途径，才可以有效化解不同类型的涉检信访问题。整合检察机关内部资源，加强民行与综合受理接待中心等部门之间的有效沟通和协作，共同化解矛盾纠纷，维护社会稳定。同时要定期向有关信访部门报告和通报信访情况,加大与当地人大及其常委会、政法委、法院、信访局等部门的信息沟通和工作协调,探索利用非诉讼手段,促进矛盾纠纷调解、和解。

六要建立和完善合理的信访终结机制。处理涉检信访问题要坚持正确引导与保护人权相结合的原则,对那些无理上访以及利用上访煽动闹事,达到个人非法目的,破坏社会治安稳定的,应移交公安机关依照相关法律法规予以严肃处理。通过加强涉检信访立法,对上访人主体资格、行为规范、案件处理原则、处理程序、违法制裁等进行规范,将涉检信访工作纳入法制化、规范化轨道,使确有冤屈的群众有处伸冤,无理缠访的缠诉人受到惩处,保证涉检信访工作依法有序健康进行。

基层民事诉讼监督工作中信访事项预防与处置

张 革 田 恬[*]

【提要】 随着修改后《民事诉讼法》以及《人民检察院民事诉讼监督规则（试行）》的出台，不仅拓展了民事诉讼监督范围，还增加了监督方式，强化了监督手段，规范了监督程序，在扩充基层检察机关民事诉讼法律监督职能的同时，也对涉检信访工作带来新的挑战。基层检察机关民事诉讼监督工作涉检信访风险随之增加，检察机关应对、协调、化解矛盾纠纷难度也随之加大。笔者拟以基层检察机关民事诉讼监督工作为视角，就涉检信访工作提出一己之见。

【关键词】 民事诉讼监督 信访 处置

一、民事诉讼监督工作涉检信访反映的主要问题

从基层检察工作司法实践运行来看，民事诉讼监督工作涉检信访事项易发环节及类别主要有：一是受理环节。控告检察机关依法应当受理的申诉、控告未受理、受理不及时。二是审查环节。控告检察机关在受理申诉、控告后未及时进行审查与反馈，审查环节不透明等。三是处理环节。不服检察机关处理决定，控告检察机关监督处理不力、该监督纠正未进行监督纠正。四是跟踪监督环节。控告检察机关对作出的监督决定未进行跟踪监督。五是办案过程环节。控告民事诉讼监督执法过程不规范、办案效率低、

---

[*] 张革，湖北省黄石市人民检察院民行处处长；田恬，湖北省黄石市西塞山区人民检察院干部。

检察干警执法不廉,违法违纪的;其他涉检信访事项。

二、民事诉讼监督工作涉检信访风险多发的原因

从上述环节看,涉检信访事项的原因是多方面的,大体来说,与群众维权意识的增强、执法活动存在不规范不公正现象、部分上访人员存在信访不信法误区、检察机关信访接待能力薄弱以及对个别恶意缠访人员打击不力,姑息迁就等因素有关。❶ 基层检察机关民事诉讼监督工作涉检信访风险,除了上述共性的因素之外,还存在如下一些因素。

(一)修改后民事诉讼法对涉检信访工作带来的影响

检察机关民事诉讼监督职能作为与人民群众生活联系最广泛、接触最密切的民事诉讼监督工作,其执法过程规范、公开、透明、公正不仅直接关系到民事诉讼监督工作的健康良性发展,而且直接关系到整个检察机关的公信力。新修改的民事诉讼法拓展了检察机关的监督范围、增加了监督方式,强化了监督手段,规范了监督程序,但对涉检信访工作也提出了挑战。

1. 监督范围与监督手段变化对涉检信访工作带来挑战

根据修改后民事诉讼法,检察机关对民事诉讼的监督范围涵盖整个民事诉讼过程,既包括对生效判决、裁定、调解的监督,也包括对执行的监督,还包括对审判程序中审判人员违法行为的监督。基层检察院民事诉讼监督范围较之修改前民事诉讼法有了更广阔的空间。审判人员违法行为监督与执行活动监督成为基层民事检察监督的重点。由于审判人员违法情形与执行活动违法情形较为复杂、多样,这就给基层检察机关民事诉讼监督工作带来一定难度,案件办理过程及结果中涉检信访风险就较之单纯裁判结果监督要大,再加之审判活动监督与执行活动监督要求基层检察机关民事诉讼监督工作改变以前坐堂办案的方式,需要通过行使调查权来开展监督工作,尽管修改后的《民事诉讼法》第210条明确赋予检察机关履行民事检察监督职责有调查权,但调查核实权在给予办案工作加大助力同时也

---

❶ 刘桂琴:"浅析涉检信访工作中存在的问题及对策",载《法制博览》2013年第9期。

增加了工作量，相应的调查效率与调查结果也增大了民事诉讼监督工作办案风险。

2. 监督方式与监督程序变化对涉检信访工作带来挑战

修改后的《民事诉讼法》第 209 条规定："有下列情形之一的，当事人可以向人民检察院申请检察建议或者抗诉：（一）人民法院驳回再审申请的；（二）人民法院逾期未对再审申请作出裁定的；（三）再审判决、裁定有明显错误的。人民检察院对当事人的申请应当在三个月内进行审查，作出提出或者不予提出检察建议或者抗诉的决定。当事人不得再次向人民检察院申请检察建议或者抗诉。"因此，检察机关受理的对裁判结果不服进行申诉的案件是已经被法院驳回再审申请或再审维持原判的，符合检察监督条件的比例相对较小，同时，当事人只有一次向检察机关申请抗诉或检察建议的机会，在这种情况下，检察机关应对、协调、化解矛盾纠纷难度将加大，化解息诉将会更加困难，很多案件将要做好息诉罢访工作，否则容易引起更多的涉检信访。❶ 此外，修改后民事诉讼法增加了检察建议这种监督方式，检察建议作为一种同级监督方式，其监督效果很大程度上受制于外在因素的影响，这也在一定程度上增加涉检信访风险。

(二) 检察机关民事诉讼监督内部运行机制对涉检信访工作影响

根据《人民检察院民事诉讼监督规则（试行）》的规定以及基层检察机关在民事诉讼监督案件内部运行程序来看，民事诉讼监督案件的受理、办理与管理是相互分离、相互制约的。对于有当事人申诉的案件，民事诉讼监督案件的受理由控申部门进行审查；经审查符合受理条件的，再由控申部门交由民事诉讼监督部门办理；案件办理完结后，民事诉讼监督部门将案件办理结果反馈给案件管理部门，再由案件管理部门反馈给申诉人和相关单位。随之而来的问题是，受理民事诉讼监督案件的控申部门的部分检察干警对民事诉讼监督案件的受理标准掌握不太准确，对于部分符合案件受理条件的申请未依法及时进行受理，或者对不符合受理条件的申请在接收案卷材料后经民事诉讼监督部门干警审查又予以退回的情况下，就容易滋生信访风险。此外，案件办结后，由于是案件管理部门将案件办理结

---

❶ 郑新俭："民事诉讼法修改对民行检察工作的影响及应对"，载《人民检察》2012 年第 21 期。

果告知申诉人和相关单位，在申诉人对办理结果提出异议时，案件管理部门由于对民事诉讼监督业务了解不够深入透彻也不能很好做好释法说理工作，这些因素的存在无形中就增大了信访的风险。

（三）民事诉讼监督工作外部环境对涉检信访工作的影响

尽管新民事诉讼法明确规定检察机关可以对民事诉讼活动进行监督，但在司法实践中人民法院对检察机关民事诉讼监督还是存在一定的抵触情绪，对民事诉讼监督采取一种拒绝姿态。部分法院对检察机关民事诉讼监督存在误解，认为检察机关介入民事诉讼活动程序是对其独立行使民事审判权的阻碍。❶ 这些抵触情绪和误解的存在往往造成检察机关监督意见不被接受，监督效果大打折扣。这种情形存在不仅影响人民群众向检察机关申请民事诉讼监督的积极性，也会加大检察机关的涉检信访风险与压力。

（四）民事诉讼检察监督队伍素质能力对涉检信访工作的影响

新民事诉讼法对检察队伍素质能力提出了更高要求，在案件来源有效拓展、审理办结效率提高、案件办理效果强化等方面都提出更高的要求，但检察机关民事检察队伍建设总体滞后，人员力量不足，现有检察干警对民事诉讼监督工作大多没有实践经验，相关法律知识储备不足，民事诉讼监督力量较为薄弱，对民事诉讼活动监督在有的诉讼环节发挥作用还比较有限，对司法不公问题的监督纠正力度还不能满足人民群众的要求和期待；同时，发现监督线索的能力还不够、监督不彻底等问题依然存在，而且部分检察干警在思想观念上认为民事诉讼监督工作是可有可无的"摆设"，如果过于较真，反而会增大检法双方的压力和负担，造成不必要的麻烦，因此采取观望等待不敢监督或不愿监督态度，监督主动性不够，存在畏难情绪，不仅严重制约民事诉讼监督工作的开展，而且从根本上制约基层检察机关执法公信力的提升，从而增大涉检信访的风险。此外，一些从事民事诉讼监督工作的干警把握不了群众心理，学不会群众语言，掌握不住群众工作方法，因此，在处理涉检信访事项时不能更好地防范与化解风险。

---

❶ 曲斌："检察机关执行修改后《民事诉讼法》有关问题研究"，载《辽宁公安司法管理干部学院学报》2012 年第 3 期。

三、民事诉讼监督工作信访事项预防与处置

面对民事诉讼监督工作中涉检信访压力的增大，如何更好预防、处置与化解信访风险以期能够在更好化解社会矛盾的同时，提升检察机关民事诉讼监督工作公信力，促进民事诉讼监督工作发展，笔者可以从如下几个方面进行探索与努力。

（一）建立民事诉讼监督案件质量保障机制

民事诉讼监督案件的质量直接影响民事诉讼监督的法律效果及社会效果，也与预防涉检信访事项息息相关。因此，民事检察工作应采取有效措施，以提高办案能力为基础，建立案件质量保障机制，在案件来源、案件审查以及法律文书制作等不同阶段进行规范化建设，以全面提升民事诉讼监督的工作水平。

首先，在案件的来源上，进一步规范律师代理申诉制，从源头上保障案件质量。在基层民事诉讼监督实践中，不少申诉人出于种种原因未委托律师代理申诉，这对检察机关进行案件审查以及与申诉人沟通均带来一定难度。民事诉讼监督部门可以在实践中探索律师代理申诉制，规范当事人向检察机关申请民事诉讼监督的申诉活动，为民事诉讼监督案件的办理提供有效保障。

其次，在案件审查阶段，按照案件简易繁复程度及人员办案数量多少，进行合适分流，确保办理案件的效率及质量。《人民检察院民事诉讼规则（试行）》规定了民事诉讼监督案件的办案期限，基层民事诉讼监督干警在严格遵守3个月办案期限的前提下，适时提高办案效率。对于疑难复杂的案件，有效地整合办案资源，形成办案合力，通过案件讨论、业务学习、向专家咨询委员会咨询、向上级院汇报请示等方式对民事诉讼监督案件事实与法律问题进行准确把握，在提高办案质量同时，降低涉检信访的风险。

最后，在案件办结环节上，注重加强法律文书的说理性，做好释法说理工作。加强民事诉讼监督法律文书的说理工作，是提高民事检察办案质量的切入点，也是减少和预防涉检信访的重要举措。在加强法律文书说理性的同时，也要做好释法说理工作。从涉检信访实践情况来看，对于自己

不利或与预期有较大距离的处理结果，申诉人往往不理解或不愿理解、不愿接受，如果疑问得不到合理解释、情绪得不到及时疏导、权益得不到全面维护，就容易导致理解偏差，发生信访甚至群体性事件等，影响和谐稳定。释法说理则能较好地解决这个问题，帮助群众理解民事检察监督的执法行为。同时敢于释法说理，就是敢于接受群众对执法质量的监督检验，能促使检察机关加强自我约束，严格执法、公正办案，促进执法规范化，提高执法水平，最大限度减少错案的发生。

（二）完善民事诉讼监督案件内部运行工作机制

民事诉讼监督工作的开展以及涉检信访的预防与处置除了民事诉讼监督部门提高办案质量以外，也与民事诉讼监督案件内部运行工作机制息息相关。完善的内部运行工作机制不仅可以减少受理环节的涉检信访事项的发生，而且可以通过案件办理过程中及完结后，以严谨的管理规范办案，以科学的评估监督办案，推动民事检察工作的良性发展，预防和处置涉检信访。

首先，规范流程管理，实现民事诉讼监督案件内部运行的系统性、及时性、主动性。注重加强与控告申诉检察部门和案件管理部门在办理民事诉讼监督案件中的协作与配合，明确民事诉讼监督案件在受理环节的受理条件把握以及案件办结后案件办理情况反馈等切实可行的操作规范，方便控告申诉检察部门对民事诉讼监督案件受理与管理工作，在实践中形成对民事诉讼监督案件的实时监督，发现问题及时反馈，减少和预防信访事件的发生。

其次，建立控告申诉案件一体化办理机制，强化民事诉讼监督办案部门的按期办结和共同息诉职能、案件管理部门的流程监控和质量评查职能以及控告检察部门的内部制约和催办督办职能。通过民事诉讼监督部门、案件管理部门与控告检察部门的一体化办理，保障民事诉讼监督案件办理的规范性与有效性。

最后，建立民事诉讼监督案件动态风险评估预警机制，对于民事诉讼监督案件是否存在风险，要实时进行风险评估与监控，民事诉讼监督部门要与本院控申部门联动，控申部门对接到或发现的风险信息，要主动及时通知民事诉讼监督部门进行评估预警，并协助共同做好涉案风险的化解和稳控工作。民事诉讼监督部门还要注重上下级院联动，对难以化解的重大风险，应主动请示上级院给予指导和协调。民事诉讼监督部门要与党委政府和其他政法机关联动，以化解重大敏感案件产生的执法办案风险。❶

（三）深化民事诉讼监督案件外部工作协调机制

从基层民事检察工作实际情况来看，检法两家之间存在一定的冲突，因此，在现有的法律框架下，建立有效的沟通机制，对于消除检法两家的认识分歧，顺利开展民事诉讼监督工作，提高民事诉讼监督威信与效力，防范案件办结后涉检信访事件的发生大有裨益。

要强化同级监督效力，充分发挥民事诉讼监督效果，对于检察机关民事诉讼监督部门来说，应当正确处理监督与配合的关系，既要强调监督中的配合，又要强调配合中的监督，加强与法院之间的沟通和联系，为民事诉讼监督开展创造良好的条件与环境氛围。

首先，加强与法院的联系，统一认识。在民事诉讼监督工作中应加强与法院的沟通协调，通过个案沟通、类案研讨、联席会议等方式，使法院对民事检察工作形成客观认知与认同，同时可以通过会议纪要等形式将实践中一些有益的做法进行固定与深化，通过制度的约束与实施来促进民事检察工作与审判工作相互制约、相互配合的良性互动局面的形成，共同维护司法公正及司法权威，共同防范和化解涉诉风险。

其次，畅通监督渠道，注重解决实际问题，注重监督实效。在工作实践中应灵活运用检察建议等监督方式，充分发挥检察建议适用的全面性、操作的灵活性、处理的高效性等特点，在减少法院抵触情绪、提高办案效率的同时，及时有效地维护当事人合法权益。

最后，要督促和配合法院做好民事诉讼监督中不符合监督申请条件案件当事人的服判息诉工作，共同防范和化解涉诉风险。

（四）强化民事诉讼监督工作队伍素质能力建设

首先，强化民事诉讼监督工作队伍业务素质修养。高素质的民事诉讼检察监督队伍是提升基层民事诉讼检察监督工作办案质量以及防范涉检信访的人才保证。针对新民事诉讼法对民事诉讼监督干警提出的新要求，要

---

❶ 冀永生："加强风险评估预警着力提升检察机关执法公信力"，载《人民检察》2011年第22期。

加大干警法律知识、业务素能、线索拓展、调查方法等方面的培训力度，增强培训的实效性。

其次，强化民事诉讼监督工作队伍群众工作能力与信访接待水平。要加强学习培训，引导民事诉讼监督干警树立信访工作责任意识，认真研究群众工作的方式、方法和技巧，做到"进得了门，谈得上话，交得上心"，在谈话交心过程中逐渐化解矛盾。要坚持防止伤害群众感情、侵害群众利益现象的发生，通过耐心、细致、有效的群众工作全面提升人民群众对检察机关和民事诉讼监督工作的满意度，以降低涉检信访风险。❶

最后，强化民事诉讼监督工作队伍执法纪律和职业道德的教育培训，规范执法行为，减少民事诉讼监督过程中违法违纪现象的出现。

（五）加强民事诉讼监督工作外部监督制约机制建设

民事诉讼监督工作要依法对外监督，更要注重接受外在的监督，内外监督并举，才能更好提高民事检察监督执法行为公信力，也才能更有效地预防涉检信访风险。

第一，主动接受人大及常委会监督。民事诉讼监督部门可邀请人大相关部门对民事诉讼监督工作进行调研，主动听取人大对民事诉讼监督工作的意见和建议，结合自身工作实际，认真查找问题，及时整改，研究具体措施，并将落实情况及时反馈；对于当事人可能发生缠诉缠访的案件及时向人大备案，积极争取人大的支持，在人大的帮助下，做好当事人的服判息诉工作，维护社会稳定。

第二，要创新和深化各种群众监督方式，使检察工作有效置于人民群众的监督之下。建立涉检信访问题复查公开听证制度。实践证明，对于重大的涉检信访案件进行公开的复查听证是非常必要的。运用听证会方式处理涉检信访问题，由原作出决定的民事诉讼监督部门对该决定作出的过程及其结果进行说理，信访人陈述问题及要求，有关涉案人进行答辩，公开有关证据及相关法律依据，与会代表依照相关法律、法规和政策进行公开评议，最终形成听证结论。通过邀请各界参与听证，进行集体评议和现场监督，有利于促使信访人息访罢诉。❷

---

❶ 游巳春：《基层检察院开展群众工作的思考》，载《人民检察》2011年第20期。
❷ 钱云灿：《涉检信访问题工作机制探微》，载《法学杂志》2010年第6期。

参考文献

[1] 陈绍纯:"检察机关推进社会矛盾化解工作机制建设思考",载《人民检察》2011年第22期。

[2] 蔡宁:"提高四个能力 做好群众工作",载《人民检察》2011年第24期。

[3] 天津市检察机关联合课题组:"涉诉信访存在的问题与解决路径",载《法学杂志》2009年第2期。

[4] 吴建雄:"检察权配置新论",载《法学杂志》2008年第5期。

[5] 窦秀英:"论检察信访之心理疏导机制",载《法学杂志》2008年第3期。

[6] 徐金模:"涉检信访矛盾排查处置途径",载《行政法学》2012年第2期。

[7] 山东省青岛市人民检察院课题组:"公民维权意识重于守法意识情境下检察工作适应性研究",载《法学杂志》2010年第4期。

[8] 肖萍、胡汝为:"信访性质辨析",载《法学杂志》2008年第4期。

浅谈涉检信访与诉讼监督

胡萧笛[*]

【提要】 涉检信访工作是检察机关维护和保障人民群众合法权益、防范和化解社会矛盾、促进社会和谐稳定的重要举措。新刑事诉讼法实施以后，由于更加注重保障人权、强调检察机关对于刑事诉讼活动的监督，这给涉检信访工作带来新的影响和挑战。针对涉检信访工作中出现的问题，诉讼监督工作如何在处理涉检信访问题中发挥作用、完善信访工作机制，以增强处理信访问题的效率、效果，进而达到维护司法公正与司法权威，实现化解社会矛盾的目标，是各级检察机关面临的一项重要课题。

【关键词】 涉检信访　诉讼监督　完善信访工作

新刑诉法、新民诉法实施后，检察机关法律监督职能得以扩充，一些原属"辖外"的信访事项调整为检察机关管辖，使得涉检信访量大幅度上升，对社会稳定及党和政府的形象造成一定的影响。作为检察机关，积极稳妥地处理好涉检信访问题是其重要责任，也是牢固树立社会主义法治理念，实现"执法为民，维护社会公平正义"思想的重要体现。下面笔者将从涉检信访制度的界定、价值、所反映的主要问题、产生的原因及如何发挥诉讼监督职能处置涉检信访问题等方面进行分析。

---

[*] 胡萧笛，湖北省黄石市铁山区人民检察院副检察长。

一、"涉检信访"的界定

对于涉检信访，长期没有确切的定义，直到《检察机关执法工作基本规范（2010年版）》才正式定义为："涉检信访是指公民、法人或者其他组织通过信访渠道反映的涉及检察机关或检察人员的案件。包括：不服人民检察院处理决定的；人民检察院在处理群众举报线索中久拖不决，未查处、未答复的；人民检察院违法违规或者检察人员违法违纪的案件。"

以往对于涉检信访的定义，更多是从责任机关角度与其他司法机关进行区分。随着两大诉讼法的修改，对检察机关受理群众诉求地范围进行了扩充，如对于对公检法三机关及工作人员阻碍辩护人、诉讼代理人依法行使诉讼权利的控告或申诉，对本院办案中违法行为的控告或申诉，对于民事再审申请监督案件等，❶都明确规定了检察机关的监督职能。

出于将信访事项纳入法律解决途径加以解决的初衷，对于涉检信访进行界定，就要力求囊括检察机关法律监督职责范畴内的所有信访事项。而且，应将涉检信访定义为一个动态的过程，包括对于相关信访事项的判别、受理、处理和退出等一系列过程，而不是简单地将涉检信访等同于涉检信访的受理范围。❷

由于法律调整社会关系的复杂性，建议对涉检信访事项采用描述性手段确定一个相对明确的概念，同时采用列举式规定有典型意义的涉检信访类型来增强实际工作的操作性，为防止挂一漏万情况出现，应以但书条款进行兜底形式规定。笔者认为，涉检信访是指检察机关依法办理公民、法人和其他单位通过信访渠道反映的涉及检察机关或检察人员的案件。❸涉检信访包括当事人对于检察机关作出的终局意义的法律程序或者能直接调整其利益关系的职权行为的申诉，对于司法工作人员在执法办案过程中侵犯当事人合法权益或者司法人员的违法违纪行为的控告。

---

❶ 新《刑诉法》第47条、第115条的规定。
❷ 龙婧婧："社会管理创新背景下涉检信访工作的应然期待与实然过程"，载《西南政法大学学报》2013年第3期。
❸ 柯汉民："加强和改进新形势下的涉检信访工作"，载《求是》2011年第9期。

二、涉检信访制度的价值

涉检信访制度的主要目的是否定具有终局意义的法律程序或者法律行为,它对司法的权威形成挑战,但有利于整个社会法治理念的培养,涉检信访是检察机关检验自身执法行为的有力标杆,还能有效疏解信访人的不良情绪。

(一)涉检信访制度的作用

信访制度是一项具有本土特色的制度设计,本质上根植于政府的公信力,是通过信访机关分转信访事项并督促相关行政机关解决相关问题的机制。它承载着公民政治参与、民意表达、纠纷化解、权利救济以及维护社会稳定的重要功能。信访人选择涉检信访,也是出于对司法的信任。涉检信访是检察机关倾听民意、了解民情、排忧解难、化解民怨的主要手段和重要渠道。❶

从涉检信访作用对象的角度分析,涉检信访具有三重功能,第一,作用于信访人。涉检信访功能的最终目的是服务于人民群众,涉检信访的功能体现首要的是解决好群众的合理诉求,维护好群众的合法权益。第二,作用于涉检信访群体。涉检信访可以引起检察机关乃至社会的重视,信访群体也从检察机关乃至国家和社会的重视中获取自身权益的维护;同时,有些涉检信访还具有调整群体内部矛盾、维护其群体稳定和存在的功能。第三,作用于公权力机构,尤其是以检察机关为代表的司法机关。涉检信访影射社会矛盾纠纷和检察机关机制、执法状况等方面的问题,促使检察机关进一步完善和改进工作,提升检察机关的执法公信力。❷

(二)涉检信访制度续存的意义

自1951年我国实行信访制度以来,信访工作在党和政府发扬民主、体察民情、接受监督、联系群众等方面发挥了重要作用,无论现在还是将来,它在反映社情民意方面仍将发挥其应有的作用,不能说因为信访问题成为

---

❶ 柯汉民:"加强和改进新形势下的涉检信访工作",载《求是》2011年第9期。
❷ 刘太宗、李高生:"刑事涉检信访工作探讨",载《中国刑法杂志》2012年第12期。

当前突出的社会问题就质疑信访制度存在的合理性。❶

涉检信访处理过程中涌现出来的诸多问题，不能归咎于涉检信访制度自身。涉法涉诉信访所透露的本质问题是如何处理好畅通民意表达与维护司法权威的矛盾。❷ 在涉检信访的处理过程中，合理听取民意与依法执法不是绝对矛盾的，并且四重功能实现相互兼容和有机统一：法律监督程序引导功能、映射功能、救济功能、矛盾释放化解功能。❸ 涉检信访制度存续仍有其现实意义。

三、涉检信访反映的主要问题及其特点

（一）反映的主要问题

（1）举报职务犯罪问题。反腐败呼声日趋高涨，群众积极性增强，对腐败现象深恶痛绝，举报职务犯罪的信件不断增多。

（2）涉及民生等人民群众切身利益的问题。主要是村委有关人员共同贪污出让金，农民工欠款上访等问题举报。

（3）涉法涉诉问题。这类问题积案较多，主要是对民事案件审理的申诉，对已发生法律效率的判决超期执行、不执行等。

（4）司法公正问题。一是控告司法人员违法办案枉法裁判的问题。有的来访群众情绪激奋、公开指责、控告某些执法人员违法办案或者与当事人串通一气，办关系案、人情案、金钱案，指责司法人员执法不公。二是批评司法机关在办理、审理、审查、复查案件中，不严格按照法定程序办理，时效观念差，办案效率低等。

（二）主要特点

（1）涉检案件主要集中在侦查监督、公诉、反贪污贿赂三大诉讼环节，这些环节是涉检信访隐患的源头。

（2）反映的问题有一定的合理性。信访群众多是一些弱势群体，主要

---

❶ 刘太宗、李高生："刑事涉检信访工作探讨"，载《中国刑法杂志》2012年第12期。

❷ 李微：《涉诉信访：成因及解决》，中国法制出版社2009年版。

❸ 王小新、李高生："刑事诉讼规则在控告检察工作中的理解与适用"，载《国家检察官学报》2013年第1期。

是在问题得不到有效解决的情况下上访的,反映的问题多具有一定的合理性。

(3) 信访问题广泛。有的涉及案件实体处理和诉讼程序、办案效率,有的涉及干警廉洁文明、态度、方法等问题。

(4) 信访行为多集中在敏感时期。有些群众往往选择在敏感时期进行上访,多采取一些过激行为,企图造成影响,蓄意将群众信访当成要挟国家机关的一种手段,引起有关部门的重视。

(5) 重复访、越级访突出。部分群众对于自身的权益受到损害,没有寻求正当合法途径,而是采取越级、进京上访,也有个别案件已经通过处理,当事人无理取闹纠缠检察机关。

(6) 重点涉检信访案件处理难度大。一些群众故意钻法律空子,如果处理结果没有达到其信访目的,便不断上访,不接受检察机关的合理合法处理,蓄意增加问题处理难度。

四、涉检信访产生的原因

(一) 从信访群众方面来分析

(1) 群众法律意识的增强。首先,随着党中央反腐败力度的加大,一些位高权重的贪官受到惩处,广大群众拍手称快,也看到了党和政府反腐倡廉的决心,坚定了群众同腐败行为作斗争的信心,激发了广大群众的举报热情。其次,随着普法和举报宣传活动的深入,群众法制观念普遍增强,对检察机关的职能有了更明确的认识,敢于善于运用国家法律维护自身合法权益。过去,公民对司法机关存在畏惧心理,只要司法机关对案子定论了,不敢上诉,不敢告状。现在,尤其是近几年来,无论是对公安、检察院还是法院,只要对案子处理不服,就敢于上诉、申诉或者发现司法人员徇私枉法、违法办案、枉法裁判的,就敢于控告。最后,随着检察机关不断强化法律监督,不断加强法制宣传,公民由不知到知,由知之甚少到知之甚多,只要对人民法院判决裁定不服,就到检察机关申诉。同时,检察机关对法院确有错误的判决裁定,坚持执法为公,护法为民,敢抗善抗,取得了社会法人和公民的信赖。有"讼"想到检察院"诉",有

"冤"想到检察机关"申",体现出群众法律意识的觉醒和对检察机关的信任。

(2) 部分上访人员的思想认识存在误区。上访是公民享有的一项法定权利,该权利的行使应当依法进行。然而,在司法实践中,由于部分公民法制意识欠缺,一旦遇到涉法事宜或纠纷,不是实事求是地在法律、政策准许的范围内向当地政法机关及时反映,以求尽快解决,而是对地方机关的工作作风持怀疑态度,直接向上级机关上访,让上级督促下级。部分上访人员为求得问题尽快解决,过分夸大事实,歪曲真相,有的上访人采取过激手段,企图将事态扩大,造成社会影响,有意通过上级机关向下级施压,认为这样做才能使有关部门高度重视,事情才能得以快速了结。

(二) 从执法队伍方面来分析

(1) 办案人员业务素质不高。由于个别办案人员证据意识、责任心不强,造成案件质量不高;或者对案件材料审查不细,对证据要求不严,对案件定性不准,使得案件质量不高,同时办案人员对由此行为可能引发上访估计不足。

(2) 办案人员答复、解释工作不到位。在办理案件过程中,承办人可能接触大量相关诉讼参与人及家属,由于接待方式、答复、解释的态度引起信访人对办案人员的不满,也是引起涉检信访的一个重要原因。

(3) 确实存在不容忽视的不公问题,主要是一些司法人员不能依法秉公执法、秉公办案。有的基层派出所民警,违纪违法办案,一些本该立案的刑事案件由于某种因素的干扰,未予立案侦查;有的审判人员在审理案件中不尊重客观事实,不依法公正审判,甚至发生与当事人、律师串通一气、枉法裁判的现象;有的检察人员存在畏难情绪,不能理直气壮地履行监督职能;有的司法人员存在重实体法轻程序法的现象。执法方面存在不公的问题是引发控告申诉的重要原因。

(三) 从社会方面来分析

(1) 对个别恶意缠访人员打击不力,姑息迁就,一定程度助长了其缠访情绪。实践中,有关部门从同情弱者的角度出发,从生活上给予缠访者接济,使其尝到了甜头,助长了其上访行为,加剧其上访念头。而上级机关为息事宁人,凡对越级上访者一律让基层部门接回,并限期解决,一定程度上也滋长了个别上访人员重复上访、缠访。湖北省黄石市铁山区人民检察院处理的徐某因其父与学校名誉权纠纷一案，不服法院判决，多年来多次采取上访的手段，甚至掀翻法院干警的办公桌，在"两会"期间以进京上访威胁，以求达到自己目的，则是这类情况的典型。

（2）"维稳"压力与"维权"舆论左右涉检信访工作，信访处置偏离法治轨道。面对当前"大闹大解决、小闹小解决、不闹不解决"不良风气，有的访民存在"上访有利可图"，出现"谋利型上访"，选准敏感时期缠访、闹访、越级访，处置时表现出已难以用法治方式解决，出现"花钱买平安"的倾向，无异于进一步鼓励无理信访。尤其是舆论与媒体主导的权利话语在不同程度影响信访的处理，妨碍法治秩序的建构。❶

（3）信访接待工作存在薄弱环节。其主要表现在两个方面：一是接待工作"谁主管谁负责"的原则尚未有效贯彻落实，部门之间存在相互推诿的现象；二是因为信息传递不够，反馈时效性差，影响涉法上访的解决最初时机。

五、诉讼监督工作如何在处理涉检信访问题中发挥作用

作为检察机关的诉讼监督部门，要在涉检信访中发挥应有的作用，减少和杜绝涉检上访案件，除了不断提高自身的监督水平、提高处理涉检信访问题的工作能力外，更主要的是从积极预防和妥善处理两个方面入手，标本兼治，从根本上减少上访。如何在诉讼监督工作中完善信访工作机制，增强处理信访问题的效率、效果，笔者认为须在以下几方面予以强化。

（一）在业务处理上

（1）加强立案监督工作。针对举报的职务犯罪案件存在积压现象，或者初查后遇到法情干扰不敢立案查处，致使案件久拖不办的情形，诉讼监督部门应适时监督立案，减少反复举报现象。对反映公安机关有案不立的问题应及时启动立案监督程序。对于一些弱势群体，诉讼监督部门应主动介入，引导其走正常的司法程序。黄石市铁山区人民检察院诉讼监督部门

---

❶ 陈柏峰："无理上访与基层法治"，载《中外法学》2011年第2期。

在 2013 年年底对辖区两家企业因拖欠百余位农民工资而引起上访、堵区政府大门事件适时介入,指导区劳动监察部门下达限期支付令,后经审查符合追究刑事责任的立案条件,及时建议移送公安机关,并监督其立案,农民工情绪得以平复,化解了上访事件,发挥了检察机关监督职能作用,特别是行政执法与刑事司法之间的衔接作用。

(2) 加强侦查活动监督的力度,让人民群众切实感受到执法的公正、公平,对办理涉检信访案件中发现的错案、瑕疵案,及时督促依法纠正。产生冤假错案的源头始于侦查机关,而侦查监督中检察机关介入刑事案件时间越早,越能及时有效地履行法律监督职责的环节,若能充分有效地开展侦查监督,势必能有效杜绝冤假错案发生,从而减少信访的源头。

(3) 加强民事行政诉讼监督,处理好涉检信访工作。诉讼监督部门承担民事行政诉讼监督工作是涉检信访最多的一项工作。近年来,当事人对法院判决不满、对法官执行工作不满、对法官违法行为的申诉逐年上升。如何做好释法说理工作是当前面临的重要难题。对此,针对当事人对案件处理结果不满意的情况,承办人员要做好耐心细致的解释疏导工作,尽最大能力做到定纷止争、息诉罢访,而不能简单告知结果就结案了事、对当事人的不满情绪不理不睬,更不能态度生硬、蛮横。

(二) 在案件质量把关上

建立案件涉检信访评估预警机制是检察机关办案的生命线。❶ 办案质量不高势必会引发涉检信访问题,加强内外监督,保证案件质量,是从源头上治理涉检信访问题的关键。而建立案件涉检信访评估预警机制,更是有效预防和减少涉检信访问题的有效方法。坚持"以事实为依据,以法律为准绳",在各个办案环节严格事实、证据的认定以及法律的适用、程序的遵循。对内建立起案件承办人、部门责任人、分管检察长、检察长、检委会层层把关制度;对外建立起案件当事人评价制度,在案件审结后向案件当事人征求意见建议,在今后工作中进行改进。对办理的每一起案件都要提高警惕认真分析,对有涉检信访隐患的案件及时报告控申部门和上级院,争取在有效的时间内,及时化解矛盾,避免涉检信访问题的发生。

---

❶ 刘太宗、李高生:"刑事涉检信访工作探讨",载《中国刑法杂志》2012 年第 12 期。

(三) 在队伍建设上

加强对检察干警政治思想教育，提高执法为民意识；通过业务培训和岗位练兵，提高干警监督意识、实际办案能力和应对涉检信访的能力；不断加强责任意识，落实案件首办责任制，坚持"谁主管，谁负责"，提高干警预警能力和对信访事件的处理能力，及时将涉检信访情况处理平息。

(四) 在接待技巧上

（1）信访案件常见的群众利益诉求中，无理要求当中有有理的部分，合理要求之中又混杂着无理的要求，让群众充分表达利益诉求，是十分必要的。首先，不轻易拿出我们的既定观点，而是要耐心倾听信访事实和理由，从中探究对方的心理，找出问题的症结，再因势利导。切忌轻易否定来访人的要求，即使通过来访人自己所提供证据材料，已说明来访人的要求是不合理的，也要在稳定其情绪的前提下，针对来访人的理解症结，耐心讲解有关法律规定，引导来访人端正心态，正确对待所反映的问题。其次，换位思考，认真分析，从来访人的角度审查群众的来访事项，设身处地地将群众的来访事项当成自己的事情来对待，要站在被害人的立场上释法明理，对其受到的损失表示同情和理解，尽量和其拉近距离，使其感到你是在真正帮助他，切实把话语传递到其内心并适时地加入法律讲解，对方的提问要不怕麻烦细致解答，自然地与群众感情达到融洽，让其信服。树立有理推定的理念，切实做到对群众反映的百分之一的问题百分之百对待，让群众充分表达利益诉求。

（2）以实现息诉罢访为目标，本着"群众利益无小事"的工作态度，对来访群众，坚持以人为本做到热情接待，释法明理和思想疏导有机结合，在开展释法明理上下功夫。为方便群众，提高工作效率，在接待首次来访群众的工作中，把问题解决在本部门，解决在首次办理的环节中，对上访人员合理合法的诉求，严格依法办理，不留后遗症；对不合理的要求或已妥善解决仍不服，提出过高不合理要求的来访群众，不能姑息迁就，要针对性地开展工作，一定要找准突破口，找准要害，根据不同情况，采取不同的措施，对法律理解不正确或对事实认识有错误的要耐心讲解、分析，尽力稳定信访人情绪，帮助分析问题症结，引导信访人依法行使权利。注重运用群众喜闻乐见的形式，要根据不同的人、不同的案件的具体情况、不同来访人的心理进行工作，主动做好释法说理既要对其积极肯定，又要引导其消除心结和疑虑，让其怨气得到排解，有了良好的谈话氛围后更要抓住有利时机，明利弊，善劝解，让其进一步产生认同感，客观对待案件，引导上访人做出决定。

审查批捕环节涉检信访的特点及对策思考

丁 华 熊良荣 袁 龙[*]

【提要】 涉检信访问题，是社会矛盾纠纷在检察环节的集中体现，审查批捕是涉检信访案件主要诉讼环节之一。认真研究分析审查批捕环节涉检信访问题的特点和原因，探索审查批捕环节化解涉检信访问题的有效途径，让人民群众依法有序表达诉求，及时解决实际问题，对检察机关是极为重要的工作，直接关系人民群众的切身利益，也直接体现检察机关"强化法律监督，维护公平正义"的工作效果。

【关键词】 涉检信访 审查批捕 对策

逮捕作为刑事诉讼中一项最有约束力的强制措施，无论在案件当中执行与否，都会对案件各方当事人产生较大影响。案件各方当事人在诉讼中的利益诉求和表达的对立状态，[❶]也就相应集中反映到检察机关审查批捕环节，因捕与不捕而引发的涉检信访不可避免地客观存在。妥善解决此类问题需要我们冷静思考、积极应对，以便正确履行法律监督职责，确保检察工作取得实效。

---

[*] 丁华，湖北省黄石市人民检察院侦监处处长；熊良荣、袁龙，湖北省大冶市人民检察院干警。

[❶] 张捷："有效化解社会矛盾的司法途径"，载福州法院网，2010年11月7日。

一、审查批捕环节涉检信访的特点

2014年1~6月，湖北省大冶市人民检察院共受理审查逮捕案件175件245人，经审查批准逮捕158件209人，不批准逮捕27件36人。在审查这些案件过程中，部分涉案当事人及其亲属对检察机关的审查决定不理解，以来访信访等方式表达各种诉求。通过对这些信访案件情况进行分析，审查逮捕环节涉检信访具有以下特点。

（1）信访案件类型相对集中。❶ 从出现信访情况的案件类型来看，主要集中在严重侵害公民人身权利犯罪（如故意伤害罪、故意杀人、强奸等犯罪）和涉众型侵财犯罪（如各类诈骗犯罪等）、农村基层组织人员职务犯罪。如多起故意伤害案件的受害人因伤害赔偿金未到位多次到法院信访，要求追捕与案件相关但尚不构成犯罪的其他涉案人员；还有两起农村基层组织人员的职务侵占案，由于证据不足不批准逮捕，一部分积极举报其违法犯罪行为的村民对检察机关的决定不能理解。

（2）信访人对审查结果不服。这主要表现在两个方面：一方面是检察机关根据法律规定和案件事实对案件作出不批准逮捕决定，但受害方的要求没有得到满足，认为检察机关偏袒嫌疑人。如吴某故意伤害一案，因其故意伤害事实发生在2013年，原鉴定受害人人体损伤程度属轻伤，后根据2014年开始实行的新的《人体损伤程度鉴定标准》，按照相关规定重新鉴定属轻微伤，检察机关认定吴某的行为不构成犯罪不批准逮捕，但受害方因伤害赔偿款没有达到自己意愿不能接受。另一方面是对于一些案件性质有争议的案件，嫌疑人方及受害方均来访施压，试图影响检察机关判断，如曹某、刘某涉嫌合同诈骗案件和朱某涉嫌诈骗案，当事双方都通过各种方式向检察机关施压，矛盾尖锐。

（3）信访群众法律意识淡薄。❷ 信访人在反映问题时往往只注重自己认为的道理，对于法律条文缺乏了解，对于逮捕条件不能理解，纠缠于一些与法律事实无关的情节。如赵某故意伤害案，当事双方均为在校学生，因

---

❶ 袁志峰：“涉检信访案件特点、原因及预防对策”，载正义网，2010年11月10日。
❷ 乔方：“律师参与政府信访工作的实践与思考”，载法律快车网，2012年4月21日。

琐事争吵引发斗殴，嫌疑人方认为是对方先动手，对自己的故意伤害行为属于犯罪的事实不能接受，不愿支付伤害赔偿。

（4）信访诉求超越法律规定。从审查逮捕环节的信访案件来看，来访的大部分群众反映的问题具有一定的合理性，但无理缠访闹访人员也不乏其人。如个别当事人动机不纯，以维护公平正义的名义，假借信访方式提出超越法律规定和检察机关职责范围的无理诉求，意图影响检察机关正常办案程序，不达目的不罢休。

二、批捕环节出现信访问题的原因

（1）侦查机关与当事人沟通解释不够。对于不批准逮捕案件，特别是一些由于证据不足不批准逮捕案件，侦查机关与当事人特别是受害人缺乏有效沟通，往往对犯罪嫌疑人释放或变更强制措施后，没有及时加大对案件的侦查力度，让受害人产生误解；同时不乏侦查人员推脱责任将矛盾转移给检察机关情况的发生。

（2）信访群众对法律认识存在误区。有不少群众对于法律规定了解不多，错误地认为不批准逮捕就是放人没事了，一味地强求检察机关批准逮捕，特别是一些案情清晰的轻伤害案件、交通肇事案件等涉及经济赔偿的案件，将检察机关的逮捕决定当作谈判的筹码，对检察机关依法作出的决定不理解，难以接受，且难以说服。

（3）证明案件事实的证据收集不到位。侦查机关在某些案件的查办中收集证据不及时，往往案件到了审查逮捕环节，证据收集不到位，即使通过补证，案件证据仍达不到证明犯罪或符合逮捕条件的标准，导致批捕部门难以判别事实、只能依据案件证据情况作出决定，造成当事人误解。

（4）执法办案存在质量问题导致信访。毋庸讳言，在执法办案过程中，由于基层办案单位执法办案水平的制约以及批捕部门对侦查机关侦查工作的规范执法情况难以监督的现实，还是存在信访人对侦查机关规范执法不严格、办案质量有瑕疵提出意见的情况出现，这些也是导致批捕环节出现信访问题的一大诱因。

三、审查批捕环节化解涉检信访问题的有效途径

就审查批捕工作而言,要做好涉检信访的接访化解工作,就要切实克服"就案办案""构罪即捕""以捕代侦"等现象,高度重视信访风险预警,全面深入做好释法说理,准确把握逮捕案件标准,从源头上预防、制度上化解、质量上保证,从而确保法律的正确实施,人民群众的合法权益得到最大限度的保障。

(一)完善风险评估,主动做好预判预案

(1)落实程序规定,进行风险评估。全国统一办案应用系统自运行以来,办案程序中增加了风险评估的相关内容,其中的风险评估选项也比较全面。从程序上对案件承办人提出要求,对办案过程中可能出现的涉检信访问题及案件处理后是否存在涉法上访因素等,要按规定作出风险评估。这种个案预警机制❶,对属于涉检信访风险评估范围的案件和事项进行研判,对案件中的疑难问题及不稳定因素提前预警,有助于化解批捕环节的办案风险。

(2)加强调查研究,全面了解案情。阅卷很必要也很重要,但不能就案办案,不能简单认为案卷看完了,就可以下结论了。"没有调查就没有发言权"在批捕环节非常重要,要尽可能地了解案件发生情况、与侦查人员交流案情、和案件的当事人接触沟通,这样往往会发现案卷中看不到的问题。有人认为这样会引火烧身,自找麻烦,但案件最终要面对当事人,与其等到作出决定后当事人上访、复议,不如提前做好沟通,化解应有的风险。这样作出决定的时候,心里就会踏实有底。

(3)做好应对方案,防范信访风险。对于受案后经评估和调查了解有信访风险的审查批捕案件,在做好案件审查工作的同时,要制作《案件信访风险评估报告》并做好应对方案,及时呈报领导,同时向控申部门备案,以便问题出现时有应急预案,从源头上预防和减少涉检上访事件。

---

❶ 赵利芳:"建立个案风险预警机制",载《甘肃法制报》2010年5月26日。

(二) 加强机制建设，全面深入释法说理

（1）建立审查批捕工作检务公开机制。❶ 对于热点敏感案件，在处理时要特别注重阳光运作，要主动运用案件公开听证、刑事和解、不捕说理、新闻发布和舆情处置等多项工作制度，充分有效地发挥检察机关各项工作机制的联动效应和整体效能，让案件当事人通过对审查过程和决定依据的了解，减少对检察机关的误解。同时审查批捕工作检务公开制度的建立，有利于增强执法办案人员的风险意识、责任意识、质量意识和服务意识，有助于检察人员将风险防控意识自觉地融入日常执法办案，进一步提高检察人员执法办案服务大局的能力、化解矛盾能力以及群众工作的能力。

（2）完善不捕案件释法说理和听证机制。不批准逮捕是基层检察院审查批捕部门行使法律监督职能的具体体现，是对公安机关的侦查活动行使法律监督权的具体落实，某种程度上也是督促侦查机关对侦查行为进行改善的一种手段。因此，在办案中对于不批准逮捕案件，要不断完善不捕案件释法说理机制，❷ 要根据不捕案件的不同类型，实行分层次说理。对于事实不清、证据不足的不捕案件，主要从证据环节着手，对证据锁链的严密性、客观性、合法性和关联性上进行分析说理，并附上补充侦查提纲，详细列举需补充的证据，引导侦查机关侦查取证；对不构成犯罪的不捕案件，主要从是否符合犯罪构成要件上进行分析说理；对于无逮捕必要的不捕案件，主要从法律依据和刑事司法政策上，重点围绕无逮捕必要进行分析说理。

对于一些有较大信访风险的不捕案件，要试行公开听证制度，让相关当事方通过公开听证，充分理解不捕理由，减少涉检信访风险。

（3）推行不捕案件被害人告知答疑机制。❸ 不批准逮捕案件的不批准逮捕决定书以及不批准逮捕理由说明书是对侦查机关发出的，侦查机关执行后往往疏于与受害人交流沟通，现实工作中，对于不捕案件，不乏办案机关将信访矛盾转交审查批捕部门。结果很多案件的被害人往往只知道犯罪

---

❶ 张晓兰：“建立逮捕案件公开审查机制”，载齐鲁法制网，2014 年 7 月 28 日。

❷ 赵生霞：“不捕案件释法说理制度探究"，载《山西省政法管理干部学院学报》2014 年第 3 期。

❸ 钟亚雅：“尝试不捕告知，小改变赢得大满意”，载《检察日报》2012 年 11 月 28 日。

嫌疑人不捕的结果，不了解不批准逮捕的原因，因此造成不少被害人上访或者跑到检察机关来责问的情况发生。

推行"不捕案件被害人告知答疑"制度，强化对被害人的说理工作，可以保障被害人的知情权和救济权。这样就可以将对被害人的释法说理工作从被动转为主动，将信访风险化解在初始阶段。具体而言，对有被害人的案件，作出不捕决定时，案件承办人可以通过电话、信件等方式将不捕的具体理由告知被害人及其家属，并耐心做好解释工作，增加不捕案件的透明度，将"不捕不等于不追究刑事责任"的理念传递给被害人。对于被害人及其亲属对不捕理由有疑问的，案件承办人员要认真听取意见，耐心做好法律宣传、政策解释、思想疏导等工作，另外，针对身体受到伤害或财产受到损失的被害人，承办人还应当告知其相应的合法救济途径，比如提起刑事附带民事诉讼等，从保护被害人的合法权益角度出发为其提供一些法律帮助，尽量避免出现被害人上访之类事件。

(4) 加强多元化处理信访案件机制。❶ 对于一些涉及问题复杂、信访诉求众多的特殊案件，审查批捕部门不仅要主动与案件侦查单位、控申部门、公诉部门共担风险，共谋出路，做好联合处访工作，还要通过当事人所在单位、社区及其亲友、律师等对来访人的诉求视情况采取相应的处理措施，通过多元化的信访问题处理机制，最大限度做好解释说服工作，对进入审查批捕环节的刑事被害人确因生活、生产存在实际困难引发涉检矛盾的，经正当程序适当开展司法救助，主动、及时、有效地化解社会矛盾，做到"案结事了、息诉罢访、群众满意"。

(三) 严格审查标准，确保批捕案件质量

作为基层检察院的审查批捕部门，在执行审查逮捕案件的审查标准上还是存在不少现实困难。一方面是修改后的《刑事诉讼法》对批捕标准提出了很高的要求，上级检察机关的考核标准也要求严格执行法律规定、少捕慎捕；另一方面侦查机关打击犯罪的办案需要、维护社会稳定的需要、服从大局工作的需要等均要求检察机关批捕部门多配合。此外，由于案件情况复杂多变、检察人员执法能力水平的不足，质量瑕疵案件难以完全避

---

❶ 赵春兰："涉诉信访案件多元化解决机制探讨"，载《中共宁波市委党校学报》2010年第3期。

免。要有效避免此类问题的出现，从内因上减少和消除涉检信访，就要求我们在审查批捕工作中严格审查案件标准，考虑周全、慎之又慎，确保案件质量。全面提高办案质量，要建立批捕与侦查、公诉部门双向延伸、共同把关制度，健全并严格落实主办检察官办案责任制和错案责任追究制，建立完善数量、质量、效果有机统一的办案工作综合考评体系，加大对办案质量和效果的考核力度等措施，有效地促进执法办案水平的提高，从而保证案件质量，提高办案效率，避免因执法办案标准不高而产生涉检信访，从内因上减少和消除涉检上访案件的发生。

检察机关公诉环节涉检信访的成因及解决路径

肖辉 谢峰 刘亮[*]

【提要】 公诉部门作为检察机关履行法律监督职能的重要部门，如何结合自身实际处置好涉检信访案件，不仅十分必要而且意义重大。笔者拟结合工作实际，就检察机关公诉环节如何处理好涉检信访问题，提出一己之见。

【关键词】 涉检信访 成因 路径

当前，我国正处于经济结构转型的关键期，社会矛盾凸显，作为检察机关核心职能部门之一的公诉部门，既是侦查程序的审查把关者，又是审判程序的启动者和诉讼程序的纠错匡正者，[❶]因此其工作性质决定其不可避免地处在涉检信访的风口浪尖之上，如何处理好公诉涉检信访问题，已成为当前检察机关亟须研究的严峻课题。

一、公诉环节涉检信访的主要类型

为进一步厘清公诉环节涉检信访的成因，探索其规律和特点，结合工作实践，以不同的标准可作如下划分。

---

[*] 肖辉，湖北省黄石市人民检察院副检察长；谢峰，湖北省黄石市人民检察院公诉处处长；刘亮，湖北省黄石市人民检察院检察员。

[❶] 贺恒扬：“为什么说：公诉是我国检察机关核心标志性的职能”，见《公诉理论与实践》，法律出版社2011年版。

(一) 从办理案件形式分类

（1）民刑交叉的经济纠纷案件。该类案件在刑事犯罪与民事违法上存在天然的交织，罪与非罪在法律界定上往往存在一定争议。被害人、犯罪嫌疑人因自身利益，对案件关注度高，一旦公诉部门处理决定与其预期不同，在公诉环节就容易产生涉检信访问题。特别是非法吸收公众存款罪、合同诈骗罪、集资诈骗罪等金融犯罪，如何认定犯罪嫌疑人具有非法占有的主观故意成为公诉中的难点，也正是由此信访频发。

（2）涉众型的群体性案件。该类案件的被害人或利害关系人众多，受害人的诉求方式已从通常的吵闹、个别上访等形式转化为有组织、有步骤的群体性行动，往往成立维权专班，有的受害人为了挽回损失，要求司法机关不查封、冻结、拍卖涉案财产，甚至希望涉案人员不关押，能够继续经营，在损失无法挽回的情况下对检察机关抱有强烈的抵触情绪，处置难度增大。

（3）证据不足难以起诉的案件。随着刑诉法的修改和证据标准的严格规定，检察机关对不符合起诉条件而作出不诉决定的案件日益增多，被害人一方往往对此决定不能接受，不满和抵触情绪强烈，化解信访难度大。如一起故意伤害致死案件，涉案嫌疑人在批捕阶段因证据不足而附条件逮捕，在审查起诉阶段，侦查机关收集的证据仍然单薄，达不到起诉条件，故对其作存疑不诉处理，但被害人家属不能接受该决定，多次闹访。

（4）重大暴力性案件。该类案件中，涉及的罪名集中在故意杀人罪、故意伤害（致死）罪，抢劫、强奸等严重暴力犯罪，判处的刑期一般达到无期徒刑或死刑。这类案件中，部分被害人亲属内心的仇恨难以平复，"杀人偿命"的观念根深蒂固，要求从严判处，特别是在命案中，一般要求判处死刑，而对一些被害人过错、自首、立功等法律规定的从轻处罚情节不理解，缠访现象较为严重。

(二) 从信访诉求对象分类

（1）对侦查机关的侦查活动不满而信访。这类信访包括对侦查机关案件查办的进度、移送审查起诉的罪名、扣押、冻结财物的异议等。在案件移送审查起诉时，当事人会信访至公诉部门，希望检察机关听取和采信他们的意见，并作出相应的处理。

(2) 对公诉阶段的处理决定不服而信访。这类信访包括对不起诉、撤回起诉的决定、起诉的罪名、涉案的人员，强制措施的变更，管辖权的异议等。这类处理决定是检察机关根据自身的职责，依据检察裁量权作出，有的群众因不明案件情况、缺乏相应的法律知识，对处理结果不满而缠访。

(3) 对法院审判活动认为不公而信访。这类信访主要源自当事人的相关诉讼权利保障不足，认为法院审理程序不公正；对刑事判决结果不服，要求检察机关提出抗诉；对刑事附带民事诉讼赔偿数额不满意，要求增加赔偿等。

(4) 非法律诉求的信访。从公诉阶段涉检信访的内容看，虽然诉求内容大多集中在法律方面，但有时存在合理与不合理诉求、法律与非法律诉求交织的现象。如案件中涉及征地拆迁、企业改制、涉农问题等，属于社会管理方面，给检察机关信访化解带来相当大的难度。

二、公诉环节涉检信访的成因

信访作为中国最基本的民意表达制度，有着独特的历史渊源与法律支撑。涉检信访的产生原因既受中国传统文化的影响，又是现今社会矛盾、司法环境等问题在检察工作上的投射。

（一）外部执法环境的变化和影响

(1) 传统法律文化的影响。信访制度自古有之。《周礼·秋官》记载，大司寇"以肺石达穷民，凡远近茕独老幼之欲有复于上，而其长弗达者，立于肺石三日，士听其辞，以告于上而罪其长"。后各朝代历经发展，确定了直接上书、信函投书、登闻鼓及邀车驾等多种形式的信访制度。❶受几千年传统文化的影响，我国群众法治观念淡薄，加之乡土社会"非诉、非讼"观念严重，人们遇到纠纷官司时，首先是想到找关系、找熟人，而一旦诉讼结果与其预想不符，就会理所当然地认为"有黑幕"，要"讨说法"，涉检信访问题随之产生。

---

❶ 徐艳阳："中国信访制度历史源流考评"，载《学术界》2011年第12期。

(2) 公民法律意识的提高。随着法治进程的加快,公民开始具有更多的法律意识和维权意识,越来越重视运用法律武器来维护自身的权益,大量的矛盾纠纷进入诉讼程序。但是,部分群众自我保护意识的增强与其自身的法律素质之间并未完全同步,一些群众对法律法规了解不深,理解不全,有的"断章取义、为我所用",片面强调法律法规中有利于自己的部分,不能做到权利与义务的统一。❶

(3) 客观执法环境的变化。在"稳定压倒一切""信访一票否决"的背景下,出于维稳考虑,有的部门过于看重上访问题,一旦出现涉检信访案件,就千方百计从各方面做上访人的工作,对上访者劝阻、妥协,直至上访人满意息诉。以这种方式解决问题的负面影响也是显而易见的,在一些群众中形成"大闹大解决、小闹小解决、不闹不解决、越闹越解决、信访不信法"的不当心态。特别是有些老上访户,对政法机关的信访流程相当熟悉,在案件审查过程中,经常通过信访向检察机关施加压力,以获取自己利益的最大化。

(4) 新型媒体的兴起。近年来,随着微博、微信等网络媒体的兴起,传统的信访模式转变为网络上的舆情传播。网络舆情传播迅速、覆盖面广,是一种全新、有力的监督方式,特别是一些职务犯罪案件的查办线索来源于网民的举报,被称为"信访不如信网"。而媒体的不正当炒作和不法分子的煽动易成为信访舆情的诱发点,一些网民不了解案件的真实情况在网上随意发表具有攻击性、煽动性的失实言论,造成案件被不恰当地关注。

(二) 执法部门的内在原因

(1) 检察机关的职责限制。宪法规定,检察机关是国家法律监督机关。社会民众由此对检察机关期望值较高,然而与审判机关相比,既不拥有实体处分权,也不像纪检监察机关那样拥有纪律处分权,只能通过启动诉讼程序、提出检察建议、发出纠正违法通知等方式行使法律监督权,❷ 因此,监督效果力度受限。此外,对几乎所有的涉法案件,法律上都有相应的申诉渠道。但是,这个申诉渠道(本来能够产生终局结论的法律程序)之外

---

❶ 杨昭彬:"浅析如何处置群体性事件",载 www.xyszf.gov.cn。
❷ 张文菊:"论检察机关的审判监督权配置",载《华人时刊》2012 年第 6 期。

的上访工作机制又抵触或者部分抵触该法律程序,❶从而使案件的既判力存在不稳定状态,又引发新的涉检上访问题。

(2) 公诉干警的执法水平不高。实践中,部分公诉干警执法水平不高,也是引起涉检上访的重要原因。一是案件实体上存在瑕疵。有的案件事实未能查清,证据要求不严,案件定性不准,对法律理解不透彻,处理上存在偏差,出现错诉的情况;二是案件程序上违规操作。犯罪嫌疑人、被告人超期羁押或案件久拖不决,扣押、处理涉案款物不规范。三是接访能力欠缺。部分公诉干警认为接访是控申部门的专职,就案办案,对来访者"能躲则躲、能推则推、能避则避",在接访时不能够耐心细致地做好解释疏导工作,也不善于做矛盾化解工作,致使矛盾激化,加剧了信访人的对立情绪。

(3) 相关部门监督、制约不力。实践中,许多公诉阶段的信访案件涉及侦查和审判环节,公、检、法之间未形成一套行之有效的信访协调机制,存在相互推诿或答复不一的情况,导致当事人长期缠访、闹访。如有的案件,公安机关明知现有证据不符合起诉条件,但为避免信访风险,仍然移送检察机关起诉,而检察机关一旦作出存疑不诉决定,被害人家属就会产生异议,认为公安机关严厉打击犯罪分子,而检察机关包庇或祖护,不追究嫌疑人的刑事责任。又如有的案件,法院宣判后,对被害人家属不做释法说理工作,简单地以"对法院判决不服,你去找检察院抗诉"敷衍了事,从而将矛盾引向检察机关。

(三) 现行法律规定的缺失和不足

(1) 刑法规定的不明确。因成文法的局限性和立法技术的有限性,现行刑法具有一定的模糊性,导致不同的执法机关和当事人对同一案件有各自的理解和意见,从而影响司法公信力,也随之产生信访问题。一是空白罪状导致罪与非罪的争议。如《刑法总则》第 13 条规定,"但是情节轻微危害不大的,不认为是犯罪",但对此没有具体的衡量标准。二是法官较大的自由裁量权导致同类案件量刑不均衡。实践中,各地法院量刑尺度把握

---

❶ 王伟、刘鹏、肖祥云、彭治安:"涉检上访原因实证分析及源头治理",载《公安法治研究》2008 年第 9 期。

不一，甚至同一个法院不同法官、同一法官不同时期在同类案件量刑中不平衡的现象时有发生。量刑不公极易引起社会公众的质疑，检察机关作为法律监督机关，一旦监督纠正不力，便成为舆论关注焦点。如一起村干部贪污土地补偿款案件，被告人因具有自首情节，被判处缓刑。当地上百名村民联名上访，认为邻村的类似案件判处实刑，要求检察机关抗诉并要求法院改判，否则就是检察机关袒护被告人。

（2）我国刑事政策的影响。实施宽严相济的刑事司法政策是党的十六届六中全会提出的明确方针，但因个案的复杂性和特殊性，司法人员在宽严相济的政策上标准把握不一，特别是在命案中，如何把握"少杀""慎杀"的死刑政策易受到社会关注。如云南李某某案，被告将同村的19岁女子击昏后强奸，之后将该女子与其3岁的弟弟一同杀害。一审判决死刑立即执行，二审改判为死缓，后在网络上引起轩然大波。该案是民事纠纷引起的案件，被告人具有自首情节，二审法院改判死缓也符合死刑政策，但社会公众不能接受此判决，质疑司法不公。后经云南省高级人民法院启动再审，改判死刑立即执行，社会舆论又对法律的权威性和审判独立性提出异议，带来诸多的负面效应。❶

（3）被害人权利保护的缺位。我国刑事诉讼实行"公诉为主、自诉为辅"的刑事追诉机制，案件的控诉权主要由检察机关行使，从而私利权让位于公诉权，国家利益取代了被害人利益。❷虽然《刑事诉讼法》赋予被害人当事人的地位，但相对于被告人、犯罪嫌疑人，被害人权利保护的相关法律、法规还不完善。如被害人没有独立的上诉权。根据法律规定，被害人及其法定代理人不服一审判决的，有权请求人民检察院提出抗诉，是否抗诉由检察机关决定，一旦检察机关驳回抗诉申请，被害人及其家属对检察机关产生不满。

---

❶ 杨军："当前贯彻宽严相济的刑事政策存在的问题和对策"，载光明网人民法院频道。
❷ 张庆芬："以司法实务为视角对涉众型案件被害人权利的保护研究"，见《公诉理论与实践（第2辑）》，法律出版社2012年版。

三、公诉环节信访解决路径

公诉的核心职能是依法办案,但在新时期,公诉部门应当在办理案件的同时,更主动地参与社会矛盾化解、社会管理创新,将减少信访、息诉息访贯穿于公诉工作的始终。

(一)建立公诉风险防控工作机制

(1) 建立信访舆情监测应急机制。公诉部门处于执法办案、打击犯罪的第一线,公诉人在审查案件的过程中,不仅要关注案件的法律效果,还要注意案件中可能引发的信访因素,在信访隐患排除上下功夫,立足抓早、抓小,将相关诉求解决在案件审查初期。尤其是在处理群体性事件、社会敏感案件、职务犯罪案件上要加以重点防范。检察机关要成立专门的舆情监测机构,由专业人员收集舆情意见,根据具体的性质、危害程度、波及范围等划分信访舆情等级,由新闻发言人对重大信访案件进行发布反馈,以公开、透明的方式自觉接受群众监督,提高执法公信力。

(2) 建立公诉信访评估机制。根据涉检信访风险的新特点和发展趋势,检察机关应建立涉检信访风险预警评估机制,由案件管理部门、控告申诉部门与业务部门组成风险评估小组。在公诉环节,由承办人为涉检信访风险评估责任第一人,结合办理案件的性质、主要诉求、矛盾焦点、涉检信访的可能性相应界定风险等级,并根据不同的等级采取不同的对策。对等级高的,由检察长亲自统筹协调,相关责任部门共同参与,及时掌握动态,共同做好息访工作。

(3) 建立健全协调联动机制。在处置涉检信访过程中,要建立健全纵向协调、横向配合的联动机制。一方面,建立检察系统内部衔接机制。对公诉环节来访的,规定受理程序以公诉部门为主,控申部门为辅,按照明确的时间答复;涉及多部门处置的,在相互通报的情况下,统一答复口径,避免相互推诿或答复不一。另一方面,完善对外协调机制,主动加强与公安、法院、信访等部门的联系协调,积极争取党委、政府的支持。进一步健全政法部门的信息共享、线索移送机制。

(4) 建立健全对闹访、缠访的处置机制。公诉部门必须严守执法办案的法律底线，克服片面的维稳关，维护法律的权威，对无理上访、恶意闹访的必须采取有力措施。对达不到自己的要求和目的，就以越级上访或以其他方式相威胁以及利用上访敲诈勒索、煽动闹事的人，该坚持原则一定要坚持原则，必要时移交公安机关依法进行治安处罚，涉嫌犯罪的坚决予以依法打击，不能因大闹大解决，不闹不解决，不惜一切代价"买稳定"。

（二）全面提高公诉办案水平

（1）以提高案件质量为基础。案件质量是公诉工作的生命线。涉检信访案件的发生，部分是由于办案质量不高，执法不规范引起的。要处理好涉检信访案件，就必须严格、规范执法，严把案件的事实关和证据关，努力避免正常的刑事案件转化为涉检信访案件。特别是要树立正确的证据意识，坚持疑罪从无，恪守检察官客观公正的义务，将案件办成经得住历史检验的铁案，从而在源头上防止和减少涉检上访案件的发生。同时，对经查实有理有据的信访，确属检察机关工作失误的案件，应坚持实事求是、有错必纠的原则依法纠正。

（2）以提高接访能力为核心。公诉人要改变传统的执法办案模式，提高息诉接访的能力。第一，明确接访责任，按照"谁主办、谁接待、谁负责"的原则，畅通接访渠道。第二，建立全面的公诉案件考评机制。将接访息诉情况作为检验办案质量的指标之一。❶ 此外，创新接访机制，如将心理辅导引入接访，对情绪波动大的缠访、闹访人，进行心理疏导，从法、情、理上获取认同。

（3）以强化释法说理为保障。长期以来，不少公诉人对法律文书不说理或说理过于简单，通常只给结论性决定，如"事实不清，证据不足""不符合抗诉条件"等，使得案件的当事人以及社会公众无法了解形成相关法律决定的真正原因，引发各种猜测甚至质疑，因此，公诉人要充分认识到法律文书说理工作的重要性，树立起主动说理、充分说理的意识，自觉将释法说理贯穿于公诉工作的始终。尤其是在改变侦查机关定性、不起诉、不抗诉等体现检察程序终结性处理的重要办案环节上，更要深入分析案件的法理、情理，考虑社会效果的兼顾。

---

❶ 孙克非："以三项重点工作 推动检察工作科学发展"，载《人民检察》2010年第20期。

(三) 深入开展公诉改革创新

（1）建立刑事被害人救助机制。开展刑事被害人救助工作是检察机关充分发挥检察职能，维护社会稳定的重要手段，特别是在目前法律不健全，社会保障不完善的情况下，开展司法救济，可以有效保护公民的合法权益，降低对信访的依赖。公诉部门在办案过程中要积极主动了解被害人的家庭情况，对符合救助条件的，及时告知控申部门，并配合做好相应工作。明确刑检部门办案人员与控申部门在刑事被害人救助工作中的分工，保证救助工作能够及时、高效的开展，从而最大限度地实现刑事被害人救助制度的价值。❶

（2）加大刑事诉讼监督工作力度。检察机关要立足于法律监督的本质，通过对侦查、审判的监督与制约，化解社会矛盾，减少涉检信访。一是突出监督重点，打破惯性思维，诉讼监督不单停留在实体审查上，还要注意程序上的审查，如侦查机关、审判机关是否告知当事人诉讼权利，是否及时送达等方面。二是从事后监督向事前监督转变，积极开展公诉引导侦查，注意证据收集的合法性。三是刚柔并济，灵活运用多种监督手段。针对不同案件情况，灵活运用纠正违法通知书、检察建议等形式，积极探索有效监督途径，扩大监督效果。

（3）积极参与社会管理创新。公诉部门要树立参与社会管理创新的意识，延伸公诉职能，避免群众诉求多样性与检察权能有限性的尴尬，增强社会各界对检察工作的理解和支持，实现司法公正与社会公正的价值契合。❷ 如加强与妇联、团委等部门的沟通，强化对未成年人犯罪的教育与挽救；加大与民政部门的沟通，对特殊困难群体实施帮扶，减免相关费用；建立良性的检务公开机制，完善检察机关门户网站，通过官方微博、微信等新型媒体，推进阳光检察，倾听民意，引导群众依法维权、理性信访。

---

❶ 郑晶晶、孔庆丹：“检察机关刑事被害人救助制度的审视与完善"，载上海检察院内网。

❷ 庄建南："公诉工作中检察核心价值观的建设"，载《检察日报》2011年9月13日。

人民监督员参与化解涉检信访案件相关问题研究

倪承桃　陈力炼[*]

【提要】 当前涉检信访问题面临严峻的态势，如何妥善处理涉检信访问题已成为当前乃至今后一个时期重要而紧迫的工作任务。本文从人民监督员参与化解涉检信访案件的必要性、可起的作用和实践三个方面谈一些看法。

【关键词】 人民监督员　参与　涉检信访

信访是我国特有的一种矛盾诉求形式，而涉检信访则集中反映了司法机关执法过程中的一些突出矛盾。目前涉检信访反映出来的问题广泛而复杂，如重复信访、越级访、缠访、闹访等，严重干扰了检察机关正常的工作秩序。涉检信访的合理诉求与和不合理诉求相交织，合理诉求与不合法方式相交织屡见不鲜，久诉不息。如何发挥法律监督职能，妥善解决涉检信访诉求，化解矛盾纠纷，营造和谐的社会环境，促进经济社会发展，已成为检察机关刻不容缓的一项重要工作。

一、人民监督员参与化解涉检信访案件的必要性

（1）人民监督员参与化解涉检信访案件，是当前涉检信访发展趋势的必然要求。从近年来的涉检信访看，无论量的递增，还是质的激化上，都

---

[*] 倪承桃，湖北省阳新县人民检察院党组成员、副检察长；陈力炼，湖北省阳新县人民检察院综合管理部干警。

深刻反映出当前社会矛盾纠纷的复杂性,并预示着检察机关维稳工作的紧迫性、艰巨性与长期性。❶ 从信访对象看,不仅有工人、农民等传统习惯上的信访群体,而且有城市拆迁户、机关分流人员、私营企业主等带时代特色的信访群体;既有残疾人员、丧失劳动能力者等社会弱势群体,也有军转干部、复员退役军人等特殊群体。从上访规模看,集体访、群体访显著增多。在利益格局调整的情况下,具有相同利害关系的社会成员对共同的利益问题极易产生共鸣,进行有目的、有组织的沟通和串联,产生集群行为。从复杂程度看,问题涉及的领域不断扩大,触及的层面不断加深。既有家庭矛盾、邻里争端,也有社会管理、公共职责、经济利益、体制改革,还有相互交织的复合性矛盾。从反映内容看,涉及城镇规划、社会保障、劳资纠纷、林地权属、合同纠纷、刑事判决等各种法律法规,且均与群众的自身利益息息相关。❷

由于检察机关信访部门人员少、时间紧和专业知识所限,给涉检信访工作带来一定困难。检察机关在处理一些上访的案件中,经常会涉及一些检察业务以外的问题,对于检察人员的解释和答复,群众接受和信任的程度不高,这也是造成一些上访案件出现反复的关键所在。因此,调动社会力量,让人民监督员参与化解涉检信访案件也就成为我们的一个选择。

(2) 人民监督员参与化解涉检信访,是构建社会主义和谐社会的需要。在我国政治体制中,人民享有广泛的参政权。检察机关在处理涉检信访工作中,主动邀请人民监督员参与这项工作,充分体现了人民参与国家管理活动的这一原则,更是相信人民、依靠人民、尊重人民精神的体现。通过人民监督员参与涉检信访,将涉检信访案件的办理纳入人民监督员监督范围,使检察机关办理的涉检信访案件直接置于群众的监督之中。通过人民监督员的参与,让他们对检察机关执法办案活动的公平性、公正性作出如实评判,使信访当事人打消顾虑,可以促进当事人服判息诉,促进社会的和谐。

---

❶ 钱云灿、朱静静:"借助第三方力量化解涉检信访社会矛盾之思考",载《法制与社会》2012年9月(上)。

❷ 周寿忠:"人民监督员参与涉检信访接待的实践与思考",载http://www.jcrb.com/procuratorate/procuratorforum/201203/t20120323_830571.html。

(3) 人民监督员参与化解涉检信访，是检察机关进一步强化自身监督的需要。加强对检察权的制约，进一步保障人权，体现了社会主义政治文明和司法文明的要求。发展社会主义民主政治，建设社会主义政治文明，是全面建设小康社会的重要目标。人民监督员制度与处理涉检信访工作相结合，使检察权的行使受到社会公众的监督，其实质是加强对检察机关的外部监督和制约，符合对权力的监督和制约的要求，能够有效地促进检察机关和检察人员公正执法、文明办案，尊重和保障人权，树立程序观念、法治观念、打击与保护并重的诉讼观念，做到惩罚犯罪和保障人权的有机统一。

二、人民监督员在化解涉检信访案件中可起的作用

人民监督员来自人民群众，大部分由人大代表、政协委员组成，他们是人民群众中的杰出代表，并具有较强的服务意识、社会优势和一定的政策理论水平。涉检问题的产生，多半是基于对检察机关的不信任所导致，若引入第三方监督涉检信访案件查办，势必会得到上访人员的信任，有利于促进息诉罢访、案结事了。

（1）有利于检察机关排除干扰，减少不稳定因素情况。人民监督员具有广泛的代表性和社会影响力，他们对涉检信访案件依照法律提出监督意见，可以有效地排除检察人员在化解涉检信访案件过程出现的干扰和阻力，增强检察干警依法办案的能力和自觉性，促进检察机关依法独立公正行使检察权，使案件得到更加公正处理，减少不稳定因素。

（2）有利于提高群众对检察机关的信赖，促进矛盾化解。涉检信访当事人往往对法律知识一知半解，在利益诉求的支配下，很多时候已经先入为主的把检察机关放在与自己对立的位置，很难接受检察机关的解释以及处理方式。❶ 人民监督员非检察机关工作人员的身份，容易在沟通中产生亲和力和信任感，减少抵触情绪和对抗，增进工作的人性化成分，使群众容易接受。邀请人民监督员参与接访，在这个过程中，人民监督员的身份是

---

❶ 薛文琦、杨媛媛："调动社会力量参与涉检信访矛盾化解之思考"，载《黑河学刊》2013年第10期。

双重的，一方面人民监督员作为第三方介入，对检察机关处理案件的公正性实施监督。另一方面在一些容易引起误解和矛盾的问题和案件上，人民监督员以第三人的角度参与公开答复，有利于消除当事人的抵触情绪，减少猜疑，使当事人易于接受检察机关的处理结果，避免矛盾的进一步激化。

（3）有利于推动检察机关纠正执法瑕疵，消除隐患。人民监督员制度是最高人民检察院于2003年报经中央同意并报告全国人大常委会后试行的一项重要司法改革。这项制度的主要功能是，通过选任的公民有序参与的方式，重点强化对查办职务犯罪等工作的监督，在切实提高执法水平和办案质量的同时，有效促进检察队伍建设。❶ 邀请人民监督员参与化解涉检信访案件，可以促使检察人员转变执法观念，更加注重依法办案和文明办案。在接访过程中，检察干警同人民监督员一起认真听取当事人的意见，可以及时发现执法中的瑕疵，对反映的新情况依法进行调查，确保矛盾化解、消除不稳定因素，从源头上避免引发矛盾的因素。

三、人民监督员参与化解涉检信访案件实践初探

近年来，各地将涉检信访尝试引入人民监督员监督框架内，一定程度上增强了检务公开程度，扩大了接受社会监督面，提高了检察干警的工作责任心，减少在检察环节上访等问题，消除社会不稳定因素，从而提高检察机关在社会层面的执法公信力。

（1）设立人民监督员接访室。山东省沂水县检察院在群众诉求服务中心设置"人民监督员接访室"，把每月第一周的周一作为参与接访日，根据群众预约进行接访。将人民监督员都加入到QQ热线、网络视频接访、网络约访中，设立的"人民监督员信箱"也由人民监督员定期开启。此外，每月底的周五下午开通"人民监督员热线电话"，群众可以直接向值班的人民监督员表达诉求。针对群众反映的困难和问题，人民监督员可以直接向检

---

❶ 郭洪平："人民监督员制度：让检察权运行更加规范"，载《检察日报》2011年2月23日第3版。

察院领导反映,并积极参与协调处理。❶ 强化了对检察机关处理涉检信访案件的监督,取得良好效果。如该院在接访王某一案中,人民监督员在沂水县检察院干警提供的材料中了解王某的基本情况及主要案情之后,首先向王某表明身份,说明自己是检察机关的监督者,并表示对其反映的问题,会监督检察机关公正处理,给其一个明确的答复。上访人王某这才放心地请人民监督员参与解决。经过多角度释法说理,在邻里和谐方面反复做工作,上访人表示对检察机关的决定表示理解,不再上访。

(2) 出台人民监督员参与制度。安徽省明光市人民检察院2009年年底制定了《明光市人民检察院人民监督员参与涉检信访接待工作制度(试行)》,具体明确了人民监督员参与涉检信访接待的主要职责、范围、方式、流程。通过人民监督员的参与,让他们对检察机关执法办案活动的公平性、公正性作出如实评判,使信访当事人打消顾虑,有效促进当事人服判息诉。如明光市女山湖镇吴某等百人来到该院联名举报市土地局滥用职权非法批地一案,该院邀请人民监督员参与答复上访人工作。接待中,人民监督员耐心的听取来访人员诉说了他们的信访经历及提出的疑惑和相关要求并认真向他们反馈了初查情况,逐项解答了他们提出的问题。最后,上访群众对人民监督员耐心细致地解释法律、阐述道理表示赞赏,对明光市检察院的处理决定信服,并表示不再上访。

(3) 实行涉检信访案件公开制度。在解决涉检信访工作方法中,听证会是解决复杂疑难信访案件的有效途径之一。❷ 山东省烟台市芝罘区院实行涉检信访案件公开说明、公开听证和刑事和解等制度,人民监督员充分发挥其第三方的中立作用,客观公正地发表意见,通过举行听证会、说明会以及和谈等形式,化解历史遗留问题,取得了良好效果。如该院2010年,对烟台市丝织厂100多名退休及下岗职工因福利待遇问题多次集体上访的问题,就职工反映的23个问题逐一进行查证,并依法查办企业原负责人,但职工仍然不满意,继续组织上访。在这种情况下,芝罘区院及时将有关情

---

❶ 贾富彬、王成敏、徐海、张昭:"山东沂水:人民监督员化解矛盾纠纷5起",载《检察日报》2012年12月10日第7版。

❷ 吕子超、付文彪:"涉检信访工作中运用听证会解决复杂疑难案件初探",载《中国检察官》2011年第10期。

况向人民监督员进行通报,又组织召开了由上访职工、人民监督员、审计人员参加的案件公开说明会,向职工公开说明案件的办理过程、适用法律情况等内容,最终打消了职工的误解,妥善化解了这起重复集体访案件。

总而言之,邀请人民监督员参与接待和处理涉检信访工作,进一步拓宽了人民监督员监督检察机关行使检察权的渠道,提高了检察机关的办案质量和执法水平,促进了社会矛盾化解,树立了良好的社会形象。

浅谈司法警察如何做好涉检信访中的警务保障

张钢林[*]

【提要】 近年来,湖北黄石市下陆区院以建立大信访工作机制为切入点,依托司法警察服务信访接待安全保障的职能,探索推行了司法警察与控申联合接待机制,制定了司法警察参与控申接待的工作流程和参与处置突发事件的安全预案,在安抚群众情绪、妥善化解矛盾、做好信访维稳、维护机关秩序等方面做出积极的探索和努力。但是司法警察在参与信访矛盾化解中也遇到一些问题,笔者在安全保障工作中边实践边思考,不断探索研究,逐步树立完善,形成一些完善建议。

【关键词】 司法警察 涉检信访 警务保障

涉检信访是司法公正的晴雨表,是群众诉求表达的重要管道,是检察机关了解社情民意的"前哨",也是接受群众监督、展示自身形象的"阵地"。当前我国正处于体制转轨、社会转型、利益调整时期,大量社会矛盾和利益冲突凸显,信访高位运行,缠访、闹访、群体访时有发生。检察机关作为社会公平正义的法制屏障,承担着保障人民生命财产安全、维护法律公平正义的重大职责,然而问题的解决不可能一蹴而就,当法律证据所呈现的事实与人们心中的公平正义存在落差超过心理预期时,"石首事件""瓮安事件"就这样发生了。作为从事涉检信访的实务工作者,可以看到,现在的群众工作已经不单纯只是埋首于受理接待中心,被动接待形形色色

---

[*] 张钢林,湖北省黄石市下陆区人民检察院副检察长。

的信访人,还需要主动去深入基层排查潜在社会风险,有时甚至要跋山涉水送法入户,披星戴月与信访人促膝谈心。这些都涵盖了一些不安全的因素。正因为如此,司法警察保障涉检信访中检察官和人民群众的生命安全,参与社会矛盾化解才显得尤为紧迫和必要。

一、司法警察参与信访化解的依据及角色定位

涉检信访工作是指检察机关依法办理公民、法人和其他单位通过信访渠道反映的涉及检察机关或检察人员案件的工作。❶ 主要包括不服检察机关处理决定的案件;反映检察机关在处理群众举报线索中久拖不决、未查处、未答复的案件;反映检察机关违法违规或检察人员违纪违法的案件。检察机关的司法警察是一个特殊的群体,是人民警察的一个独立警种,是由检察机关直接领导和管理、为检察工作提供服务和保障的一支具有武装性质的司法力量。根据《最高人民检察院司法警察条例》第7条第8款:人民检察院司法警察依法履行下列职责:协助维护检察机关接待群众来访场所的秩序和安全,参与处置突发事件。可见,参与处置涉检信访突发事件是司法警察职务范畴之内的本职工作,司法警察有义务制止妨碍检察活动的违法犯罪行为,❷ 协助维护检察机关接待群众来访场所的秩序和安全,保障检察信访工作顺利进行,是涉检信访的"警卫员",突发事件的"消防员"。

二、当前司法警察参与信访工作的现状及存在的问题

(一)目前司法警察参与处置涉检信访的工作步骤

对涉检信访突发事件的妥善处置,是一项法律性和政策性都很强的复杂工作。目前,下陆区院司法警察在长期参与处置涉检信访的过程中形成了一整套自己的处置方法和工作流程,即"处置涉检信访四部曲"。

第一步:先期处理。涉检信访突发事件的发生,是各种社会消极因素的综合反映,存在酝酿、积累、发展到激化的过程。当发现涉检信访突发

---

❶ 柯汉民:"加强和改进新形势下的涉检信访工作",载《求是》2011年第9期。
❷ 刘天响:"人民检察院司法警察的性质定位和职权完善",载《河北法学》2008年第8期。

事件苗头时，或者涉检信访突发事件发生后，司法警察应高度重视、沉着应对，做到闻风而动、提高警惕，负责现场协调和秩序维护，负责组织对事件原因进行调查和取证。同时及时通知相关部门，按照分工和预案要求，配合事件的责任部门进行先期处理，展开积极的疏导化解工作，尽快平息事态、控制局面，进而消除引发涉检信访突发事件的苗头和问题。

第二步：引导劝离。针对由于不同性质的问题引发的各类涉检信访突发事件，司法警察要仔细甄别、区别对待，摸清诱发突发事件的真正原因；要针对上访人员的行为综合运用教育、协调、调解等方法，缓和情绪，控制现场局势，从而引导上访人员以理性、合法的方式表达利益诉求，通过合法、正当的渠道和方式反映问题、解决矛盾，防止矛盾激化和事态扩大。

第三步：强行带离。在劝阻、教育无效的情况下，对严重妨碍正常工作秩序的突发事件，司法警察要强行将参与突发事件的上访人员带离现场。对在涉检信访突发事件中别有用心、蓄意破坏、危及公共安全的极个别上访人员，司法警察要报请公安部门，严格控制和监视。另外，遇有紧急情形，司法警察应立即采取强制性措施将上访人员带离现场，并及时固定证据，为事后处理做准备。

第四步：善后工作。涉检信访突发事件现场事态平稳后，上访人员如果不愿善罢甘休，他们又会以另外的事由挑起事端，并会以不同的理由煽动其他人员继续上访。因此，为了巩固稳定局面，防止事态反弹，司法警察应及时组织相关人员进行认真总结，反思引发突发事件产生的原因和问题，对突发事件处理过程中的经验、不足和教训加以分析，提出进一步改进的方法和措施，并上升到理论，最终返回到实践中指导实践。另外，对于处置工作中亟须而尚未出台的措施、方法，司法警察要抓紧研究，本级无权制定或者修订的，应向上级提出有关建议。

（二）当前司法警察在处置涉检信访工作中存在的问题

研究妥善处置新时期涉检信访突发事件，必须首先对处置工作中存在的突出问题有一个清晰的认识。只有找准影响处置涉检信访突发事件效果的"症结所在"，才能"对症下药"，有针对性地开展工作。这些突出问题主要表现在以下几个方面。

（1）处置机制欠缺。当前，检察机关在处置涉检信访突发事件中往往是由控申部门在接访中遇到情绪激动、难缠、威胁接访检察官等可能引起事态严重恶化时才通知司法警察来配合处置,或者在信访人员较多、局面不易控制的情况下通知司法警察来维持接访秩序,再或者在司法警察对过激信访人员采取一定的稳控或者强制措施后通知公安机关来协助处理。整个处置过程显得很被动、不灵活、不科学、不系统,处置能力明显不足。❶ 另外司法警察自身对涉检信访工作的认识不足和对安全预案的日常演练不到位,导致一旦遇到缠访、围攻、闹事等突发事件,容易不知所措,不利于事件的控制和解决。

(2) 思想不够重视。司法警察工作的特点是急、难、险、重,要求司法警察必须居安思危,反应迅速,不怕困难、机智勇敢、有职业责任感和奉献精神。近年来,虽然司法警察在队伍建设、思想建设和作风建设上不断加强,但在面对检察信访出现突发事件时,仍然存在"形式上出警,出勤不出力"的旁观者思想,个别司法警察依然片面认为处置涉检信访突发事件是控申、公诉、侦监等业务部门的事,缺乏敏感性和及时性,有的甚至动不动就把业务部门推到前面。这样不但不利于问题的解决,反而容易贻误处置事件的最佳时机,使上访人员产生对立情绪,导致事态的进一步扩大。

(3) 警力有待充实。在基层检察机关中,因司法警察内部人员流动性小,且新进人员都充实到办案一线,造成司法警察队伍内部长期保持不变的状况。❷ 随着时间的流逝,造成知识滞后、结构老化、警力不足,而检察机关面临的信访压力却与日俱增,在处置突发信访事件往往心有余而力所不足。另外,由于平时缺乏有针对性地训练和实战教育,参与处置的个别司法警察对应急处置工作不熟悉,不会运用适宜的处置方法,即使到了现场也不知道如何开展工作,或者因应急处置不当而导致事态的进一步激化。

(4) 警务装备不足。基层检察机关由于资金困难,法警人员装备陈旧、

---

❶ 何智龙:"浅析司法警察定位和工作开展存在的问题及对策探讨",载《法制与社会》2010年第18期。

❷ 陈晓芳:"我国司法警察存在的问题及解决对策",载《法制与社会》2009年第16期。

警械警具、防护器材等装备不到位的问题尤为突出，❶ 使得法警队伍缺乏应有的战斗力，在遇到处置重大突发性事件时，时常处于被动的局面，车辆不能及时到位，人员不能及时出警，不能在对抗中形成优势。

三、完善司法警察参与涉检信访工作处置的建议

（一）司法警察参与处置涉检信访必须坚持的原则

笔者认为，司法警察正确处置涉检信访突发事件，必须坚持"预防在先、防范为主、快速反应、联动协作、注重策略、防止激化、三个慎用、处置合理，听从指挥、严明纪律"的原则，健全机制、综合治理、分门别类、科学应对。

（1）预防在先、防范为主原则，立足一个"早"字。司法警察必须坚持预防为主的工作方针，对各类可能引发涉检信访突发事件的情况要及时进行分析、预测，积极采取预防措施，做到早发现、早报告、早控制、早解决，见之于未萌，防患于未然，及时消除引发涉检信访突发事件的各种危险因素，将事件控制在萌芽阶段。

（2）快速反应、联动协作原则，体现一个"快"字。涉检信访突发事件一旦发生，司法警察应该迅速启动应急处置预案，行动果敢，雷厉风行，果断出击，并与其他相关部门理顺关系、明确职责、相互协作、相互配合，确保信息收集、情况报告、指挥处置等各个环节的紧密衔接，从而在最短的时间内控制事态发展。

（3）注重策略、防止激化原则，抓住一个"疏"字。根据涉检信访突发事件的性质、原因、规模、危害程度和事态发展，司法警察要严格按照法律、法规和政策办事，讲究策略，注意方式，主要是宜散不宜聚、宜解不宜结、宜快不宜慢、宜缓不宜激，从而做到矛盾不激化、人员不滞留、事态不失控。

（4）三个慎用、处置合理原则，把握一个"稳"字。司法警察在涉检

---

❶ 何延平："当前司法警察工作存在的问题与对策"，载《党史博采（理论）》2009年第7期。

信访突发事件处置工作中,要坚持"三个慎用",即慎用警力、慎用强制措施、慎用警械武器,处置方式也应以温和克制为主,立足于与上访人员之间的协商沟通,防止因使用不当而激化矛盾。当然,"慎用"不是"不用",要防止当用不用而使事态失控。

(5)听从指挥、严明纪律原则,突出一个"令"字。处置涉检信访突发事件具有较强的政策性和执法性,凡是参与处置工作的所有司法警察,在行动中必须遵守纪律,慎重行事,及时请示报告,依据上级主管领导的命令果断行动,不能因盲目制止事件而无令而为、擅自行动,导致伤及无辜、事态恶化。

(二)完善司法警察处置涉检信访工作机制的建议

司法警察参与涉检信访工作具有其他部门无法比拟的优势,特别是在应对突发事件时能及时察觉,有效预防,控制事态,稳定局面,在维护检察机关正常的接访秩序,保护人民群众和检察干警生命财产安全方面发挥着重要的核心作用。所谓"养兵千日用兵一时",如何提高司法警察在处置涉诉信访中突发事件的能力,更好地完成警务保障任务,笔者认为,应当从以下几个方面着手:

(1)抓住根本,提升素质。要定期对司法警察进行分类集中培训,从业务、体能、作风三个方面进行提高。❶ 一是要提升过硬的业务素质。过硬的业务素质是司法警察胜任参与检察信访工作的必备条件。要每一季度定期组织法警全体队员集中学习涉检信访突发事件应急处理办法,明确每位队员的工作分工,讲解处置措施和要领,并现场开展模拟演练,对应急处置的每个环节都做到熟练掌握。通过演练,提高指挥者的组织协调能力,使每位队员明确自己在各种突发情况中的职责及处理措施,全面提升司法警察面对突发情况的快速反应能力和团队协作能力,确保突发事件应对得力、万无一失。二是要锻炼过强的身体素质。只有具备过强的身体素质,才能在应对涉检信访突发事件时,有充足的体力支撑应对各种突发情况,完成好警务保障任务。要努力克服工训矛盾,以警务保障促训练工作,以训练增强保障能力,做到警务保障和训练两不误、互促进。严格按照"干

---

❶ 朱保光、何智龙:"加强司法警察队伍建设和业务开展的探索",载《法制与社会》2009年第33期。

什么、练什么、缺什么、补什么"的原则,结合工作实际,苦练基本功,从最基础的业务技能练起,从最薄弱的体能练起,有针对性地坚持开展体能训练,并将训练工作常态化。三是要培养过硬的政治素质。要坚持不懈地加强司法警察队伍政治素养建设,培养优良的工作作风,强化对涉检信访突发事件的清醒认识,深刻领会信访群众也是我们强化自身建设、推进法治进程的正力量,着力打造一支政治坚定、作风优良、心系群众的高素质司法警察队伍,树立良好司法为民形象。

(2) 强化保障,夯实队伍。物资保障现代化,人员配备年轻化,是司法能力建设的重要标注,也是司法警察履职能力建设的重要组成部分。一是要加强警务装备现代化。司法警察担任着排除险阻,保障检察活动安全的神圣职责,稍有不慎可能造成无法挽回的后果。实现法警准备现代化,是适应法警性质和任务的必然要求。必须为法警队配备先进的警械警具、防护器材等现代化警用装备,建立司法警察室内训练室,为强化警务保障提供良好的硬件条件。二是要优化人员配置。一方面通过内部调整,将符合条件的年青有为的同志调整到司法警察岗位上,为司法警察注入新鲜血液;另一方面通过国家公务员考试从社会上特别是从刚毕业的大学生中公开招收符合条件的年青有为、素质过硬的专业法警充实到司法警察队伍,全面提升队伍的战斗力。

(3) 预防为主,超前预案。要牢固树立"责任重于泰山意识",根据涉检信访中随时可能发生突发事件的特点,科学编制处置预案,定期针对不同性质所引发的事件进行演练,根据演练的过程对处置预案进行不断的修改和完善。一要制定对固定接访场所的处置预案。固定场所接访是受理接待中心、检察长接待室、情绪疏导室等日常接访地点。这类接访针对室内空间小,人员密集,司法警察要随时注意观察上访人员的动态,发现异常情况及时采取相应措施。二要制定对临时接访场所的处置预案。临时接访场所是指检察机关举报宣传、带案下访、送法下乡等活动所设定的临时接访地点。这种接访场面大、人员多、情况复杂,应根据环境地点,事前动员,周密部署,并对警力进行明确分工,使司法警察在接访现场能各司其职,尽早发现问题,及时妥善处理。三是要注重预案总结。要深刻汲取涉检安全事故教训,以对检察事业、对同志高度负责的态度,认真自查找准症结，制订整改措施，开展批评与自我批评，深入剖析原因，不断改进完善工作方案，推进信访保障工作再上新台阶。

（4）分工合作，摆正关系。司法警察在配合参与信访接待中，应根据不同的事件性质，发挥出不同的作用。即使是在同一事件中，也应当完成好角色的转换。在正常的检察信访接待工作中，"主角"是接访人员，此时司法警察只需在外围作好警务工作，无须过多言语，也可协助接访人员做好说服教育工作。而一旦情况有变，司法警察应当尽力尽责，采取果断措施，及时处置突发事件，避免造成恶劣后果，此时司法警察就已转变成了"主角"。需要注意的是司法警察在接访工作中，一定要在保证自身安全的情况下谨慎使用警械具，既不能提前使用警械造成工作处于被动，也不能过于滞后造成事态无法控制。

日益增多的检察信访突发事件是对司法警察工作的挑战和考验。司法警察只有在思想上高度重视，及时制定处置预案，依法全面履行职责，切实加强与控申干警的协调合作，才能更好地应对各种情况，为服务法律监督和检察事业发展提供坚强有力的警务保障。

检察机关纪检监察部门在涉检信访化解中的功用

袁群荣　毕春龙[*]

【提要】 党的十八大以后，随着社会法治化进程加快和反腐败斗争日益深入，检察机关纪检监察部门信访案件数量增加，难度增大，如何有效预防和减少涉检信访问题成为检察机关纪检监察部门新时期面临的一项重大课题。笔者结合检察机关纪检监察工作实际，分析自身处理涉检信访的做法和成效，查找不足，进一步研究完善措施，旨在最大限度地发挥纪检监察部门在涉检信访化解中的职能作用，保障检察工作健康有序开展。

【关键词】 纪检监察部门　涉检信访　化解

一、涉检信访概念及分类

（一）涉检信访概念

所谓涉检信访是指公民、法人或其他有关单位通过信访渠道反映涉及检察机关或检察人员的案件。[1] 其有狭义和广义之分，狭义的涉检信访是指对检察机关应该处理的事项和有关处理决定不服的信访，广义的涉检信访是指除上述信访外，信访人对其他执法机关应该处理的事项和有关处理决定不服而要求检察机关依法实施法律监督的信访。本文从广义涉检信访角度，总括的认为"涉检信访"即是与检察职能有关或与检察人员有关的信

---

[*] 袁群荣，湖北省黄石市人民检察院党组成员、纪检组长；毕春龙，湖北省黄石市人民检察院监察处科员。

[1] 姚玉红："新刑诉法实施后涉检信访的变革之路探究"，载《法制博览》2013年第2期。

访案件。

(二) 涉检信访案件分类

根据信访人所反映问题的不同，涉检信访案件包括不服检察机关处理决定的案件；反映检察机关在处理群众举报线索中久拖不决，未查出，未答复的案件；反映检察机关违法违规或检察人员违纪违法的案件。[1] 检察机关纪检监察部门直接受理的涉检信访案件主要是第三类，即反映检察机关违法违规或检察人员违纪违法问题的信访案件。

二、黄石检察机关纪检监察部门涉检信访问题化解的做法及成效

近3年来，黄石检察机关纪检监察部门受理涉检信访案件，呈现快速增长趋势，主要反映检察人员执法办案违纪违法、个人生活作风问题等，表明了群众对司法公正的迫切要求以及对司法人员日常行为、职业操守的高度关注。为切实纯洁检察队伍，提升执法素质，黄石市院纪检监察部门带领全市检察机关纪检监察干警，主动受理、认真核查、妥善处理纪检监察部门的涉检信访案件，积极践行群众工作路线，回应群众诉求，及时处理违纪违法问题，化解矛盾、消除误会，在预防和减少涉检信访问题方面取得了一定成效。

(一) 规范线索管理

严格按照全省纪检监察机关案件办理工作规范的要求，对受理的案件线索严格管理，规范流程。实行了从受理后填写登记表、初核呈批表，到制定初核方案，落实初核组成人员、明确调查程序和步骤，以及办结撰写初核报告，整理装订案卷等规范化操作。

(1) 统一归口，集中管理。对纪检监察部门受理的所有涉检信访案件线索，实行统一归口由监察处内勤集中登记管理。建立台账制度，统一填写受理违纪线索或材料《登记表》和实名举报《登记本》，登记举报人和被举报人基本信息及举报主要问题，并由部门负责人根据线索反映的问题，提出批示意见，确定处理方向。

---

[1] 姚玉红：“新刑诉法实施后涉检信访的变革之路探究"，载《法制博览》2013年第2期。

（2）分层审批，分类处理。受理登记后的所有涉检信访案件实行集中讨论，按照四类标准对线索进行筛选、处置。对属于上级管辖的，及时移送；属于本级管辖的，及时初核；属于下级管辖的，及时转交；属于诉求类线索，及时移交相关业务部门处理。严格按照程序，实行层层审批，对线索进行分流转办、办理情况进行全面登记，对账督办。对属于纪检监察部门处理需要初步核实的问题线索再填写《初步核实呈批表》，经领导批示后进行初核。

（3）严格程序，规范措施。对需要初核的涉检信访案件线索，严格按照要求，事先拟定初核方案，明确初核程序、步骤和调查了解范围、谈话对象等事项。对需要谈话了解的严格按照正规办案程序，由 2 名干警进行，制作谈话笔录。坚持每案一结，制作初核情况报告，及时回复有关部门和信访举报人，并认真整理案件材料，装订成册，统一保管。

（二）认真调查初核

坚持零容忍态度，加大涉检信访线索初核工作力度，对属纪检监察部门处理的涉检信访件和网络舆情认真组织调查初核。对交办件和实名举报件，进行 100% 初核，做到收到一件、查处一件，件件有结果，事事有定论，实现信访举报件办理"零暂存"。

（1）领导重视，亲自参与。市检察院纪检组、监察处领导高度重视涉检信访案件线索初核工作，亲自组织初核人员召开案件线索分析会，提前预估线索中反映问题的真实性，深入分析，认真研判，有针对性的提出初核方式。在初核人员不够，信访线索反映问题复杂时，市检察院和基层检察院纪检组组长亲自参与初核工作，带头参与询问谈话和调查取证，为全市检察机关纪检监察干警树立了榜样，促进了初核工作过的顺利开展。

（2）加强协调，整合力量。在办案量逐年增加，纪检监察人员缺乏的情况下，市院纪检组、监察处积极发挥主观能动性，一方面，加强与市检察院业务部门协调配合，根据信访案件线索类型，借用相关业务部门人员帮助初核，既缓解人员压力，又借助业务部门业务工作水平高的优势，提升初核工作效率。另一方面，充分调动下级院纪检监察部门信访案件线索初核的积极性，形成全市检察机关纪检监察部门一盘棋思路，根据案件线索的不同情况，按规定进行交办、协办和督办，加强办案力量统筹、配备，保障案件办理运转有序、快速高效。

(3) 多措并举，注重实效。在前期分析研判的基础上，采取不同的调查初核方式。对涉检信访反映问题不大，证据不明确，可查性不强的采取函询方式，由被反映人针对信访中的问题逐一答复，每年对 30% 的函询信访问题进行调查核实。对涉检信访反映问题不大，可能真实存在的问题采取约谈警示，防止小问题变成大问题。对其他各类涉检信访问题严格按照初核程序开展调查初核。

(三) 妥善化解问题

根据初核结果，在完成初核报告的基础上，根据调查属实与否，问题类别，采取有效方式，妥善化解涉检信访问题，避免重复访。

(1) 初核查否的。一是初核结束后形成初核报告，及时回复信访件转来单位或信访人，并与信访人沟通，释法说理，消除信访问题。如 2014 年 5 月，杨某反映某基层院利用职权建造一栋又一栋办公楼和家属楼，违反中央规定办公用房标准；1996 年，各科室私设小金库等问题。经过调查初核查否，查明信访人杨某系该院原助理检察员（兼法纪科内勤），1997 年因犯贪污罪被判处有期徒刑 10 年，对该院有不满情绪，初核完成后，及时联系杨某到该院，向其回复初核结果，并向其讲明该院"两房"建设的依据以及使用标准，经过与其沟通后，他表示之前是受他人教唆进行的信访举报，对答复很满意。二是视涉检信访的影响范围，分别采取谈话、向被举报人所在院或被举报的院书面告知调查结果或在所在院召开会议的方式予以澄清，消除误会，维护被不实举报人秉公执法的积极性。如 2013 年 2 月，收到群众匿名信访件反映某基层院党组成员"私分"6 套团购房指标的问题信件，经过分析认为，该信访人应属该院干警，市检察院纪检组、监察处决定要迅速调查初核，妥善处理，否则该信访人还会继续信访。市检察院调查组经过几天的时间调查初核查否。为澄清是非，挽回影响，切实保护检察人员秉公执法、干事创业的积极性。市检察院纪检组组长会同挂点该院的市院某副检察长，到该院召开全院干警大会，通报调查初核情况，与干警进行交心谈心，并对调查过程中发现的该院存在对重大事项公开力度不够问题，向该院党组提出整改意见，要求及时向全院干警公开公示重大事项，最终该举报线索得到圆满解决。

(2)初核查实的。一是初核结束后形成初核报告,并提出有关问题的处理意见,实名举报的征求举报人意见,报党组决定处理。处理完成后,将初核情况和处理结果回复有关单位或信访人。如2014年5月,谢某某向省委巡视组反映,2000年1月,某基层院警车将其儿子撞伤,有关医疗费用问题至今未很好解决。收到信件后,市检察院纪检组当即责令下陆区院纪检监察部门成立调查组,由市检察院指导督办,开展调查,经过调查,交通事故客观存在,交警部门要求双方协议解决,由于赔偿问题一直没有协商好,一直搁置,谢某某多年一直未举张权利,虽已过诉讼时效。但市检察院纪检组为切实帮助群众解决困难,化解矛盾,要求下陆区检察院本着"群众利益无小事"和"人道主义"精神认真妥善处理。在多次征求谢谢某某意见后,最终双方达成一致意见,该信访问题得以妥善处理。二是在被举报单位通报处理结果,进行警示教育。如2014年1月,群众电话反映市检察院某部门干警,晚上将警车停在狭窄的人行道上,阻碍行人。市检察院纪检组迅速调查初核,经查,当事人因公事需要,下班后还在使用公务用车,但停放车辆位置确实不当,阻碍行人通行,经报党组决定,对涉事干警给予诫勉谈话处理,并在全市检察机关通报,要求组织干警学习通报精神,加强对干警使用公务车辆的管理。及时将初核情况和处理结果告知举报人,迅速处理,严格问责受到了举报人的好评。

三、黄石检察机关纪检监察部门在涉检信访问题化解方面存在的不足及原因

虽然黄石检察机关纪检监察部门在涉检信访方面作了大量工作,取得一定成效,但因人员少,自身力量有限,对已办结信访件总结分析不够等方面原因,还存在一些不足。

(一)存在的不足

(1)线索初核周期长。尽管办案人员严格按照初核要求,从受理涉检信访线索后3个月内办结,没有超期限的问题,但大部分线索都要到期限快到时才完成,初核周期长,在及时高效解决群众诉求方面做得还不是很好,还可以进一步提高。

（2）总结分析不够多。目前，由于涉检信访总量增加，更多的精力、人力都放在初核处理涉检信访问题上，以按时完成初核任务为主要目标，对自身初核情况的总结分析不够，一些经验做法没有及时总结归纳成系统，对一些同类型的涉检信访问题没有集中总结分析原因，形成统一处理模式。

（3）源头预防做法少。没有对信访举报线索集中反映的重点、热点问题进行专题分析、定期分析研判，未能提出预防意见建议。对群众反映的一些苗头性、倾向性问题和情节轻微构不成纪律处分的问题及时进行警示谈话做得不够好，有时仅口头提醒，没有引起当事人重视。对信访举报线索集中反映的领导干部廉洁自律、规范执法和执行中央八项规定精神等问题的督察检查的力度还需进一步加强，以便督促警示干警严格执纪。

（二）产生的原因

（1）人员配备不齐，自身力量不足。目前，黄石市检察机关纪检监察部门共有16名干警，其中有8名兼职，并且年轻干警少，人员配备不到位，自身力量严重不足。纪检监察部门本身工作任务多，在完成其他工作任务的同时，分配到涉检信访问题线索初核上的人力自然有限，初核工作难度大。当遇到一段时间内涉检信访量突增时，人员紧张问题就更加凸显。

（2）信访数量增加，初核要求提高。近年来，随着党风廉政建设和反腐败斗争的进一步深入以及社会法治进程加快，人民群众对打击腐败的期望提高，对社会公平正义的要求提升，受信访不信法的社会现状影响，各种诉求都通过信访渠道集中显现出来，近年来黄石市检察机关纪检监察部门受理的涉检信访案件成倍增长。同时，纪检监察部门进行"三转"，对涉检信访问题处理要求提高，程序进一步规范，工作量随之增加。

（3）处理涉检信访能力、水平有待提高。黄石市检察机关纪检监察部门干警结构不合理，而且大多数是长期从事综合工作，业务工作经验不足，调查初核发现问题能力不够，处理涉检信访化解矛盾的水平不高。

四、如何进一步强化检察机关纪检监察部门在涉检信访化解中的功用

纪检监察部门作为执纪监督部门，对于涉检信访问题化解具有独特优

势,需要我们进一步强化其职能作用,发挥纪检监察部门在涉检信访化解中的预防、监督和问责功用。

(一) 明确职能定位

涉检信访工作是检察机关联系群众的桥梁和纽带,是接受群众监督的重要渠道,❶ 事关检察机关全局的重要工作,纪检监察部门在处理职责范围内涉检信访案件时,不能仅依赖于自身单打独斗,不能片面地以为纪检监察部门的涉检信访主要是纪检监察部门一家的活,将其与整个涉检信访完全脱离开来。其实,大多数涉检信访问题具有复杂性,涉及多个职能部门。应该清醒地认识到,纪检监察部门要想有效处理好涉检信访问题仅仅依靠自身一个部门是远远不够的,需要协调多个部门,特别是在当前涉检信访问题不断增多的背景下,整个涉检信访应当形成以控申部门为主导,其他部门协调配合,多管齐下预防和处理涉检信访问题。因此,应当重新定位纪检监察部门在涉检信访化解中的功用。一是要充分认识纪检监察部门在化解自身涉检信访问题中的重要作用。二是要从完善涉检信访处理机制的大局考虑和定位纪检监察部门在涉检信访中的功用。三是要充分调动和发挥纪检监察部门在涉检信访化解中的预防、监督和追责的功能。

(二) 强化源头预防

凡事预则立,不预则废。要化解好涉检信访案件,真正做到"案结事了、息诉罢访",从根本上遏制和减少涉检信访案件的产生,从源头上化解人民内部矛盾,维护社会稳定。❷ 就需要充分发挥纪检监察部门在党风廉政建设方面的作用,通过强化党风廉政教育和规范执法教育等,从源头上预防涉检信访问题的产生。

(1) 强化党风廉政教育,促进公正廉洁执法。纪检监察部门在党风廉政建设过程中,要注重加强对办案部门、执法干警和信访接待人员的廉政教育,教育引导干警公正、文明、廉洁执法,减少因执法不规范、不文明、不廉洁、不公正等问题引起的涉检信访问题。加强纪律规矩教育,推动干

---

❶ 李为民、袁文静、雷方银:"新形势下完善涉检信访处理机制之对策与建议",载《黑河学刊》2013 年第 11 期。

❷ 丁文玲:"引发涉检信访的主要原因及息诉对策",载《农村·农业·农民》2011 年第 5 期。

警转变工作作风、执法作风,纠正信访部门干警对涉检信访工作不重视、工作措施不力、敷衍塞责、久拖不决、工作方式简单粗暴等问题,避免因矛盾激化,信访问题升级,反复上访。

(2) 强化职业道德教育,规范执法行为。通过强化职业道德教育,提高检察干警职业道德修养和职业操守,使干警牢固树立"强化法律监督、维护公平正义"的理念,不断规范执法行为,提高办案质量。以良好的职业技能和职业修养认真对待每一起案件、每一个当事人,注重每一个办案细节,做到不越权办案,不徇私枉法办案,在立案时不放纵犯罪,在扣押赃款赃物和采取强制措施等行为时不违规操作。强化干警公仆意识,树立全心全意为人民服务的宗旨,坚持群众路线,设身处地为群众着想,耐心听取群众诉求,深入调查问题,对待群众的合理诉求,及时、认真、依法予以处理,对无理诉求,做好释法说理,正确引导,快速高效地做好涉检信访化解工作。

(3) 坚持问题导向,加强源头预防。要定期开展分析研判,梳理汇总违纪问题线索以及处置情况,对信访举报线索集中反映的重点、热点问题要进行专题分析,并及时向有关部门提出意见建议。要加强监督检查,注重对信访举报线索集中反映的领导干部廉洁自律、规范执法和执行中央八项规定精神等问题的督察,有针对性地开展专项督察,提前预警。要抓早抓小,对群众反映的苗头性、倾向性问题和情节轻微构不成纪律处分的问题及时进行约谈、诫勉谈话等警示提醒。

(三) 突出监督检查

要牢固树立监督者更要接受监督的权力观,始终坚持把强化自身监督放在强化法律监督同等重要位置,严格规范权力行使,防止检察权滥用。[1]在建立健全监督制约机制的基础上,要突出纪检监察部门对涉检信访工作的监督作用,一方面纪检监察部门要加强对日常执法办案的监督,促进规范执法;另一方面要加强对涉检信访问题化解情况的监督,督促信访部门或信访案件办理部门严格依法处理涉检信访案件,化解信访问题。

(1) 建立健全监督制约机制。要树立全院"一盘棋"的大信访观念,

---

[1] 何丽芳:"浅谈涉检信访及其机制探索",载《法制与社会》2013年第9期。

建立健全涉检信访的监督制约机制。一方面要建立健全办案风险预警评估机制和廉政风险防控机制，并将二者有机结合起来。各业务部门在办案过程中都要有风险意识，要及时对所办案件进行涉检风险评估，提前做好安全预案，制定防控措施。纪检监察部门在推进廉政风险防控机制建设方面，要注重对执法办案部门执法风险的防控。在具体操作过程中，将办案风险预警评估机制和廉政风险防控机制有机结合起来，继续坚持和完善同步录音录像制度、一案三卡、办案安全预案和干警执法档案、廉政档案等内部监督制约机制，将这些监督制约机制作为廉政风险防控机制的重要内容，以完善的制度机制促进严格规范执法。另一方面要建立完善涉检信访化解监督机制。纪检监察部门要主动加强与控申部门、案管等部门的协调配合，加强对分流到各业务部门的信访案件办理情况的监督制约，督促矛盾化解。

（2）加强对执法办案的监督检查。纪检监察部门要充分发挥内部监督职能，加强对规范执法的监督检查。将对规范执法的检查作为检务督察的重要内容，开展经常性的明察暗访、日常督察和专项检查。涉检信访的源头主要是业务部门，如果源头治理不到位，就会陷入"边处理、边发生"的恶性循环。❶ 因此，纪检监察部门可以通过对执法办案的监督检查，从各个办案环节抓起，不断强化办案质量。也要加强对信访案件办理情况的监督检查，一方面可以督促涉检信访案件处理部门及时高效化解涉检信访问题，防止消极不作为；另一方面可以监督干警是否严格依照法定程序，公正、文明处理涉检信访问题。

（四）严格追责问责

只有强化对涉检信访化解责任追究，才能有效提高干警责任意识，强化执法为民的理念和涉检信访风险意识，才能在具体办案过程中考虑程序是否合法、实体是否公正、激烈的矛盾是否化解、会不会引起当事人一方或双方涉检上访等。因此，发挥纪检监察部门在涉检信访化解中的责任追究作用显得尤为重要。

（1）落实"首办责任制"。要以控申部门为主导，加强与各职能部门的协调配合，坚决贯彻涉检信访案件"首办责任制"，按照"谁主管、谁负

---

❶ 刘桂琴："浅析涉检信访工作中存在的问题及对策"，载《法制博览》2013年第9期。

责"的工作原则,切实落实好办案责任制,为责任追究提供依据。

(2) 建立问题反馈机制。纪检监察部门在加强对涉检信访化解的监督检查的同时,要利用责任追究的这把"撒手锏"。纪检监察部门要主动从控申、案管部门收集一些部门或干警处理涉检信访问题不力,存在不作为、慢作为等经过督促提醒后仍不纠正的,导致信访问题久拖不决的问题线索,及时介入调查处理,帮助督办。案管部门在执法监督方面发现的干警执法不规范问题可能导致或已经产生涉检信访问题的,也可以向纪检监察部门反馈问题线索,从而倒逼执法办案部门规范执法行为。

(3) 严查检察人员违纪违法案件。要坚持把查办检察人员违纪违法案件放在自身反腐倡廉建设和队伍建设的突出位置,坚持有案必查、有腐必惩。纪检监察部门要坚持零容忍态度,坚决查出检察干警以案谋私、滥用检察权徇私枉法案件,违规扣押、冻结、处理涉案款物,违规插手经济纠纷,以及刑讯逼供、暴力取证、超期羁押等社会关注度大,任意侵害当事人合法权益的案件,以反腐败的高压态势维护检察机关公正文明执法良好形象。

(4) 严格责任追究。纪检监察部门要严格按照有关规定,认真调查处理自身发现或由控申等部门提供的执法不规范、不文明问题线索。坚持"一案三查",在追究有关当事人责任的同时,倒查追究分管领导监管责任和党组主体责任、纪检组监督责任。及时通报曝光查办的典型案例,警示干警严格规范执法。

涉检舆情应对机制的法治维度思考

郭西渠　王海峰　焦步宏*

【提要】 涉检舆情是司法舆论中一支不可忽视的力量，对司法活动具有重要影响，处置不当势必降低司法公信力。检察机关在处置涉检舆情中，还普遍存在认识和能力上的不足，也缺乏行之有效的处置措施和长效机制。破解涉检舆情之道，要找准舆情与司法二者和谐互动的内在基础，注重在坚守司法底线的基础上，创新方式方法，提升舆论引导和舆情处置能力。

【关键词】 涉检舆情　应对机制　法治

新媒体与传统媒体的融合发展，颠覆了舆论传播的传统态势，改变民众利益诉求表达机制和参与公共事务的方式，也对司法活动产生重要影响。虽然我国法治体系建设日趋完备，但是司法权威尚未牢固树立，检察机关对社会舆情的风险承载能力较弱，以舆情为载体的民意裹挟司法的案例频频出现，严重损害了司法的公信力。如何处置好涉检舆情，实现民意与司法的良性互动，是检察机关参与社会治理、推进依法治国的重要议题。

一、"涉检舆情"何以会成为一个时代问题

一般认为，舆情是"指在一定的社会空间内，围绕中介性社会事项的发生、发展和变化，作为主体的民众对作为客体的国家管理者产生和持有

---

* 郭西渠，湖北省黄石市人民检察院党组成员、副检察长；王海峰，湖北省黄石市人民检察院党组成员、政治部主任；焦步宏，湖北省黄石市人民检察院政治部宣传科科长。

的社会政治态度"。❶ 涉检舆情是社会舆情在检察机关的延伸，长期以来，我国的司法舆论场相对封闭，检察机关司法活动中的争议性事件主要在司法系统内部及局部范围传播，鲜有引起大范围舆论波动。随着我国法治进程的推进、执法环境、舆论传播格局的深刻变化，司法舆论场得以社会化、公开化，一次不规范的执法行为甚至是一点执法瑕疵或者检察人员的不当言行，都可能演化成一次损害司法公信的舆情事件。笔者认为，涉检舆情之所以成为一个时代课题，离不开以下因素的结合。

（一）社会公众的认知标准与司法人员的专业标准的不对称

舆情的产生，首先在于对舆情事件指向的对象属性、规则内涵产生认识上的分歧，这种分歧在司法舆情中表现尤为明显。2015年4月南京养母虐童案不批捕，之所以引发巨大舆论旋涡，缘于民众普遍不能理解"不批捕"的司法标准与法律意义；2015年6月，一条呼吁"拐卖儿童一律判处死刑"的微信在朋友圈疯传，引发一场全民大讨论，也是源于民众对法律认知的不专业。司法人员在执法办案中，遵循的是职业素养和职业思维，而多数民众不可能如司法者般具备专业的法律知识，他们更多地是将传统习俗、社会习惯、生活经验、道德情感作为判断标准，倾向于以更加直观、感性的方式去评判是非曲直。由此产生两种截然不同的正义观：一种是以法律规则为基础，以现代主义为目标，以程序保障为手段的司法正义；另一种是以道德伦常为基础，以朴素正义为目标，以传媒手段为平台的感官正义。❷ 法则虽然源于道德，但又超越道德范围，随着现代司法规则越来越精细化，司法人员与社会公众的这种鸿沟将持续下去，这是诱发舆情事件的内在诱因。

（二）公民法治意识的觉醒与检察机关司法能力的不适应

虽然社会公众对司法的专业标准上存在认识上的模糊，但是随着法治社会、法治国家建设的推进，以及佘祥林案、赵作海案、浙江叔侄奸杀案、呼格吉勒图案等一批冤假错案的纠正，民众的权利意识、法治观念不断深入人心。一方面，当前我国仍处社会转型变革时期，利益群体不断分化，

---

❶ 丁柏铨："略论舆情——兼及它与舆论、新闻的关系"，载《新闻记者》2007年第6期。

❷ 栗峥："感官正义与司法公正"，载《福建论坛（人文社会科学版）》2010年第9期。

各个社会阶层的矛盾不断凸显,司法化解矛盾的终局性手段,利益相关方对检察机关、审判机关司法调整行为的规范性、公正性期望很大、要求很高;另一方面,我国现行检察队伍的职业素养、检察权运行体系的规范运作,还没有达到西方法治国家的现代司法标准,面对开放、透明、信息化的司法环境,还存在诸多不适应,加上实践中的司法腐败现象时有发生,司法潜规则屡遭曝光,致使公众时刻保持对检察机关的注视,一旦有异常的风吹草动,便借机开展舆论攻势。

(三)新媒体的发展带来民众话语权的空前解放

报纸、杂志、电视等传统媒体的管控机制和传播方式,决定了舆论、舆情传播的速度、效率和范围受到严格限制。在以往,媒介资源及话语权被权势阶层和知识精英所垄断,而网络颠覆了传统媒体的精英模式,将传播信息和发表言论的权利交给普通大众。❶ 以互联网论坛、微博、微信、App等为代表的社交新媒体出现和繁荣,为各个社会群体提供了一个没有身份限制、没有时空间隔、人人能够发表言论的"广场"。这些新媒体具有搜索方便、信息容量大、即时发布、互动交流、传播迅速等特点,迅速成为最重要的信息传输渠道和舆论表达平台。而新媒体对特定案件、事件的信息传播,具有一个致命的缺陷,即容易受一方当事人、诉讼参与人立场的影响,给公众以先声夺人的主观痕迹和各类"标签",一旦这些未经证实或与真相不符的舆论在新媒体上大规模汇聚,就会形成重大舆情事件。如黑龙江庆安火车站枪击事件中视频公布以前,网民在网络上就该案的种种猜测、议论发挥地淋漓尽致,对当地党政机关、司法机关的公信造成重大冲击。

(四)检察机关的特殊地位和作用决定了涉检舆情的特殊性

研究表明,涉检舆情的焦点是检察机关如何依法行使司法权和如何依法保护公众权利。❷ 我国检察机关是法律监督机关,不仅行使职务犯罪侦查权、刑事案件公诉权,还有刑事诉讼监督、民事诉讼监督、刑罚执行监督等诸多法律监督职权。在刑事诉讼过程中,即使舆论焦点针对的是公安机

---

❶ 周斌:"'强—弱'冲突案件地网络舆情及传统媒体的理性应对",载《新闻爱好者》2013年第11期。

❷ 魏彬伟:"网络化时代的媒体监督与舆情引导",载《法制与社会》2012年第3期。

关的违法侦查活动或者法院的枉法裁判，作为法律监督机关的检察机关，如果不依法、及时监督到位，仍然会面临因为监督不力而陷入舆情的指责旋涡❶。在黑龙江庆安火车站枪击事件中，舆论曾一度指责检察机关没有及时介入事件调查。从这个意义上说，民众对于检察机关所给予的期望在某种程度上要高于公安机关和审判机关，这为检察机关处理涉检舆情增加了新的难度和挑战。

二、涉检舆情审视与处置的实践缺位

最高人民检察院检察长曹建明早在 2009 年就强调，检察机关要把舆情作为倾听民意的重要途径，从中发现案件线索，吸纳合理意见，接受舆论监督，使舆情成为促进科学决策、改进检察工作的助推力量。近年来，检察机关在涉检舆情的处置上虽然积累了一定经验，但是总体来看，对舆情的审视与处置还存在一定的缺位。

（一）认识上的缺位

尽管涉检舆情对检察机关的司法活动具有一定的侵略性，但作为规范司法的一种倒逼力量，舆情可以实现与司法的良性互动。"作为共同维系社会治理的两个基本要素，司法和传媒的关系不应是对抗，而是协调和平均，两者的相对独立只能服务于社会公正的最终需要"。❷ 检察机关的使命在于保障和维护社会公平正义，涉检舆情映射的一些主流民意，体现了社会对公正与效率的合理关切和追求，二者是可以统一在一起的。在实践中，不少检察机关的领导干部或者视涉检舆情为洪水猛兽，把舆论、舆情完全视为司法的对立面；或者无视涉检舆情的存在，放任其自生自灭，认为只要自身做到严格依法办事，有一些舆论非议无关紧要。基于这样的逻辑认识出发，一旦暴发舆情公共事件，便自然而然采取"围追堵截"的处置方式，而很难客观公立地对待事件本身，结果自然难以取得公众的信任，最终损害的是司法的公信力。面对涉检舆情时，只有保持一个开放宽容的心态，

---

❶ 胡铭、刘斌："从公案看涉检舆情应对机制"，载《浙江工商大学学报》2012 年第 4 期。

❷ [美] 唐纳德·吉尔摩著，良宁等译：《美国大众传播法：判例评析》，清华大学出版社 2002 年版，第 357 页。

才能真正做到以理性和客观的标尺去看待问题，避免以偏概全，感性武断地判断。

（二）能力上的缺位

随着新媒体与传统媒体的全面融合，舆论引导和涉检舆情应对工作越来越专业。一方面，多数检察机关对涉检舆情工作缺少专门研究，在经验上存在先天不足，对舆情的传播规律、处置原则和基本程序掌握得不够，遇到重大涉检舆情往往多是第一次，因而表现得手忙脚乱、束手无措；另一方面，多数检察干警缺少媒介素养，包括认识媒介的能力、评价媒介的能力和运用媒介的能力，面对新媒体、全媒体环境的到来，"恐媒、拒媒、防媒"成为多数司法人员的第一反应，在这种心态下，出现一些"雷人、雷语、雷行"，也就不足为奇了。此外，在检务微博、检务微信等新媒体的应用上，不少检察机关也没有树立阵地意识，相应功能没有为我所用。

（三）机制上的缺位

涉检舆情的源头和燃点在检察人员执法办案的每一个环节，处置需要多部门联动。目前，多数检察机关的舆情监测、分析、评估和引导职责由新闻宣传部门单打独斗，在舆情的研判上主要侧重于"事后的关注"。而作为舆情的前哨环节，执法办案部门和每一位检察人员缺乏对涉检舆情的前瞻性和预见性认识，对可能引发涉检舆情的苗头行为问题缺少敏感性，导致舆情隐患信息的不对称，经常出现被动挨打的情形。

（四）处置上的缺位

实情决定舆情，"应对媒体审判、网络审判的上上之策，是坚持以事实为依据，以法律为准绳，不唯上、不为媒，坚守公正执法，独立司法，用公正无私的办案来经受历史和公众的审视、监督"。❶ 在一些司法个案中，除了办案过程本身存在一定的瑕疵外，更多是审判机关、检察机关在舆论的重压下放弃了底线思维。在涉及司法人员纪律作风等非案件类舆情时，有时不顾事实真相，缺少坦诚纠正的勇气，或遮遮掩掩，或围追堵截，一

---

❶ 李雪慧：《政法干警媒介素养读本》，中国长安出版社2012年版，第155页。

旦处置失误就会失去公信，进而陷入"塔西陀陷阱"。❶

三、涉检舆情应对处置的路径思考

舆情是社会民意的反映，即使在现代法治国家，舆情与司法的矛盾也不可避免。应当认识到，司法舆情是提高司法公信的一支倒逼力量，而不是法治社会的绊脚石。破解涉检舆情之道，要找准舆情与司法二者和谐互动的内在基础，注重在坚守司法底线的基础上，创新方式方法，提升舆论引导和舆情处置能力。

（一）树立司法权威是提高舆情承受能力的根本之举

舆情风险承受能力，决定因素不是个体专业素质，而是司法体制、社会文化环境等诸多因素糅合而成的司法抗压韧性。❷ 司法决策中的法律效果、政治效果、社会效果的有机统一，是司法机关追求的最高目标，以舆情为载体的民意虽然可以构成司法决策中的重要因素，但不应凌驾于法律之上。面对社会舆情的拷问，成熟的法治国家往往以其强大的司法权威表现出超强的抗压力，如2012年美国警察枪杀两名黑人案件中，法院判处警察无罪，尽管引发了大规模抗议游行和社会骚乱，全世界媒体也不乏对其司法制度的抨击，但美国司法机关始终对自身权威保持了高度的自信。❸ 目前，我国司法权威还没有完全树立，营造一个全民信法、遵法的环境，需要司法机关和社会各方的共同构建。作为检察机关，在涉检舆情面前，应当保持独立司法的高贵品格，在各种言论和杂音中，坚守专业的司法标准，不能因舆论而更改违背司法精神的错误决策。南京虐童案中，检方对涉案养母作出不批捕决定，遭到来自各方的批评，但检察机关坚守了客观公正

---

❶ "塔西陀陷阱"即 Tacitus Trap，得名于古罗马时代的历史学家塔西陀。通俗地讲，就是指当政府部门失去公信力时，无论说真话还是假话，做好事还是坏事，都会被认为是说假话、做坏事。

❷ 徐阳："'舆情再审'：司法决策的困境与出路"，载《中国法学》2012年第2期。

❸ 美国另一起典型案例是世纪审判——辛普森杀妻案，案件审结后，法律职业出身的时任总统克林顿出面呼吁公众尊重司法裁判，而在喧嚣的负面评价中，主流舆论仍然接受了裁判结果，白人社会没有为此掀起巨大的舆情反弹。林林："邓玉娇案的法文化比较"，载《比较法研究》2009年第6期。

的立场,赢得了社会的尊重,也为我们在舆情处置树立了榜样。当然,在强调树立司法权威时,也要有一个共识,那就是要坚持公正、规范司法,唯有如此,司法活动才不会被舆论压歪气节。从近年来的一些重大涉法涉诉舆情事件可以看出,舆论审判之所以受到推崇,冤假错案之所以在舆论的关注下得到纠正,与其说是舆论的胜利,不如说是不公正执法的结果。

(二)借力媒体"议程设置"提高检察机关的话语权

新媒体时代,信息传播格局、社会舆论生态、公众参与方式发生根本改变,人人可以成为记者、编辑和新闻发言人,检察机关面临空前开放、高度透明、全时监督的舆论环境。❶ 在这样的环境下,检察机关应当积极借势各类媒体、媒介,通过"议程设置"来引导舆论的走势,将涉检舆情引向规范、可控的范围。美国学者马克斯韦尔·麦库姆斯提出的议程设置理论认为,大众传播往往不能决定人们对某一事件或意见的具体看法,但可以通过提供给信息和安排相关的议题来有效地左右人们关注哪些事实和意见及他们谈论的先后顺序。❷ "议程设置"为检察机关开展全媒体时代的舆论引导、舆情处置提供重要参考,一方面,检察机关应当树立平等、开放、自信的理念,积极接力新闻媒体,构建相互尊重、相互包容、密切协作的新型检媒关系,结合职责职能设置一些公众关注的话题,并以群众喜闻乐见的方式呈现出来,引导受众目光朝着我们需要的关注焦点上;同时,检媒双方可建立重大敏感突发案件宣传报道及不实报道澄清机制,防止舆情演变成重大公共事件;另一方面,检察机关还要强化新媒体阵地意识,借助微博、微信、手机客户端等平台,搭建自己的官方自媒体网阵,根据新媒体的传播机制和规律,在受众热爱关注的大主题范围内,有选择性地设置一些话题,并实时、主动因需给料,引导公众的关注走势,释放检察机关的信息传播能量。

(三)培养检察机关自己的意见领袖

全媒体时代,虽然人人都有话语权,但只有极少数人的意见能够广泛

---

❶ 尹晔斌:"提升检察机关社会沟通能力的路径",载《人民检察(湖北版)》2015年第4期。

❷ [美]马克斯韦尔·麦库姆斯著,郭镇之、徐培喜译:《议程设置大众媒介与舆论》,北京大学出版社2008年版。

地被接受并传播，也就是所谓的"意见领袖"。每一次公众舆情事件的发生，背后都隐隐约约看到"意见领袖"的声影，并影响着事件发展态势。南京虐童案中，涉案人养母不批捕引发舆论风暴后，办案检察机关迅速作出权威解释，让公众和媒体理性认识到"不批捕不代表养母'没事'了"，从而迅速扭转了舆论导向，这其中实际上扮演了一个"意见领袖"的角色。但是，涉检舆情事件面临的总体现实是，多数被其他领域的"意见领袖"所左右，自己的权威专业声音没有得到传递并引导舆论走向。人民网发布的《2013年中国互联网舆情分析报告》❶对300名知名"意见领袖"进行统计分析，从事行业与所属单位性质来看，新闻媒体圈人数最多，有83人占28%，党政机构26人，比例很低，而来自司法机关的"意见领袖"就更少。虽然检察机关有大量的检察业务专家，但并没有担当"意见领袖"角色，没有在涉检舆情事件中发挥应有的作用。检察机关的业务专家之所以不能很好将自身的专业优势转化为舆论优势，这与检察机关缺少一个统一的意见领袖培养、管理和使用机制有关。从南京虐童案中的舆论走向可以看出，检察机关自己的意见领袖的培养显得迫在眉睫。在"意见领袖"的培养上，笔者认为，不仅局限系统内的检察业务专家，还应广泛吸收德高望重的专家学者、公共知识分子和新闻媒体人士，汇聚各方精英为我所用。同时，作为一名普通司法人员，检察干警应当树立"精英意识"，有意识地培养自己的媒介传播素养，用自己的专业观点和思维引导身边"朋友圈"的人，传播法治正能量。

（四）建立科学有效的管控和预警机制

涉检舆情发生后，如何管控和处置，直接决定舆情的走势，必须要有一套科学有效处置机制，其中核心是要有一个高效运转的领导机构以及工作专班。涉检舆情处置本质上是一场危机管理公关，因此处置的领导决策过程需要遵循危机公关的原理、规则和管控方法。对一般涉检舆情事件，要做好分析研判、密切关注，有礼有节采取跟踪措施，防止发展成为重大舆情；对于重大涉检舆情，一定要第一时间介入，主动回应公众关切，防止事件升级为公共事件。回应公众关切关，关键要做好应急发布，"对于应

---

❶ 载http://yuqing.people.com.cn/n/2014/0318/c364391-24662668.html，2015年6月20日访问。

急发布，一个常见的误区就是：只有等事情真相调查清楚以后，才能发布，这种认识常常会贻误最佳时机，造成无法预料的损害"。❶ "在突发事件的新闻传播中，最可怕的不是记者抢发新闻，而是记者抢发的不是出自政府发布的新闻"。❷ 可见，及时正面回应社会关切的重要意义。首次回应社会关注后，应按照舆情处置与事件处置同步进行的原则，实事求是、客观公正做好调查和处理工作，并及时跟进发布信息，澄清事实，通报结果，以负责的态度接受媒体监督，争取媒体和公众支持，抢占舆论制高点和主动权。做好涉检舆情工作，预警机制也是重要一环，特别是要将预警工作前置到初查、立案、逮捕、起诉以及群众举报、控告、申诉等执法办案的每一个环节，办案人员发现苗头性问题后及时反馈，并采取措施将隐患化解于未然，才能在舆情处置中掌握主动权。

---

❶ 李雪慧：《政法干警媒介素养读本》，中国长安出版社2012年版，第138页。
❷ 黄璜："论媒体在公共突发事件中的责任"，载《经济研究导刊》2013年第20期。

反贪工作中涉检信访案件的化解途径

万国东 刘建勋 汪 玲[*]

【提要】 当前,涉检信访案件数量多、化解难的一个重要原因,就是检察人员的执法行为不规范、案件质量不高。而检察机关自侦部门的执法办案水平,则直接决定着职务犯罪案件的办理质量。因此,如何结合反贪工作特点,提升侦查工作质量,有效化解反贪环节涉检信访问题,是检察机关急需解决的重要课题。

【关键词】 涉检信访 反贪 途径

随着人民群众的法制意识、维权观念逐步加强,在出现一些社会矛盾的时候,有部分人员会选择通过信访手段来引起各方重视,从而达到满足自身利益诉求的目的。反贪工作作为人民检察院的重要职能,在办案过程中,不可避免地会出现因不满侦查环节中的一些措施或手段引发涉检信访的情况。本文围绕反贪工作中涉检信访案件的主要特点、原因以及化解途径等方面谈下粗浅的认识。

一、反贪涉检信访的主要特点

(一)反贪涉检信访网络化趋势明显

随着信息时代的发展,继新闻媒体监督之后,网络舆情监督成为民众表达利益诉求,揭露和控诉各类违法违纪现象的强大阵地。一方面,互联

---

[*] 万国东,湖北省黄石市人民检察院副检察长;刘建勋,湖北省黄石市人民检察院反贪局局长;汪玲,湖北省黄石市人民检察院反贪污贿赂局侦查一处处长。

网加大了政务的透明度,将党政机关的各项事务逐步纳入人民监督的视线之中,为民众表达社情民意创造更为宽松开放的环境,能够推动我国民主法制建设的向前发展。尤其是近年来一些地区开辟的网络信访新通道,也从一定程度上缓解了实地接访的压力,疏通了信访渠道。另一方面,网络也被一些人不正当的利用,导致信访网络舆情危机接连不断地发生,成为误导和煽动民众不满情绪的工具。特别是一些极端的上访者,利用网络的传播力量,制造强大的舆论压力,干扰司法工作人员秉公办案,利用舆情民意曲解法律,恶意利用媒体监督来干扰司法独立。在这种情况下,网络的弊端凸显。[1] 如2014年,黄石市检察院在办理刘某某涉嫌受贿、滥用职权一案时,侦查人员根据犯罪嫌疑人的供述将其转移到其妹妹刘某某名下的银行账户予以依法冻结,但遭到其妹刘某某在网络上发帖,故意扭曲事实,恶意中伤我院侦查人员,妄图影响我院的侦查活动。

(二)反贪涉检信访焦点集中

反贪工作中每个涉检信访案件的实际情况、具体问题各不相同,但信访焦点却相对集中。一是侦查环节中涉及扣押款物问题。由于扣押款物既是侦查活动中一个重要的取证工作,也是依法追缴赃款赃物的需要。往往在反贪工作中会采取冻结的措施,在案件侦结后才会根据规定依法解除冻结或移送法院,而犯罪嫌疑人及其家属为了自身利益对此措施是不情愿的而会有对立的情绪,因此上访人有可能采取比较偏激或者歪曲事实的做法,引发群众和新闻媒体关注,对检察机关的形象造成不良影响。二是侦查环节中采取强制措施问题。因办案需要对犯罪嫌疑人采取拘留或者逮捕等强制措施是反贪侦查活动常见的一种强制手段,而部分职务犯罪嫌疑人及其家属对检察机关的办案程序不了解,对国家法律不清楚,或者因为亲情至上不情愿接受这种限制人身自由的强制措施也易引发涉检信访。如2014年,我院在办理我市某公司实际控制人程某涉嫌行贿一案时,检察机关依法对其采取拘留强制措施,并依法通知了其妻子陈某某。陈某某遂赶到我院反贪局,找到领导和办案人员反映程某不可能犯罪,并大哭大闹坚持要求见到程某、要求放人,在侦查人员耐心地对其说理说法,陈某某了解到检察

---

[1] 崔巍、赵文一、马志坤:"论涉检信访工作面临的挑战和对策",载《法制与社会》2013年第10期。

机关因程某涉嫌重大行贿而被依法立案、刑拘，最终息访。三是侦查环节中发生重大安全责任事故问题。侦查人员在传唤当事人的途中或看管犯罪嫌疑人的过程中，由于侦查人员的疏漏以及犯罪嫌疑人的畏罪心理，使犯罪嫌疑人在办案的过程中致伤、致残甚至致死，无论是哪方的责任，犯罪嫌疑人的亲属都会情绪激动，如果处理不得当，就有可能引发涉检信访。近年来，全国尚有部分地方发生安全事故，我院以其他地方发生的安全事故引发涉检信访案件的惨痛教训为戒，无论在办案区还是在看守所，高度重视办案安全，依法保障犯罪嫌疑人应有的权利。近年来，我院未出现此类涉检信访案件。

（三）反贪涉检信访合理诉求与无理诉求并存

与起诉或者报案等行为不同，涉检信访较少地受到程序法限制，既不会因为举证不足而承担不利的诉讼后果，也没有严格的形式要求，因而信访人提出的诉求五花八门，诉求和证据材料之间也缺乏关联性，各种合理的、合法的要求与无理的、非法的要求相互交织。❶ 如 2014 年，我市某区院办理的张某某涉嫌共同受贿一案，张某某先后被采取拘留、逮捕等强制措施，张某某老母亲带着张某某的 3 个未成年的孩子天天到区院、市院采取堵门、哭闹等非正当手段上访，提出非合理诉求要求立即释放张某某。在这种目的性极强的信访活动中，信访人存在较为固执的想法，只想通过这种施压达到释放张某某的目的，不听任何说理说法，难以接受检察机关作出的处理结论，解决难度相对较大。

二、反贪涉检信访的主要原因

（一）部分群众权利意识觉醒与法律知识匮乏

随着普法和举报宣传活动的深入，群众法制观念普遍增强，对检察机关的职能有了更明确的认识，敢于善于用国家法律维护自身合法权益。过去，公民对司法机关存在畏惧心理，只要司法机关对案子定论了，不敢上诉，不敢告状。现在只要对案子处理不服，就敢于上诉、申诉或者发现司

---

❶ 伊向荣、陈喆：“社会管理创新语境下检察环节信访处置机制研究”，载《海峡法学》2013 年第 3 卷第 1 期。

法人员徇私枉法、违法办案、枉法裁判的，就敢于控告。❶ 从这个角度来说，群众权利意识的觉醒是近年来涉检信访案件上升的重要原因之一。通过正常的渠道表达正当的诉求是值得肯定的，同时，也有部分上访人员的思想认识存在误区。由于部分公民法律知识匮乏，一旦遇到涉检事宜或纠纷，不是实事求是的在法律、政策准许的范围内向当地检察机关及时反映，以求尽快解决。而是先入为主对检察机关的工作作风持怀疑态度，直接赴上级机关上访，期望上级机关向下级机关督促并施与压力。部分上访人员为求得问题尽快解决，过分夸大事实，歪曲真相，采取过激手段，举着"喊冤"等标语上访，甚至趁"两会"期间闹访，企图将事态扩大，造成恶劣的社会影响。有的甚至携带凶器、易燃易爆等危险品上访，企图把事情闹大，有意采取这些手段通过上级机关向下级施压，认为这样做才能使有关部门高度重视，事情才能得以快速了结。

（二）侦查人员的侦查活动存在瑕疵

检察机关执法活动确实存在不容忽视的瑕疵问题。在反贪工作中，我们有些侦查人员"重实体、轻程序，重口供、轻证据"的办案思维方式依然存在。有些案件是依法处理的，结果也是公正的，但由于侦查人员在办案过程中说话不注意，或执法程序不严谨，有的答复或所出具的法律文书不规范等，被群众抓住把柄，认为检察机关办案不公正，这是引发涉检信访的重要原因之一。❷ 再者，还有一些反贪部门为了追求办案数量，对贪污贿赂案件立案标准把握不严，定性不准也会引发涉检信访。特别是有的地方反贪部门对贪污贿赂案件不应当立案而立案，虽说到最终这些案件的犯罪嫌疑人勉强被作了不起诉、被法院判决免于刑事处罚或无罪甚至撤销案件。但由于检察机关的立案侦查以及诉讼活动的延伸给这类人员及其亲属在工作和生活上带来不良的影响，选择去检察机关上访来要求解决自己的问题就是最正常不过的行为了。再如，在侦查活动中，侦查人员如果只注重收集有罪或罪重的证据，忽视收集无罪或罪轻的证据，就不能对案件进

---

❶ 孙浩："浅谈当前涉检信访的特点原因及对策"，载《市场周刊（理论研究）》2011 年第 10 期。

❷ 高雪梅、薛丽："对涉检信访矛盾化解工作的思考"，载《法制与社会》2013 年第 9 期（中）。

行客观全面的综合评断，导致犯罪嫌疑人涉嫌犯罪的数额加大、犯罪情节加重。有的侦查人员忽视对犯罪嫌疑人在自首、立功等法定情节上的证据收集，导致不能减轻或从轻处罚。犯罪嫌疑人及亲属就有可能以信访的方式来引起重视，而获得轻判。在渴求得到轻判的心理状态下，肯定会以各种方式来信访以达到目的。

（三）反贪涉检信访工作机制不健全

一是涉检信访风险评估机制不健全。严格地说，侦查活动的每一个环节都有可能引发涉检信访的风险，侦查部门更重视职务犯罪的侦查，一般没有严格的在各个侦查环节防范涉检信访的风险评估机制，往往只是等到涉检信访案件发生了才会有针对性的被动的接访。在没有提前防范涉检信访风险的情况下，不能杜绝或减少发生涉检信访，一方面错过最佳的处理信访案件的时机，不能消灭涉检信访于萌芽状态，另一方面由于被动应付，往往准备不充分，不能合理答复上访人的诉求，容易造成事态的进一步扩大。二是涉检信访接待机制不健全。目前大部分侦查部门尚未指定安排专人负责涉检信访，在处理涉检信访时安排人员了解涉检信访所提及的事情，也不一定是该案的侦查人员，这样就很难及时给予上访人满意的答复。加之个别接待人员法律政策水平不高、工作责任心不强，接待工作不规范，工作方法简单，对信访问题不能做出正确的解答和圆满处理，对信访群众简单打发了之，对举报和处理结果，口头答复的多，书面说理答复的少，难以使信访群众心服口服，致使矛盾激化。[1] 三是涉检信访协调机制不健全。反贪涉检信访案件同样属于控申类案件，一方面反贪部门与控申部门之间的责任划分不明确，少数情况下存在相互推诿的现象。另一方面反贪部门与控申部门信息传递不够，反馈时效性差，影响了涉检上访的解决最初时机。

---

[1] 王荣波、杨明、郭进："完善涉检信访工作机制初探"，载《法制与社会》2013年第10期（中）。

三、反贪涉检信访的化解途径

(一) 坚持预防与化解并重

化解新形势下的反贪工作中出现的涉检信访案件，需要检察机关从积极预防和妥善处理两个方面入手，不断完善信访工作机制，以增强处理信访问题的效率、效果。一是积极预防，做好反贪涉检信访风险科学分析，把预警触角有效延伸。针对可能出现涉检信访案件的高发环节有重点的进行研判，掌握涉检信访工作的主动权，提前制定信访风险化解和处置预案，以便沉着应对，防止事态失控，同时把预防涉检信访纳入案件质量标准。二是妥善处理，排忧解难，以真情、热心对待信访群众。接访人员要有法律专业知识和社会知识，还应具有一定的谈话技巧，既要维护检察机关的良好形象，又要让上访人得到满意的回复。既不能表态、许愿，也不能简单粗暴，接访者不能与上访者形成对立面，要通过热心接待，自觉做到"四个一样"，即不分生人熟人，一样认真接待；不论事大事小，一样认真受理；不分当地外地，一样认真解决；调查结果不管虚实，一样认真回复。努力把纠纷和矛盾解决在基层，化解在萌芽。对存在息访松动苗头的访户，做好善后补救工作；对息访重点户持续稳控，保持回访联系，尽量帮助解决生活困难等切实存在的难题，彻底消除信访隐患。三是加强宣传引导，让群众树立正确的涉检信访观。充分利用电视台、报刊、宣传册、网络等渠道。以案说法，以案释理，让群众了解关于涉检信访方面的相关政策、法规，提高公民法律意识。对群众提出的一些疑难问题，要经过探讨后有理有据的统一答复。本着对群众高度负责的精神，依法公正地处理好上访问题，区别性质，因势利导。对那些无理上访、缠访以及利用上访敲诈勒索、蛊惑人心、煽动闹事、破坏社会秩序的依法予以处理，以维护法律尊严。❶

(二) 规范反贪侦查人员执法行为

一是要转变执法理念。由重实体轻程序转变为实体与程序并重，严格

---

❶ 刘根海、周瑞华：〝浅谈如何做好新形势下的涉检信访化解工作〞，载《探索争鸣》2013年第3期（上）。

依法办案，保证在每个办案环节都以程序合法为第一要件，把每一份证据都取的扎扎实实，避免任意执法、随意执法，才能在事实与证据上消除涉检信访案件的隐患。由重打击轻保护转变为更加尊重人权，做到既依法履行法律监督职责，保护人民群众的基本权利，又依法保障包括犯罪嫌疑人、被害人及其家属、证人、申诉人、被申诉人等在内的所有诉讼参与人的合法权益，把尊重人权、保障人权作为基本的工作准则。由重法律效果转变为重综合效果，做到既强调运用法律手段解决冲突，又不断提高自身化解矛盾的能力和水平，避免引发新的矛盾和问题，最大限度地增加和谐因素，减少不和谐因素。❶ 二是要改进执法方式。规范讯问过程，严格按照高检院的规定执行，对职务犯罪案件实行全程同步录音录像，允分发挥同步录音录像对侦查讯问活动的监督作用，从制度层面遏制刑讯逼供等违法侦查活动的发生。规范执法手段，采用更为人性化的执法手段，减少不必要的矛盾，避免给有关人员、单位造成不必要的负面影响。如外出取证不穿制服、不开警车、不鸣警笛，尽量较少的查封、扣押、冻结涉案物品、资金、账户等财产，尽量较多的采取取保候审、监视居住等非羁押性强制措施等。

（三）建立健全反贪涉检信访工作长效机制

一是要建立完善涉检信访工作责任制。贯彻执行好首访责任制和接待负责制。首办人员应本着高度负责的态度，尽量争取首案息访结果。这就要求信访个人接待责任制要落实到位，明确接访人的职责和任务，掌握接访技巧和解释规律，切不可敷衍塞责，推诿责任。如果案件经过首访继续往下一环节走下去，应该首先和首访接待人员沟通，尽快找出问题和没有解决的要点，并追查接访人员是否真正做到切实按照要求了解申诉控告人的想法和诉求。对于敷衍和推脱责任的接访人员应给予相应的处分，以督促他们真正能够从源头上控制和处理好涉检信访案件。检察机关应将接访的实际效果和重信重访的案件回流量作为机关考核的重要内容，形成工作制度和量化标准，才能够真正落实此项责任制的贯彻执行。❷ 二是要建立完善联系协调机制。反贪部门要主动加强与控申部门的联系协调，定期召开

---

❶ 范荣生："三十年规范执法路"，载《人民检察》2008年第13期。
❷ 崔巍、赵文一、马志坤："论涉检信访工作面临的挑战和对策"，载《法制与社会》2013年第10期。

情况通报会，实现信息共享，共同努力化解涉检信访案件。案件审查起诉后，对于存在涉检信访风险案件，反贪部门应及时向公诉人说明案件侦查中存在涉检信访的风险及处理情况，做到侦查环节和公诉环节的完美衔接，防止因案件程序变更而引发涉检信访风险的发生。

另外，职务侦查犯罪案件在侦查活动中，律师介入较早，对有的犯罪嫌疑人的家属，以敌对的心理状态来上访，我们在耐心细致地做好息访工作的同时也可以联系律师对家属就法律以及侦查活动的程序上的问题予以解疑，也可解决犯罪嫌疑人及其家属对检察机关反贪部门的敌对情绪的扩散。

总之，反贪工作中涉检信访案件不可避免，我们要先预防出现涉检信访案件，对于已经出现的也要根据形成的机制迅速做好启动，及时解决矛盾。

第三部分　涉检信访制度改革与多元化治理

董必武信访法制思想探究[*]

秦国文[**]

【提要】 董必武信访法制思想是其在中国共产党局部执政乃至依靠政策、运动治理国家的历史背景下试图运用法制手段治国理政的有益探索。紧密结合一定时期的中心工作、政权建设等展开，体现了其信访法制思想的人民性、公正性、程序性。其核心是依法办事，目标是为人民服务，坚持情法理相融，分类治理。

【关键词】 董必武 信访 法制 依法办事

中共一大代表董必武是中国民主法制事业的开拓者、奠基人。土地革命时期，任中华苏维埃临时政府最高法院院长和工农检察委员；解放战争时期，担任华北人民政府主席；1949年新政协筹备期间，主持起草《中央人民政府组织法》；中华人民共和国成立后担任政务院副总理兼政务院政法委员会主任；1954年9月当选最高人民法院院长；1959年4月当选为国家副主席。与中共第一代其他领导人相比，谈法律问题最多、最接近世界通行法律观念的[1]董必武更习惯以法律理性的视角分析问题，有学者认为他是中共党内坚决主张法治的第一人；[2] 凭借娴熟的法律知识、丰富的社会实践、过人的政治智慧，曾经领导过中共的纪检监察、财经、统战和政法工

---

[*] 本文是最高人民检察院一般课题"涉检信访工作机制改革研究"（课题编号 GJ2014C38）和湖北省人民检察院重点课题"涉检信访工作机制改革研究"（课题编号 HJ2013A07）的阶段性成果。

[**] 秦国文，湖北省黄石市人民检察院副检察长，湖北省检察业务专家。

[1] 范忠信："董必武与新中国法制观念的局限性"，载《法学家》2003年第4期。

[2] 萧伯符："'信法'与'守法'——董必武有关法律思想及其现实指导意义"，载《法学》2002年第12期。

作,实现了"无产阶级革命家、政治家和马克思主义法学家、法律家的完美结合"。❶ 薄一波谈到中共八大成果时讲:"在经济领域以外的,要算董必武同志关于法制建设的观点最为重要。""他明确提出了党政职能分开的原则,认为加强民主和法制建设,可以使党和政府的活动做到'有法可依'、'有法必依'。在群众运动一个接一个的年代,他对法制建设的认识达到这样的境界,是很可贵的。"❷ 邓小平同志在十一届三中全会上提出社会主义法制16字真经"有法可依,有法必依,执法必严,违法必究",在董必武的法制思想当中都可以找到踪影,当下中国的依法治国理念其实与董必武当初提出的依法办事原则一脉相承,依法治国的本质其实就是依法办事。

为规范处理人民来信和接见人民工作,1951年6月7日政务院公布《关于处理人民来信和接见人民工作的决定》(以下简称《决定》),信访是中华人民共和国成立后因公权力机关处理民众来信来访才出现的一个专有名词,中国"信访"用语出现之时,❸ 董必武在政治法律方面已经基本不再发声,或者改谈植树造林等问题。从信访本质不外乎信访人通过来信来访向公权力机关反映自己的诉求(意见、建议等),要求引起重视加以解决的角度而言,董必武所谈论的是大信访,而绝非仅是狭义的行政信访。纵观董必武一生专门谈论信访法制工作的文章讲话屈指可数,专论信访的篇幅亦有限,而个人著述更是难得一见,其处理信访工作的法制思想散见于他的演讲报告、刊物文章之中,交织于政权建设、司法建设诸方面;中华人民共和国成立后,政法同体、党政不分、诉访合一背景下的信访与当下诉访分流语境下的信访不可能完全相同。但是作为人类社会发展到一定阶段的历史产物,公权力机关对于民众"来信来访"诉求的处理活动总有规律可循,研究董必武的信访法制思想是以董必武为视角对当代中国信访制度的另一种历史考察,对于当下的信访法治化一定会有所帮助,正所谓

---

❶ 陈新:"董必武:革命家与法学家的完美结合",见《董必武法学思想研究文集(第七辑)》,人民法院出版社2008年版,第347页。

❷ 薄一波:《若干重大决策与事件的回顾》,中央党校出版社1991年版,第496页。

❸ 1966年7月,中央办公厅秘书室改为信访处,党政机关内部正式承认"信访"一词;1971年《红旗》刊登《必须重视人民来信来访》,第一次把人民来信来访工作简称"信访工作";2002年7月19日,中共中央办公厅、国务院办公厅在《关于进一步做好村民委员会换届选举工作的通知》(中办发〔2002〕14号)中第一次明确使用"信访权"概念。

"将过去的真实予以新价值,以供现代人之鉴"。❶

一、董必武信访法制活动的历史考察

(一)青年学生时代的维权实践

董必武在文普通学堂读书期间领导学生维权。❷ 一是争文凭的按期发放。1909年湖北提学使司为创办文高等学堂,决定将文普通学堂学生不发毕业证而直接转升高等学堂,而一些家境贫寒学生盼凭毕业证早点养家糊口,众人便荐董出头率同学据理力争,最终迫使当局收回成命,发放毕业文凭。二是争考试的公平。1910年,不少学生因提学使司考平时没学过的内容而不及格,大家公推董率众找教育行政当局说理,经过努力,当局更改应试同学考分。我们不能苛求董必武当时能完全明白其行为的全部意义,但是通过合理诉求成功维权的实践对其产生的影响不可低估那是肯定的。

(二)在党局部执政期间的信访法制活动❸

参与制定《湖北目前最低政纲》。国共合作期间,董必武对于湖北的言论自由权问题高度关注,国民党"一大"后负责领导湖北党建、工农运动。1926年年底,参与制定《湖北目前最低政纲》,提出人民具有言论自由等权利、废除军阀政府的一切反动制度等21条最低纲领,有力回应工农运动、北伐战争。❹

(1)倡议并参与立法惩治腐败。1932~1934年,董必武在中央苏区负责监察、司法工作,经其倡议、参与,苏区先后颁布多个法规《工农检察部的组织条例》《政府人员惩办条例》《怎样检举贪污浪费》等多个法规,❺

---

❶ 梁启超:《中国历史研究法》,上海古籍出版社1998年版,第148页。

❷ 柯新凡:"董必武法制思想形成历史过程初探",载《河南大学学报(社会科学版)》2004年第6期。

❸ 有学者认为,第一次国共合作是中共局部执政的最初开端。见游斐:《中国共产党执政行为的分析框架》,北京大学出版社2012年版,第96页。

❹ 王军转:《董必武"人民司法"思想研究》,浙江师范大学2012年硕士学位论文,第16~17页。

❺ 王胜国:"董必武的反腐败思想及其当代价值",载《廉政文化研究》2013年第3期;蔡子丽:"董必武处理信访工作的法治思维初探",载《海军工程大学学报(综合版)》2014年第1期。

使得局部执政的共产党惩治腐败有序开展。

（2）鼓励控告。中央苏区工农检察部为便利群众控告，特设控告局，控告箱盖上特书"苏维埃政府机关和经济机关，有违反苏维埃政纲、政策及目前任务，离开工农利益发生贪污、浪费、官僚腐化和消极怠工现象，苏维埃公民无论何人都有权向控告局控告"。❶

（3）肯定检举，纯洁队伍。董必武1934年5月在党刊《斗争》上发表《把检举运动更广大的开展起来》，肯定检举揭发的意义，认为检举目的在于"改善我们的地方机关"，"不让一个阶级异己分子、嫌疑分子及不可靠的分子，存留在任何机关内。这是保证任何机关都能适合战争需要的先决条件"。❷

（4）对"肃反"疑难案件的甄别。受组织安排，1935年12月至1937年2月任中共中央审查委员会书记，专门审查处理陕北地区的"肃反"事件，妥善处理了一批疑难检举、揭发、控告案件，保护了大批干部。❸

（5）为刊行自由聘法律顾问。1937年9月董必武受命到国统区工作，他聘请与其有同乡旧谊的当时大名鼎鼎的张国恩律师为《新华日报》常年法律顾问，以子之矛攻子之盾，"对捣乱分子产生了一定的震慑作用"，为《新华日报》倡导言论自由、刊行自由提供有益帮助。❹❺

（6）保障人权。1945年，董必武赴美出席联合国大会期间，在华侨举

---

❶ 王显堂、陈鸿滨主编：《信访学概论》，辽宁大学出版社1987年版，第21页。笔者认为，相比控告箱盖上的内容而言，《决定》规定"对于反动分子借人民名义向政府提出的带有挑拨性或试探性的问题，则不要答复"。显得有点底气不足，对于反动分子借人民名义如何界定本身需要甄别，其次难以统一标准？没有把来信来访的权利看作是每一个公民应有的民主权利，而是当成一种可以随时剥夺的政治权利。相比控告箱盖上的特书凡苏维埃公民皆有权控告，上升到公民权利的高度，在当时背景下实在难得。

❷ 湖北董必武法学思想研究会：《董必武思想与实践研究文集》，武汉出版社2009年版，第315页。

❸ 李蓉："董必武对中国抗日战争伟大胜利的重要贡献"，见《董必武法学思想研究文集（第十一集·下册）》，人民法院出版社2012年版，第863页。

❹ 郑惠、张静如：《中共一大代表丛书〈董必武〉》，河北人民出版社1997年版，第200~201页。

❺ 现代中国比较宪法学者王世杰、钱端升20世纪上半叶就认为人民的基本权利包括意见自由，意见自由涵盖了言论、著作、刊行自由等，认为狭窄的言论自由不足以包括意见自由的全部。见王世杰、钱端升：《比较宪法》，中国政法大学出版社1997年版，第83~84页。

办的演讲大会上宣讲,共产党的任务是实行民主政治。"中国共产党在解放区保证人民有民主权利,有集会、结社、言论、出版、信仰等自由。中国共产党在解放区保障了人权与财权"。❶

(7)提倡话语权与批评权。董必武主张"群言堂",鼓励大家不要怕讲错话,人难免讲错话,有权批评错话,必须让大家说话,综合各方观点方能全面认识事物。他在1948年的全国土地会议上说,"不要人讲错话,就是阻止同志的发言"。这与其大力倡导党内民主,认为"我们党所以进步,就靠批评与自我批评,不能掌握批评与自我批评,就是自杀"相呼应。❷

(三)中华人民共和国成立后的信访法制活动

处理好人民来信。董必武1954年讨论第三次全国监察工作会议报告时,提出监察工作的三大任务之一就是处理好人民来信。❸

结合法院组织法的贯彻,查改信访工作。董必武作为最高人民法院院长高度重视人民法院的信访工作,1955年曾结合贯彻法院组织法,检查、整顿信访工作。在向一届全国人大常委会报告工作时,分析了一届全国人大一次会议以来最高人民法院处理来信来访工作的具体情况,针对1955年第一季度的涉法申诉问题,他批评了最高法的"推事主义"的作风和积压来信现象。❹ 1957年7月,批评有的法院把说牢骚话、要求退社的行为混同为政治破坏行为。❺ 要求法院充分认识认真做好来信来访工作的重要性,宣传政策法律,及时了解、调整某些人民内部矛盾。不能以官僚主义的作风处理来信来访,否则可能会导致当事人和相关人员同法院发生新的矛盾。❻

为经济建设服务。尽管董必武没有明确提出"信访工作必须为中心工作服务",但1954年3月~1955年4月,他先后多次强调"政法工作为经济

---

❶ 董必武:《董必武政治法律文集》,法律出版社1986年版,第14页。
❷ 这与久加诺夫反思苏联共产党解体的教训之一就是垄断真理有异曲同工之妙。见"久加诺夫谈十二个历史教训",载《国外理论动态》1996年第16期。
❸ 三大任务:"第一是监督国家机关执行政策;第二是保障经济建设;第三是处理好人民来信。"见《董必武法学文集》,法律出版社2001年版,第226页。
❹ 董必武:《董必武法学文集》,法律出版社2001年版,第259~260页。
❺ 同上书,第403页。
❻ 同上书,第410页。

建设服务""检察院机关如何为经济建设服务""司法工作必须为经济建设服务"。❶ 在政法合一的时代背景下，为实现党的政治目标、中心工作服务，信访工作不论是站在政府工作范畴还是站在司法工作角度必须为经济建设服务是应有之义，也是信访工作在加强经济建设时期与时俱进的必然选择。

二、董必武信访法制思想的主要内容

（一）一切国家机关要依法办事

"共产党是为民族、为人民谋利益的政党，它本身决无私利可图"。❷"国民党在全中国范围内因为它的党员不遵守它领导的政府所颁布的法令而遭到国人的痛恶，这是我们应当拿来作为鉴戒的"。对于董必武而言，从革命党向执政党的艰难转型刻不容缓，"国家的任务已经由解放生产力变为发展和保护生产力"，国情变了，工作方法也要随之变。❸ 因此，1956年9月，董必武在中共八大上讲，一切国家机关而不仅仅是"公安、检察、法院"，都必须依法办事。依法办事，是我们进一步加强人民民主法制的中心环节。"依法办事的意义：其一，必须有法可依。这就促使我们要赶快把国家尚不完备的几种重要的法规制定出来……其二，有法必依。凡属已有明文规定的，必须确切地执行，按照规定办事。"❹

早在1948年华北政府成立的讲话中，董必武就认为新政权应该按法律规章制度办事，❺ 实质就是要依法办事。中华人民共和国成立之初他讲，"今后如果要按法制办事，就必须着重立法工作"。❻ 这可看出董必武对于未来执政的曲折有着惊人的预测，以何种模式治国，不可能按其意图转，加上假设，谨慎表明态度，回味无穷。1975年3月5日，董必武90岁生日赋

---

❶ 董必武：《董必武法学文集》，法律出版社2001年版，第170页、第185~186页和第246页。
❷ 毛泽东：《毛泽东选集（第3卷）》，人民出版社1991年版，第809页。
❸ 董必武：《董必武法学文集》，法律出版社2001年版，第379~380页。
❹ 同上书，第352页。
❺ 董必武：《董必武政治法律文集》，法律出版社1986年版，第41页。
❻ 董必武：《董必武法学文集》，法律出版社2001年版，第166页。

诗《九十初度》,[1] 其中“五朝弊政皆亲历，一代新规要渐磨”耐人寻味，表明在其对未来充满乐观的同时，至少认为当前的治国理政之法之规与时代的需求有距离，仍需进一步打磨。笔者进一步揣摩，是否还意味着董必武在反思“我们在废除‘六法全书’的时候，不会想到‘娜拉走后怎么办’，不会想到废除旧法以后，新法是否能马上制定出来，更不会想到的是，废除旧法后多年居然没有新法出台，而只是靠随时可以变更、撤销的政策来规范如此庞大的一个国家”。是否在反思“不问青红皂白，全盘抛弃一个我们摸索了若干年才找到的工具，至少是不经济的”?[2] 我们不得而知，但是十一届三中全会之后，基本法律的迅速出台至少是对“一代新规要渐磨”的有力回应。

（二）信访工作要理、法、情的统一

清代余樾（曲园）曾指出：“通达治体于天理、国法、人情，三者皆到，虽老于吏事者，不能易也。”[3] 董必武的法制智慧在于对于现实社会乃至人性有着清醒的认识与精明的把握，天理、国法、人情的统一体现了其政治家的敏感、法学家的明智。

要考虑人民群众法律道德素养的整体水平。中国传统文化在董必武的信访法制思想中留下了深深的烙印，处理问题要考虑民众的思想认识能力、心理承受程度。对于人民陪审员制度，董必武认为，“人民陪审员能把人民群众的生活经验和法律意识、道德观念带到法院里来运用”。[4] 解释法律之所以规定 23 岁以上的成年人才能当审判员时讲，“当审判员，要懂得些法学知识，还要懂得人情物理。作审判工作，只懂得法，不懂得人情物理，法学博士也不一定能搞好审判工作”。

法律没有明文规定不能成为推脱责任的借口。要站稳立场，不能把依法办事当成不给老百姓真正解决问题的挡箭牌。[5] “法只能是办事的准绳，

---

[1] 该诗全文为：“九十光阴瞬息过，吾生多难感磋跎。五朝弊政皆亲历，一代新规要渐磨。彻底革心兼革面，随人治岭与治河。遵从马列无不胜，深信前途会伐柯。”

[2] 李龙、刘连泰：“废除‘六法全书’的回顾与反思”，载《河南省政法管理干部学院学报》2003 年第 5 期。

[3] 翁传照：“书生初见”，见《官箴书集成（第九册）》，黄山书社 1997 年版，第 355 页。

[4] 董必武：《董必武法学文集》，法律出版社 2001 年版，第 407 页。

[5] 董必武：《董必武政治法律文集》，法律出版社 1986 年版，第 521~522 页。

只有从实际出发,对事务的本身和它相关联的各方面,加以周密的分析,才能达到妥善办事的目的",❶ 不能以法律没有明文规定而将人民群众拒之门外,不能以没有可以适用的法律而对有违常理的事情不闻不问,法律之外还有党的政策、纲领。"我们党和国家过去提出的许多代表最大多数人民利益和要求的政策、纲领……实质上都起了法律的作用",执法机关不能仅仅满足于字面上严格遵守法律规定,如法律规定与实际情况有出入时,应依法定程序及时变通。公权力者即便没有法律(政策)可用,也会有被社会所普遍认可的"天理""人情物理"可鉴。董必武要求"司法工作者要守法,也一定要养成灵活性,根据各个地区不同时期的不同情况,当宽当严要善于掌握分寸"。基于此,完成实质正义,既要充分考量法律因素,"法度之外、情理之中"的民情民意民俗亦要高度关注。

(三) 信访工作规范化

在董必武看来,信访工作要规范化、程序化、制度化。

(1) 领导专责化。信访责任要到人,不能泛化,不能空转,领导不能当甩手掌柜。"做好人民来信、来访工作的重要关键还在于法院领导同志对这项工作的重视。各级人民法院应当在院长、副院长中,指定一人亲自掌管这项工作,审查一些重要来信,亲自接见一些来访的人员"。

(2) 建立处信和接访制度。他要求最高法建立"处理重要来信和轮值日接见来访群众的制度,以便更妥善地解决人民群众提出的问题……并通过这项工作,实行对下级人民法院的审判监督"。❷ 通过制度加强与信访民众的互动,同时借力民众的信访投诉监督下级机关的履职,一定程度上弥补了执政党执政经验不足的缺陷,对于下级公权力的行使也是一种震慑。

(3) 建立档案制度。早在1934年,董必武就主张司法机关严格办案手续,为使有据可查应建立档案制度,即使被人诬陷为"文牍主义",也始终坚持其主张。❸ 信访工作档案化其实质也是规范化的一种。政务院《6·7决定》规定"对于处理人民来信和接见人民的工作,应建立登记……存档等各项制度",是对董必武主张建档制度观点的一种吸收。

---

❶ 董必武:《董必武政治法律文集》,法律出版社1986年版,第488~489页。
❷ 董必武:《董必武法学文集》,法律出版社2001年版,第259~260页。
❸ 罗宁:《董必武宪政思想评析》,四川师范大学2013年硕士学位论文,第23~24页。

（4）信访工作程序化。"从某种意义上说，法治首先体现为形式正义，它也首先尊重形式正义"。❶ 现代法治理论成熟的一个重要标志就是对形式正义的肯定与追求。程序正义在董必武看来是文明社会的自然逻辑，程序规范、正当、公开是程序正义的应然要求。工作要讲手续。"过去好多事情不讲手续，正规化起来，手续很要紧……不讲形式，光讲良心和记忆，会把事情办坏的"。❷ 工作要有程序。"工厂有操作规程，我们办案子也有操作规程，那就是诉讼程序。按照程序办事，可以使工作进行得更好，更合理、更科学，保证案件办得正确、合法、及时，否则就费事，甚至出差错"。❸ "世界上任何实质的东西，没有不以一定的形式表现出来的。形式主义与形式是两回事"。❹ "资产阶级形式主义的那一套，我们是不要了，但也应该有个适合我们需要的规程"。❺

（5）反对无休无止，反复审理。1954年6月24日，在政务院政务会议上，董必武谈及人民群众来信来访问题时认为，原本规定三审终结，"现在实际是多级"，有的"三审后告到毛主席那里，又得重来"。❻

（四）信访工作的评价标准

维护人民的正当权益是董必武信访法制思想的基本观点。判断信访是非、"定纷止争"需要一个基础性的标准，"就是一切以广大人民的利益为标准"，❼ 对于纠争要具体问题具体分析，依照法律规定、政策精神处理各类矛盾。

（1）实事求是的标准。处理民众的信访需要客观理性，而不以当事人满意作为唯一的标准。俗语说"无谎不成状"，当事人的陈述往往可能有不实不尽之处。"群众对政府的批评也许有错误的可能"；"政府所做的，也有时为群众所不了解，因而发生误会"；❽ "我对任何问题在头脑中的第一个反

---

❶ 孙笑侠："法的形式正义与实质正义"，载《浙江大学学报（人文社会科学版）》1994年第5期。

❷ 董必武：《董必武政治法律文集》，法律出版社1986年版，第30页。

❸ 同上书，第548~549页。

❹ 同上书，第521~522页。

❺ 董必武：《董必武法学文集》，法律出版社2001年版，第417页。

❻ 同上书，第225~226页。

❼ 同上书，第33页。

❽ 同上书，第4页。

应,总不急于去肯定或否定,而是经过反复调查、思考之后,才表示态度,这样对问题的认识和处理就可以少犯或不犯错误"。❶ 要学会从各种不同的意见当中分析对错,"要学会分析什么是正确的,什么是不正确的,这对我们自己也是一个锻炼"。❷ 对于宪法草案初稿的讨论、对于信访工作都要如此。董必武认为以当事人的满意作为纷争化解标准是不符合实际的。当事人被判了刑,不可能。民事案件也有是非之分,"判决是很难使双方都满意的",❸ "对别人提的意见要分析,意见有不正确的,不能都采纳,对提意见的人来说也就不能都满意"。"'几满意'的这种提法是一种空泛的口号,是不符合实际的"。❹ 董必武1934年2月处理红军大学控告箱里一封匿名信的经过充分体现了其实事求是的信访法制思想:控告要有根据,不能借控告而诬陷;处理控告要实事求是,避免扩大化。❺

(2) 依法办事的标准。董必武在中共八大上讲依法办事,有法可依、有法必依。依法办事要求实体公正、程序正义。倾听人民的意见,但是不等于一切屈从于社会民众的舆论,司法机关最终应当根据法律作出正确的裁决。董必武同志关于程序价值的认识已经达到很深的层次。他说(法院)开庭有开庭的规矩,如果不经过一定的程序,就把案子判了,那么这个判决是违法的。❻ 他在1954年11月19日召开的司法工作座谈会和检察工作座谈会上指出,法院的判决不仅要使当事人信服,更重要的是判决要符合广大人民的意志,要使群众信服。"如果没有辩护,就是判得再正确,也不足使人口服心服。不准辩护会使我们的错案更多"。在董必武看来,司法的公信力体现在当事人和社会公众对司法判决的信服。❼ 程序法的价值不仅具有保障实体法得到正确实施的功能,还具有让群众接受法制教育、提高司法行为的效率等功能。

(3) 便利人民的标准。"要学习为人民的简便方法,因为我们政权的基

---

❶ 《董必武传》撰写组:《董必武传(1896~1975)》,中央文献出版社2006年版,第1052页。
❷ 《董必武年谱》编纂组:《董必武年谱》,中央文献出版社2007年版,第431~432页。
❸ 董必武:《董必武法学文集》,法律出版社2001年版,第339页。
❹ 同上书,第416~417页。
❺ 冯都:"董必武处理匿名信",载《文史博览》2006年第4期。
❻ 董必武:《董必武政治法律文集》,法律出版社1986年版,第459页。
❼ 董必武:《董必武法学文集》,法律出版社2001年版,第238页。

本性质是为人民服务的"。❶ "即使我们的立场站得稳，但工作方法不好，不注意方便群众，造成案件拖拉积压，人民就已经不耐烦了，还会说：'在国民党当政时打官司要钱多，在共产党掌权时打官司要寿长'"。❷ 要求法院简化办事手续，尽量从"便利于人民着想，尽量使手续简化，在农村和大城市不要强求一样"。❸ 让普通民众对于公平正义看得见、摸得着、感受得到，正义的实惠最终能够享受得到，而不是水中月、镜中花，可望不可即。纠纷处理程序一旦过于繁杂，解纷机制缺失便利，长此以往，民众对司法、对公权力自然敬而远之，其正当性亦受质疑。本着对中国传统法律文化的尊重和理解，以实质正义统领程序正义，提出司法的便民原则，强调要"尽可能采取最便利于人民的方法解决人民所要求我们解决的问题"。在编制法院组织法与检察院组织法时，董必武要求体现"便利人民"的思想，贯彻执行这两个组织法时格外强调："这两个组织法的基本精神都是便利人民。"❹ 对于董必武而言，既要遵守程序实现程序正义又要便利民众，实现两者的统一。❺

（五）信访治理的类型化

对性质不同的事物分类治理，采用不同的治理手段和策略，表明国家治理艺术的精致、细腻程度。董必武对于中国民众有一个基本评价：一般来说，老百姓是讲道理的。❻ 信访制度的本质是要将民众的"怨恨不平之气"化解掉。董必武要求监所等单位必须坚决彻底肃清虐待犯人的行为，

---

❶ 董必武：《董必武政治法律文集》，法律出版社1986年版，第52页。
❷ 同上书，第277页。
❸ 董必武：《董必武法学文集》，法律出版社2001年版，第411页、第48页。
❹ 同上书，第237~238页。
❺ 俞荣根、曾绍东："董必武司法改革思想的启示"，载《江西财经大学学报》2010年第4期。
❻ 有学者在研究中国农民进入人民公社的进程表现时亦提出类似观点，认为中国农民是比较淳朴、老实的。当年苏联将（土地）"公有私耕"的村社改造为公有公耕的集体农庄付出惨重代价：卷入暴动的农民仅1930年初就达70万人，遭逮捕、流放的"富农"上百万人，出动成师的正规军镇压、甚至动用了飞机大炮。费时4年的"全盘集体化运动"，农民杀掉了半数以上牲畜。见沈志华：《新经济政策与苏联农业社会化道路》，中国社会科学出版社1994年版，第422页、第432页。而响应共产党"打土豪分田地"的中国农民一旦进入人民公社只用了较短的时间，也并未出现如同苏联式的普遍暴力反抗。见秦晖："'大共同体本位'与传统中国社会（上）"，载《社会学研究》1998年第5期。

认为这是违反革命人道主义的严重违法行为。❶ 对罪犯的人格要尊重，不允许辱骂、体罚、虐待、刑讯逼供，要依法保障其申诉权、辩护权、控告权等合法权益，除极个别罪大恶极的确需要依法判死刑的罪犯，都要给他们重新改造做人、回归社会、成为社会新生力量的机会。对罪犯尚且如此，观其重见其轻，董必武的执法理念其实已经明白无误的告诉人们应该如何对待信访民众，更何况"群众来信中好的是多数，坏的是少数"。❷（1）对于群众指出的缺点，我们自己要检查，尽管老百姓看问题有时不很全面，但是对于各方面的意见建议，要有则改之，无则加勉。❸（2）群众的批评也有错误的可能，群众也会产生误解，如不是缺点，必须向群众解释、说服。要相信群众是可以说服的，切不可借故打击、报复。❹（3）有道理的信访要高度重视，有错必纠，"申诉如有理由，案件如确有再审的必要，就按照审判监督程序进行再审"。（4）"申诉如无理由，应当根据政策、法律和案件情况，对申诉人进行耐心解释，尽力做到以理服人"。（5）依法治理闹访，保障社会秩序。任何一项权利自由都有其应有的边界，信访同样有自己的自由边界。对于政府而言，信访制度既要满足民众的信访需求，同时又要能够保证信访秩序得以维持而不至于失控。在防止政府"滥用权力"的同时，防止个人"滥用自由"❺ 同样重要，实现公民权利的行使和约束的统一。法律不能欺"弱"但也不能护"闹"，更不能让闹访、缠诉者利用信访违法成本低廉信马由缰，❻ 违法者必须付出其应付的代价。如果按照法律，该保护的未得到保护，该惩罚的未得到惩罚，人们就会认为法律不讲信用，也就不会信任、遵守。❼ 当信访不仅仅作为一种权利诉求的表达，甚至被过度不当行使、被当作牟利的手段，失去规制羁绊的信访权利便会如同脱缰

---

❶ 董必武：《董必武政治法律文集》，法律出版社1986年版，第484页。
❷ 同上书，第228页。
❸ 董必武：《董必武法学文集》，法律出版社2001年版，第228页。
❹ 同上书，第4页。
❺ ［美］亚历山大·汉密尔顿等著，程逢如、在汉等译：《联邦党人文集》，商务印书馆1989年版，第324页。
❻ "为了100%的利润，它就敢践踏一切人间法律；有300%的利润，它就敢犯任何罪行，甚至冒绞首的危险。"见《马克思恩格斯全集（第23卷）》，人民出版社1972年版，第829页。
❼ 萧伯符："'信法'与'守法'——董必武有关法律思想及其现实指导意义"，载《法学》2002年第12期。

的野马走向法制的反面,背立信访制度的原始初衷,成为妨害社会秩序的负资产。因此,1956年,董必武同志在最高法会议上指出:"有些人对判决不满意,经过各种办法说服后仍然要乱闹,对这种胡闹的人,我们就要采取必要的办法,可以将他押回去。不然这个国家机关就将一件事情也不能办了。就是在人民内部也应当要遵守一定的秩序。"❶ 董必武认为,因为害怕当事人自杀而不敢依法裁判是不对的。"法院判决案件不应受当事人死不死的影响"。❷法院内部对于裁判也不可能意见完全一致。法院审理案件作出判决,也只能是实行少数服从多数的原则,没有必要、也不可能意见完全一致后才判决。对闹访、缠诉者既坚持法治原则,又要注重方法,尽量反复向当事人、向社会相关单位及其民众讲清道理沟通意见,做好息诉罢访工作。

三、董必武信访法制思想的启示

(一)绿色信访:诉求得到有尊严的表达

信访首先是一种意见(建议、请求等)的表达,是一种表达权,也是一种话语权。既可以通过文字表达,也可以通过口语表达,还可以通过视频表达,国家应该根据社会的变化与时代的进步,相应选择民众信访诉求表达的主渠道与方式。《联邦德国基本法》第17条规定"任何人都有权单独或者联名向主管机关和议会机构提出书面的请求或诉愿",这值得我们学习借鉴。让信访人确信其诉求的无障碍通达,诉求通过书面方式(书信、网络、视频等)有尊严地得以表达是关键,信访人见与不见相关单位一把手已不重要甚至未必有必要。畅通信访渠道的标志已经不再是相关单位负责人是否能够及时接待信访人,而是信访人的诉求无阻拦地传达致相关信访单位。对于少数缺乏文字表达能力的民众(如聋哑、盲者、文盲),基层政府信访部门应该提供书面文字转换表达的方便。

(二)透明信访:阳光是最好的消毒剂

(1)程序规范。以正当法律程序来实现程序公正。赋予信访人充分的

---

❶❷ 董必武:《董必武法学文集》,法律出版社2001年版,第339页。

知情权、申辩权、申请法律援助权、最后陈述权等权利，从程序上最大限度地确保信访人的信访权得以落实。

（2）过程公开。在不涉及国家秘密、商业秘密、个人隐私的情况下，经信访人申请或者信访机关提出可以依法公开听证，准许群众旁听。通过公开规范信访人和办案机关、教育旁听者、主动接受监督，最大限度地防止暗箱操作，以公开促公正、赢公信。

（3）第三方介入。任何制度都生长在一定的文化环境里，都有其特定的文化基因。❶依靠公正的双方认可的信访人所在地的人大代表、政协委员、社区代表甚至亲友代表等参与信访事项的处理，发挥信访人所熟悉信仰的地方性知识作用，有助于信访人转型追求利益最大公约数，有助于信访实现有效终结。

（4）网络管理。政府借助互联网建立网络信访，统一管理软件系统自动管理信访处理情况，防止多头信访多头受理。信访人登陆相关信访网站即可信访，一旦网络提交成功自动生成密码，凭借其身份证号和密码，可以随时查询信访处理情况。信访结果可经一定途径公开查询。任何信息非经特定审批程序不得删改。

（5）结果透明。信访结果与是否多人访、闹访、上级批转、一把手接待批示没关系。信访事项在公开的处理当中经过信访当事人双方的辩论、质证，双方基本上对于信访结果走向、大致轮廓心知肚明，甚至旁听群众可以预测信访结果趋势。信访处理结果的确定性、可预测性、案例指导性是法治信访的应然要求，也是结果透明的必然体现。

（三）责任信访：明确边界，依法信访

（1）信访人的责任。在于依法、有序、理性信访，对于超越权利边界的行为承担相应责任。

（2）信访机关的责任。在于依法、及时、规范、公正处理信访人的诉求，适时分流，对于信访人超越权利边界的信访行为给予负面评价；对于信访机关粗暴拒绝信访诉求、懈怠信访事项的处理、限制甚至打击信访人合法信访等行为由纪检监察部门追究相应责任。

---

❶ 俞荣根、曾绍东："董必武司法改革思想的启示"，载《江西财经大学学报》2010年第4期。

(3) 信访终结机关的责任。依法、及时、审慎、严格按程序终结。凡终结必听证。以涉检信访为例，中央和高检明确规定终结的责任主体是省级检察院和高检，实际上将终结权上提至省级以上单位部门。但笔者以为，省高级人民法院决定再审的案件既然可以发回中级法院审理，并不妨碍考虑在适当条件下试点授权地市州级检察机关的有限终结权。理性对待信访，信访需祛魅，信访不会比一次诉讼更神圣；信访案件终结权与信访案件管辖权平行、合一，应该成为未来信访法治化努力的方向。国家作为游戏规则的制定者，对于民众的诉求不可能始终沉默不语，国家的有效治理与社会的稳定不允许一种法律关系长期处于一种不确定状态，但是信访终结的上提至省级机关的模式增大了管理成本，为未来信访制度的进一步改革提供探索空间。既要防止对不符合终结条件的信访案件强行终结，激化矛盾，又要防止久拖不决该终结而不结。

(4) 公安机关的责任。对于辖区范围内信访活动当中的违法犯罪行为依法及时查处，并通过新闻媒体公开，接受社会监督。

(四) 反思信访：检讨整改，源头治理

(1) 立法民主。立法环节无隔阂地听取人民的意见。贯彻"从群众中来，到群众中去"的原则，科学、民主、依法立法，凡立法草案要发动广泛的群众讨论，从法律制度顶层设计层面广泛吸收民众意见，赢得社会各阶层最大限度的认同，有效防止法律的违宪、克服立法上的公共利益部门化、忽视乃至侵犯弱势群体的权益等倾向，从源头上有效防控信访事项的发生。

(2) 及时把群众的意志法律政策化。通过把民众一定时期普遍反映强烈的共性问题借助立法、政策的出台加以保护，形成类案化解效应，探索通过法律政策层面解决民众信访反映出来的全国性或者全省性的共性问题，起到四两拨千斤的作用。

四、结　语

跨越时空对董必武的信访法制思想进行客观评价，还原真相，寻找真实，的确艰难。董必武率先提出"依法办事是加强法制的中心环节"的著名论断；实事求是、依法纠错，既要高度重视涉法信访工作，又要维护司法的严肃性；❶ 作为毛泽东思想法学理论的重要组成部分，董必武的信访法制思想具有很强的实践指导性，与毛泽东、刘少奇、谢觉哉等共产党领导人的法制思想相互促进，奠定了依法治国的理论基础。但是亦不可能不受到党内整体法制水平的钳制，董必武信访法制思想也有其历史局限性：一是只强调法律的阶级性，只谈法律是统治阶级意志的反映，却不敢提法律的社会性，不敢谈法律也是人类社会发展客观规律的反映；重视法律的镇压功能，却轻视法律的其他社会功能，否认法律的继承性。二是信访是人民的权利还是公民的权利，政治平等与法律平等两者间的关系并没有厘清。❷ 三是带有明显的法律工具主义色彩。❸ 从革命党向执政党的转型是一个艰难、复杂、漫长的过程，我们不能脱离时空去苛求历史人物，正如人们认识真理不可能是一次完成的，对真理的认识具有反复性，其局限性为后人留下继续探索的空间，中国法治建设仍在路上。

---

❶ 公丕祥："董必武的司法权威观"，载《法律科学》2006年第1期。
❷ 范忠信："董必武与新中国法制观念的局限性"，载《法学家》2003年第4期。
❸ 秦前红、叶海波："董必武法治思想初探"，载《武汉大学学报（社会科学版）》2002年第4期。

论协商民主视角下的涉检信访听证制度

万志前[*]

【提要】 涉检信访听证制度与协商民主具有契合性，涉检信访听证制度是协商民主的实践形式，协商民主为涉检信访听证提供理论指导。我国对涉检信访听证制度只有简单的提及，尚无具体系统规定，影响了其应有功能。应从明确涉检信访听证的适用范围、确立涉检信访听证的原则、细化涉检信访听证的程序、明确听证笔录的效力等方面完善我国涉检信访听证制度，以更好地实现其民主协商和息诉罢访的功能。

【关键词】 协商民主　涉检信访　听证制度

引　言

中国共产党的十八大报告首次提出"健全社会主义协商民主制度"，明确将社会主义协商民主作为我国人民民主的重要形式，并对完善协商民主制度和工作机制，丰富协商民主的形式和内容，推进协商民主广泛、多层、制度化发展等作出全面阐述。涉检信访听证制度是近年来全国各地检察机关推行的处理涉检信访问题的一种新的工作模式，以妥善处理群众的信访问题，维护信访人合法权益，促进息诉罢访，化解社会矛盾。协商民主理论与涉检信访听证制度的契合之处在于，两者均主张通过协商来证成决策或决定的合法性。听证制度为公共协商搭建了一个重要平台，是我国协商

---

[*] 万志前，华中农业大学文法学院副教授，博士。

民主的一种重要制度形式。涉检信访听证的过程实际上是听证参加人公开运用理性，进行公共协商的过程，因此协商民主中关于公共协商的制度架构对于完善我国涉检信访听证制度具有借鉴意义。本文以协商民主理论作为视角，讨论我国涉检信访听证制度中存在的问题，并提出相应的完善对策。

一、涉检信访听证与协商民主理论的内涵

（一）涉检听证制度的内涵

信访是一种极具中国特色的纠纷解决机制。它可以追溯至古代中国的非常上诉（直诉和上控）制度，即某些特殊情况下允许越级上诉，直接向高层官吏甚至皇帝诉说冤屈。《周礼》中有路鼓和肺石制度的记载，汉代出现了上书、邀车驾等做法，晋朝正式形成击登闻鼓制度，唐代则确立了形式较为齐备的非常上诉制度，主要形式有击登闻鼓上诉、邀车驾上诉、上表三种，以后各朝基本沿袭了唐制。❶ 据《现代汉语词典》解释，"信访"是指人民群众来信来访（多用于机关团体）。❷ 信访制度在纠纷解决和政治参与方面发挥了特殊的作用，化解了大量矛盾和冲突。

所谓涉检信访，根据《人民检察院信访工作规定》第2条的规定，是指信访人采用书信、电子邮件、传真、电话、走访等形式，向人民检察院反映情况，提出建议、意见或者控告、举报和申诉，依法由人民检察院处理的活动。听证是指当事人就争议问题提供证据，陈述理由，并由有裁判权的个人或机关作出裁决的相对正式的程序。❸ 涉检信访听证❹是指检察机关在作出影响信访人和被反映人合法权益的决定之前，采取听证会的形式，

---

❶ 李交发：《中国诉讼法史》，中国检察出版社2002年版，第356页。

❷ 中国社会科学院语言研究所词典编辑室编：《现代汉语词典（2002年增补本）》，商务印书馆2002年版，第1403页。

❸ 薛波：《元照英美法词典》，法律出版社2003年版，第542页。

❹ 听证分为正式听证和非正式听证，正式听证又称审判型听证，给予当事人及其他利害关系人提出证据、相互质证和充分辩论的机会，并根据听证会记录作出决定。非正式听证在程序上具有较大的自由，无固定形式，主要包括公开答询会、对话会、座谈会等公开审查和答复形式。本文所指为听证会形式的听证。

由信访人、被反映人就特定信访事项向处理信访问题的检察机关表达意见、提供（出示）证据、陈述申辩、质证，以及检察机关听取意见、核实、接纳证据并据此作出决定的一种制度。❶ 其内涵如下：一是信访听证的目的在于弄清事实、发现真相，给当事人就重要的事实、证据提供质证的机会，保护信访人的合法权益；二是信访听证的价值在于规范检察机关办理信访事项的程序和信访人的信访行为；三是保证处理决定的合法性与公正性，确保当事人的合法权益不受侵犯，督促检察机关依法处理信访事宜。总之，涉检信访听证制度旨在查明事实，通过正当程序，取得当事人对有关事实和价值的认同，进而解决信访疑难问题。

（二）协商民主理论的内涵

协商民主是 20 世纪 80 年代在西方国家兴起的一种新的民主理论。学界对协商民主有三种解释：一是作为决策形式的协商民主；二是作为治理形式的协商民主；三是作为社团或政府形式的协商民主。本文采用作为决策形式的协商民主概念。其代表人物戴维·米勒认为，当决策是通过公开讨论过程而达成，其中所有参与者都能自由发表意见并且愿意平等地听取和考虑不同的意见，这个民主体制就是协商性质的。❷

协商民主是对既有民主范式发展到一定阶段后的矫正、补充和超越。从一般意义看，协商民主是一种治理形式，其中，平等、自由的主体在公共协商过程中，提出各种理由，说服他人，或者转换自身偏好，在广泛考虑公共利益的基础上利用公开审议过程的理性指导协商，从而赋予立法和决策以政治合法性。❸ 概括言之，其基本特征主要包括：第一，协商民主通过对话协商实现民主功能，较之于采用投票方法的代议民主而言，更能增进公民的实质参与。第二，协商民主关注偏好转换。主体的偏好并非固定不变，在对话协商过程中，可能在接受"更好理由"的基础上转换偏好达成"共识"。第三，协商民主强调不同利益主体的平等。平等首先是法律地

---

❶ 刘飞：" 法治视野下的涉检信访听证制度"，载《检察日报》2007 年 1 月 31 日第 003 版。

❷ ［南非］毛里西奥·帕瑟琳·登特里维斯著，王英津等译：《作为公共协商的民主：新的视角》，中央编译出版社 2006 年版，第 139 页。

❸ 陈家刚：《协商民主》，上海三联书店 2004 年版，第 3 页。

位的平等，其次是机会平等。机会平等具有程序和实质两个维度。❶ 第四，协商民主具有包容性。即承认并接受不同利益主体之间存在的差异和分歧，力求将不同利益诉求的主体包容于决策过程。总之，协商民主的形式和内容可以有所不同，但均应遵循协商的主体是平等的，态度是包容的，方式是理性的，过程是公开的。

二、涉检信访听证与协商民主的契合

（一）涉检信访听证与协商民主价值目标的一致

协商民主旨在激发人们的参与热情，提升决策的合法性基础和认同感。涉检信访听证制度旨在通过正面交流、沟通、辩论，平衡不同利益，化解利益冲突，这与协商民主所追求的通过对话协商进行利益整合和协调的观点不谋而合。涉检信访听证作为一种程序性制度，其价值在于追求程序理性和实现程序公正，这也正是协商民主的重要价值之一。例如听证制度的公开原则为公共协商提供了形式保障，当事人在信息公开的前提下通过听证达到民主协商之目的；听证制度赋予利害关系人表达意见之机会，并就利益冲突达成某种共识，有利于实现协商民主的理性。听证制度中的公众参与原则，使不同利益主体在公平公开的平台中通过表达，辩论和协商使利益偏好转换，以权威替代权力，以说服替代强制，从而达成理性共识。

（二）涉检信访听证制度是协商民主的实践形式

协商民主作为一种民主理论，需要通过具体的制度设计体现其价值目标。涉检信访听证制度即为实现协商民主价值和功能的一种重要制度形式，它体现了协商民主的特征，彰显了协商民主的价值。具体表现如下：首先，听证提供了利益表达的渠道，保障了信访人的相关权益，有利于息访息诉。当事人通过陈述意见、辩论、反驳、质证，可就有关问题进行对质，克服书面审理的局限性和"背靠背"调查取证的缺陷，有利于澄清案件事实，防止检察机关偏听偏信、主观臆断。同时，信访听证使信访人知情权、申

---

❶ [美]詹姆斯·伯曼、威廉·雷吉著，陈家刚等译：《协商民主：论理性与政治》，中央编译出版社2006年版，第213~214页。

诉权得到充分尊重，满足了信访人感情宣泄的心理需求，进而产生认同感。其次，防止权力滥用，提高检察机关的公信力。信访听证搭建了信访人与检察机关平等对话、多方参与的平台，实现信访处理决定民主化和公开化，使检察机关及其工作人员受到有效监督，防止其专权和武断。同时，信访听证中公平、公开、公正地处理信访问题，有利于提高检察机关的社会公信力，最终实现息诉息访。最后，信访听证能充分考虑各方意见，从而使决策更符合民意，提升了决策的合法性基础。因此，涉检信访听证是实现协商民主的一种有效实践形式。

（三）协商民主为涉检信访听证提供理论指导

协商民主崇尚程序，认为程序具有独立价值。追求程序公正的协商民主可弱化对实体公正的片面和非理性追求，促使各方主体达成妥协，形成共识。具体言之，协商民主可以从以下三个方面为涉检信访听证提供理论指导，促进各方利益成员在尊重程序公正的基础上，化解冲突，实现息诉息访。首先，从社会主体认知层面上看，协商民主强调社会成员应该具有平等、宽容和妥协的精神。"良好的目的彼此常常存在冲突，而资源又有限，因此，无论个人还是政府的政策决定，几乎总是需要权衡，需要对不同目的进行平衡"。❶ 其次，从社会主体能力层面上看，协商民主主张社会成员应具有一定程度的理性和判断力。理性的权利主体能充分佐证自己观点，并能充分理解他人观点，并能在偏好转变和平衡不同利益的基础上谋求共同利益，实现各方利益主体的共赢。最后，从社会主体实践层面上看，协商民主要求社会主体具有契约精神。基于协商民主达成的契约是一种庄重的承诺。这种承诺既然出自当事人的自由意志，就应接受由此而来的约束。❷ 协商民主通过制度化的协商和公共精神指导下的协商，能消解当事人表达自己意见和观点的非理性情绪。

由上可知，信访听证和协商民主在价值目标、程序理性、公众参与、公共协商、包容性等方面均具有契合性。

---

❶ [美]罗伯特·A. 达尔著，李风华编译：《论民主》，商务印书馆1999年版，第79页。
❷ 孙悦良："协商民主与信访困境消解之道"，载《苏州大学学报（哲学社会科学版）》2010年第4期，第35页。

三、协商民主视角下涉检信访听证制度的完善

目前我国关于涉检信访听证制度只有简单的提及，尚无具体系统的规定。最高人民检察院 2005 年 12 月出台的《人民检察院信访案件终结办法》第 5 条第 2 款规定"应该对案件进行复核，必要时进行调查核实或者召开听证会征求意见"，但对"召开听证会"只是一笔带过。2007 年 3 月最高人民检察院通过的《人民检察院信访工作规定》第 39 条第 2 款规定："重大、复杂、疑难信访事项的答复应当由承办部门和控告申诉检察部门共同负责，必要时可以举行公开听证，通过答询、辩论、评议、合议等方式，辨明事实，分清责任，做好化解矛盾、教育疏导工作。"该规定使听证程序成为处理涉检信访的一项重要制度。但该条对涉检信访听证的规定只停留在表述含糊的适用范围上，对公开听证的组织机构、主持单位、操作程序、听证结果的运用和反馈等缺乏具体明确的规定。❶ 各地检察机关在涉检信访听证的实践中大多是摸着石头过河，有很大的随意性，如有的没有赋予当事人充分举证、质证的权利，有的听证过程公开不够，有的听证结果没有公布，有的听证程序可操作性不强，有的照抄照搬行政听证程序等❷。这些均影响了涉检信访听证制度的应有功能，因此，基于协商民主视角下的涉检信访听证制度有待完善。

（一）明确涉检诉信访听证的适用范围

目前，涉检信访听证制度尚未上升到国家法律层面，《人民检察院信访工作规定》仅规定"对重大、复杂、疑难信访事项必要时可以举行公开听证"，但并未就"重大、复杂、疑难"案件的范围予以明确。实践中各地在适用范围上各行其是，虽然有助于因地因事制宜解决具体问题，但会导致听证的入口门槛过低或者过高，规范性、严肃性都值得商榷。❸

---

❶ 马修道、王展："涉法涉诉信访听证的功能价值与制度完善"，载《中国刑事法杂志》2012 年第 5 期，第 83~91 页。

❷ 高忠祥、陈先鹏："构建涉检信访听证制度浅思"，载 http: // www. Jcrb. com /jcpd/jcll/201009 /t20100915_ 444891. html，2014 年 10 月 27 日访问。

❸ 张立岩："涉法涉诉信访听证若干法律问题研究"，载《长春工业大学学报（社会科学版）》2009 年第 6 期，第 27~29 页。

涉检信访听证范围的不明确会导致是否举行信访听证的随意性,因此有必要明确适用信访听证程序的案件。基于检察机关信访工作量和效率的考量,应对涉检信访听证的范围加以适当限制。对涉检信访听证范围可采用典型列举加概括的方式界定。

以下案件应当适用公开听证程序:涉及人数多、群众反映强烈、争议较大的信访事项,原承办机关或者上级检察机关控申部门认为需要举行听证的;信访人、被处理人均对有关部门作出的信访事项处理意见或复查意见不服,要求举行信访听证的;信访人对检察机关作出的处理意见或者复查意见不服,多次上访以及在社会上引起重大影响,原承办机关的上级检察院控申部门认为需要举行听证的;❶在当地有较大影响的信访案件,经处理仍未息诉罢访,有可能矛盾激化的案件;检察机关认为其他需要通过信访听证来解决涉检信访案件。

下列案件不适用公开听证程序:涉及国家秘密、商业秘密、个人隐私或其他不宜公开事项的涉检案件;原处理意见明显错误的涉检案件;已进入诉讼程序尚未形成处理意见的案件;当事人不愿进行公开听证的案件。

(二) 确立涉检信访听证的原则

信访听证制度的原则是指贯穿于整个听证程序,对听证程序具有指导、规范、补充和解释功能的基本准则。根据协商民主理论,本文认为涉检信访听证应遵循公开、公正、公平的原则,以"听得懂、看得明、信得过、靠得住"的方式向信访当事人释法明理,化解纠纷,提高司法公信力。

1. 公开原则

公开性是协商民主的重要特征,能使公民仔细审视协商过程。❷ 公开也是听证程序顺利进行的前提条件,防止权力滥用的有力保障。公开原则是指听证活动除涉及国家秘密、商业秘密、个人隐私以及法律规定其他不得公开的事项以外,一律向案件当事人、听证参与人和社会公开。正如英国弗兰克斯委员会在行政裁判所和公开调查的报告中所言,为了做到裁判上的公平,一切裁判活动必须以三个原则为指导,即公开、公正和无偏私。

---

❶ 刘飞:"法治视野下的涉检信访听证制度",载《检察日报》2007年1月31日第003版。
❷ 陈家刚:"协商民主新术语",见陈家刚选编:《协商民主》,上海三联书店2004年版,第336页。

在这三个原则中，公开原则列为第一位。❶ 信息公开是听证当事人知情权的必然要求，是听证代表充分行使话语权的前提，因此涉检信访听证相关信息的公开是确保听证成功举行的基础性环节。

公开的听证信息主要包括以下三方面：首先，听证开始阶段的信息公开，以避免信访当事人"处于黑暗之中"。❷ 具体包括：举行听证会的决定、时间、地点公开；与听证议题有关的所有信息公开，使听证当事人话语权的行使"言之有物"；听证代表的资格条件、遴选程序、产生方式、最终确定的听证代表名单公开，以提高听证代表的信任度。其次，听证过程公开。信访人与相对人之间的言词和证据向听证参与人员公开，除涉密案件外，允许新闻媒体对外报导。最后，听证结果公开。听证的结果要向信访人及相对人公开。

2. 公平原则

能力平等体现协商民主的根本特征。如果缺乏能力平等，得到公平、合法协商结果的可能性很小。❸ 因此，公平原则旨在保障各方有平等的对话协商能力。听证会实际上是信访人、被信访人、检察机关、听证代表之间在确定地点和时间信访中涉及的问题对话协商，听取不同主体的意见，并作出处理结论。首先，根据协商民主包容性的要求，除信访当事人外，应保证其他听证代表来自社会不同的利益群体，具有不同的利益诉求。因此，选择的参与人员和听证人员应具有代表性、公正心，部分听证人员还应具有专业知识。其次，根据协商民主理论，平等是听证当事人之间展开有效协商的前提条件。但由于占有社会资源和信息的不均、社会地位的不平等、受教育程度的不同等会导致信访听证中各方主体的协商能力事实上的不平等，因此，必须通过听证代表的遴选使其最小化，从而保障平等协商。最后，基于协商民主对能力平等的要求，可考虑引入法律援助制度。信访人若缺乏法律专业知识和协商能力，又无财力来聘请代理人，应为其提供法律援助。

---

❶ 王名扬：《美国行政法》，中国法制出版社1995年版，第433页。
❷ 马怀德："论行政听证程序的基本原则"，载《政法论坛》1998年第2期，第82页。
❸ 陈家刚："协商民主新术语"，见陈家刚选编：《协商民主》，上海三联书店2004年版，第340页。

3. 公正原则

公正原则是指在听证活动中，应公平合理处理好各方的利益关系，平等对待听证活动的参与人员，充分听取参与各方的意见和建议，不偏不倚，排除偏见，实现正义。古老的正义原则规定，自己不能作为自己主审案件的法官。在听证机关选任及听证主持人的选任方面，必须适用回避制度。凡是与该信访案件有利害关系的主体，均不得作为此次信访听证会的主持机关和主持人。回避制度有利于排除与所处理事项有利害关系的人员主持听证程序，从而实现听证公正，增强当事人和其他参与人对检察机关的信任感。可考虑聘请专业人员主持听证，如熟知信访人的社区干部，精通信访涉及专业问题的法律专家或其他专家等。这些人员往往能较为客观、公正地认定相关信访事实，加之其本身具有一定的社会知名度，更容易得到当事人各方的认同。同时，应当禁止聘请的听证主持人和听证员在听证会举行之前，与检察机关和有关当事人在一方不在场的情况下与其进行单独接触、听取意见和接受证据材料，以防止听证员与相关人员私下交易而导致听证腐败。

（三）细化涉检信访听证会的程序

协商民主理论下的协商安排是决策过程的具体程序性设计。这种程序肯定不是简单的记录选票，也不是简单的交流互动。❶ 听证本身也是一种程序制度，但目前涉检信访听证制度的程序规则也不够规范、统一，影响了听证制度作用的发挥。行政听证制度主要是基于民主行政的要求，征求意见的功能比较强，而涉检信访听证却完全不同，解释和引导功能比较强。❷ 因此，涉检信访听证与行政听证性质在程序设计上应有不同。

听证会是听证制度的重要载体，听证制度的功能通过听证会实现。听证会的召开是涉检信访听证制度的主要环节。结合一般程序法的模式，听

---

❶ 陈家刚：“协商民主新术语”，见陈家刚选编：《协商民主》，上海三联书店 2004 年版，第 339 页。

❷ 张立岩："涉法涉诉信访听证若干法律问题研究"，载《长春工业大学学报（社会科学版）》2009 年第 6 期，第 27~29 页。

证会应该包括许多步骤。❶ 本文无意对这些细节加以逐一说明，仅就质证、辩论环节，结合协商民主理论加以阐释。

根据协商民主理论，对话协商是其实现民主功能的手段，对应于涉检信访听证制度，就是听证会程序中的质证和辩论环节。质证和辩论是围绕利益纠纷存在的分歧和异义展开的。从理论上讲，要达成不同观点的共识，必须建立在充分质证和辩论的基础上。如果没有直接面对面的充分有效的质证和辩论，只是各自陈述早已准备好的材料，对不同观点没有任何回应，听证会就成为了一种高成本的作秀舞台。因此，听证会程序中，应将质证和辩论作为听证会程序的核心环节。首先，协商民主所要求的对话协商是通过质证和辩论环节完成的，因此，应保证质证和辩论程序所占听证会时间的比例最大。其次，只有在充分有效的质辩过程中，各方主体才可能发现以使自己偏好转换的"更好理由"，实现自愿的偏好转换，从而达成共识。❷ 最后，在充分的质证和辩论中，不同利益群体的需求和想法得以表达，可减少利益对立方的矛盾与冲突，增加处理决定的可接受性。

（四）明确听证笔录效力

根据协商民主理论，听证笔录是不同利益主体对话协商的结果。听证笔录是听证会全过程的书面记录，反映了听证代表之间对话协商的结果。听证笔录的法律效力是指听证各方的参与行为和达成共识的内容在法律上

---

❶ 具体的步骤包括：（1）听证会开始前，书记员查明案件承办人、当事人及其委托代理人、听证员以及其他与案件有关的人员是否到场，并向主持人报告；主持人宣布听证会开始及案由；（2）宣布参加听证会的到场人员名、宣布与会人员在听证会上享有的权利和承担的义务、宣布听证会纪律；（3）主持人介绍当事人的基本情况，介绍案情，宣读原处理决定；（4）当事人陈述，委托代理人就陈述作补充说明；（5）原案承办人、原复查案件承办人针对当事人的陈述阐述原处理决定和原复查决定认定的事实和法律依据，并展示相关的证据；（6）当事人及其委托代理人、原案承办人相互发问、质证、辩论和补充发言；（7）主持人经询问与会人员没有新的补充说明后，组织听证员向当事人及其委托代理人、原案承办人、证人及其他人员进行提问；（8）主持人征求旁听人员的意见；（9）主持人宣布休会；（10）主持人组织听证员根据听证的事实对案件进行评议，听证员发表对案件的处理意见并进行表决；（11）主持人宣布听证会重新开始；（12）由听证员代表宣布听证意见；（13）主持人宣布听证会结束，复查决定择日宣告。见高忠祥、陈先鹏："构建涉检信访听证制度浅思"，载http://www.Jcrb.com/jcpd/jcll/201009/t20100915_444891.html，2014年10月27日访问。

❷ 武文英："协商民主视角下对我国公共决策听证制度运行过程的系统分析"，载《系统科学学报》2010年第2期，第61~64页。

的约束力。听证笔录的法律效力是听证笔录的命脉，是听证制度中的核心问题。如果其效力不明确，则经过听证发现错误或瑕疵的，有的不能及时通过法定程序加以纠正，达不到应有效果；同时，对某些无理缠访案件虽经听证处理，但当事人仍然坚持上访，听证无法实现其预期目标，达不到信访终结效力。倘若如此，听证会就是一种浪费，协商民主也将无法实现。

信访听证的重要功能在于认定信访事实。因此必须明确在听证会上达成共识的、已经认定事实的法律效力。凡是经过听证，并得到认可的信访事件事实，听证机构必须以听证记录的方式记录下来，并由信访主体签字盖章，承认其法律效力，作为适用法律、法规解决信访案件的依据。❶ 听证笔录是在听证会上各方提交并经质证无异议的证据，应成为信访问题处理决定的主要依据。只有如此，才能保证听证会不流于形式，使其充分发挥作用。❷

对于可以在听证会现场查证属实，且现场能够及时解决的信访案件，听证机构可以法律文书的方式交由信访人签字。签字后，信访人必须认真履行。一方拒不履行的，另一方主体可以申请听证机构请求法院协助执行。但并非所有的听证结论都具有强制执行效力，即使是通过信访听证程序达成的、产生终结效力调解也并不一定具有强制执行力。依据听证程序而作出的信访案件的终结结论，并非具有权利裁决性质的结论，只是终结了信访渠道。因此，信访终结结论只具有建议功能，可作为行政处理建议或司法建议看待。如果信访人接受了终结结论，可依调解程序制作调解书，此种调解书具备调解的法律效力。❸

四、结　　论

协商民主视角下的涉检信访听证制度是一种明事、明法、明理的制度设计。要发挥这种制度的息诉罢访作用，应从听证的适用范围、听证的原

---

❶ 石佑启："行政听证笔录的法律效力分析"，载《法学》第2004年第4期，第51~53页。
❷ 刘飞："法治视野下的涉检信访听证制度"，载《检察日报》2007年1月31日第003版。
❸ 张立岩："涉法涉诉信访听证若干法律问题研究"，载《长春工业大学学报（社会科学版）》2009年第6期，第27~29页。

则、听证会的程序、听证笔录的效力等方面加以完善。听证范围是前提、听证原则是指导、听证会是载体、听证笔录效力是保障,这四个主要方面构架起了涉检信访听证制度的运行系统。同时,息诉罢访是一个系统工程,听证制度只是解决涉检信访案件,促进息诉罢访的手段和方法之一,绝非"灵丹妙药",需要与其他手段和方法结合,形成息诉合力,才能发挥听证制度的潜在价值,达到息诉罢访的预期效果。

第三方介入涉检信访问题的思考*

瞿义强**

【提要】 随着我国依法治国进程的不断推进，检察机关的法律监督职能也随之加强，涉检信访问题日益明显。正在进行的涉法涉诉信访改革，更多的是从内部机制来解决涉检信访问题导入难、纠错难、终结难等突出问题。而引入独立公正的"第三方"等社会力量来化解涉检信访中的矛盾纠纷，有利于保障人民群众参与司法，建立外部协作配合机制，形成依法及时公正处理涉检信访问题的合力。

【关键词】 涉检信访 第三方 处理机制

当前，涉检信访呈现信访总量大、诉求内容广泛，形式多样、重复、越级信访比例大，集体信访、缠访闹访问题突出、息诉罢访难等诸多特点，❶普通民众对公平正义的强烈需求同检察权能在涉检信访矛盾化解中相对弱化之间的张力❷为第三方介入涉检信访提供了历史契机，检察机关适应形势主动为第三方搭建司法民主探索空间。本文结合本地检察机关不断探

---

* 本文系最高人民检察院一般课题"涉检信访工作机制改革研究"（课题编号 GJ2014C38）和最高人民检察院 2015 年检察应用理论研究重点课题"涉法、涉诉信访机制改革的调查与思考"的阶段性成果。

** 瞿义强，湖北省黄石市铁山区人民检察院检察长。参与本课题组研究的还有黄石市铁山区人民检察院干警陈娟。

❶ 王宁："当前涉检信访的现状及机制完善探讨"，载《中国检察官》2014 年第 2 期。

❷ 涉检信访没有统一的概念，根据高检权威人士的观点，涉检信访是指涉及检察机关（检察人员）的案件、事项被公民、法人和其他组织通过信访渠道反映到检察机关，两者互动的过程。涉检信访工作是检察机关倾听民意、了解民情、排解民忧、化解民怨的主要手段和重要渠道。见柯汉民："加强和改进新形势下的涉检信访工作"，载《求是》2011 年第 9 期。

索化解涉检信访矛盾的有效实践,从引入第三方力量处理涉检信访问题的视角作进一步的探讨。

一、涉检信访的现状困境

(一)涉检信访重信重访与依法办结需求的不适应

虽然"三级终结机制"在国务院《信访条例》中已有明确规定,可是实践中,对"三级终结"的事项,信访机构即使不再受理,通常情况下仍然需要予以接待。由于没有明确规定信访主体、信访管辖、信访证据、信访期限等诸多具有可操作性的内容,客观上导致滥用信访权、随意启动信访程序、无理缠访等情况屡见不鲜。即使最高检察院出台了《人民检察院信访案件终结规定》,涉检信访案件终而不结的局面却依然普遍存在,严重影响了检察机关处理决定的权威性。

(二)涉检信访维稳考核与依法处理要求的不适应

实践中,信访人员对检察机关作出的决定一旦不服,便继续到当地地方或者上级人大、党委(政法委)等其他机关信访,试图借他人之力寻求自己期盼的结果。检察机关承受来自不同渠道的压力,碍于现在乃至将来的上下级工作关系,碍于现实当中的信访考核、综合治理考核等需要,同时两害相权,为能够尽快息事宁人令其放弃信访,防止上下不满意,只好在法律底线上波动,尽量满足信访人的要求甚至不惜改变原决定,搞所谓变通、特事特办。❶这种不重维权重维稳、执法不严的做法,更助长了上访者"大闹大解决、小闹小解决、不闹不解决"的负面效应。

(三)涉检信访复杂情况与法律解决办法有限的不适应

当前,涉检信访中诉求合理因素与不合理因素相交织,诉求合理因素与信访行为方式不合法相交织的情况相当普遍,久防不息、久诉不止,诱因复杂、当事人期望值高甚至漫天要价给涉检信访问题的矛盾化解、息访罢诉造成相当大的难度。面对繁杂的信访诉求,检察机关只能以不变应万变——依法处理,不应也无权超过法律规定踩红线。检察机关职权法定,

---

❶ 龙碧霞:"反思与回应:涉检信访之中国式困境",载《湖北警官学院学报》2013年第10期。

仅仅凭借法律手段化解涉检纠纷注定了其功效是有限的,对于信访问题的处理检察机关难以单打独奏、难以独自承担所有涉检信访问题的消化责任,也更无法在现有条件下完全满足信访人的期望值。

这些不适应问题,凸显出涉检信访当前化解过程当中的消极因素:一是有碍法制观念的形成,对法治观念的养成造成威胁;二是消弱司法权威,蚕食社会信任基础,加速整个社会信任体系的崩塌;三是浪费社会有限司法资源,不仅仅是对于检察机关日益捉襟见肘的人力物力而言,对信访人及其家庭生活乃至整个社会治理成本而言,都造成巨大的资源浪费。❶

鉴于此,必须加强对策研究,第三方介入检察机关涉法涉诉信访的矛盾化解工作就是积极有效的对策之一。

最高检察院柯汉明副检察长在2014年3月检察机关涉法涉诉信访改革培训班上提出,主动争取支持,推动建立涉法涉诉信访案件联席会议制度、信息互通共享平台、律师等第三方介入化解息诉工作等外部协作配合机制,构建依法处理涉法涉诉信访问题的社会合力。第三方介入涉检信访工作是指对涉检信访的处理意见不服、缠访闹访,基于案件承办单位、信访人认为需要由第三方介入的,第三人员以独立的主体形式,参与该涉检信访相关事项的审查,对检察机关处理涉检信访意见的合法性、合理性给予评鉴,提出自己的独立见解,并为信访人提供相关法律咨询,开展释法说理、参与矛盾化解工作。❷引入第三方从非职业化的视角,把民众的正义观和诉求适当地反映到司法过程中,使检察机关的决定更能得到社会的支持。因为代表社会公众的第三方在生活经验上更接近于信访人,更易于让当事人从生活化的立场理解法律,会使检察机关的决定更易为包括信访当事人在内的普通民众所理解认同。

---

❶ 泉州市人民检察院课题组:"涉检信访问题之现状及对策研究",载《中国检察官》2013年第4期。

❷ 廉敬武、章雯:"信访化解矛盾引入第三方",载《检察风云》2013年第24期。

二、引入第三方处理涉检信访的必要性

(一) 有利于增强检察机关公信力

之前,信访问题一般是由主管机关自行处理,自行负责。而这种模式的弊端就在于信访群众始终担心的不仅仅是可能存在的官官相卫,更担心的是"老子"往往会千方百计地袒护"儿子",因为很多信访人信访的重要原因就在于信访处理过程的不公开,信访人的知情权缺乏保障,导致信访人对其信访事项所牵涉主管机关的信任度不高甚至严重对立,在这种思维模式里,主管机关因被认为缺乏诚信度而难以与信访人有效互动沟通,其作出的决定哪怕再客观公正都难以获得信访人的认同。❶ 检察机关主动引入无利益关涉的第三方介入,将接访、告知、受理、初步调查和核实、释理说法每一个环节都置于第三方监督之下,有利于上访人与第三方一同客观看待案情和遵守法律规定,知晓检察机关的工作动态,打破信访人眼中暗箱操作的误解,打消信访人心里固有的"政法一家""自己出错能自己纠正"的疑虑,增强检察机关处理决定的透明度。

(二) 有利于消除信访双方对立感

信访制度在运作过程中,被赋予了权利救济的功能。❷ 涉检信访也被视为一种权利救济方法。因涉检信访当事人的非专业化决定了很多时候对相关法律专业知识一知半解似懂非懂,对自己有利的规定记忆犹新、强烈坚持,对于自己不利的条款视而不见、听而不闻,一旦检察机关的倾向性意见可能对其诉求不利,便先入为主地认为检察机关有关人员要么素质不高、要么被对方收买、被人打招呼,成为与其对立对象,检察机关的解释和处理决定往往很难得到其首肯,原本处于法律监督地位的检察机关与涉检信访当事人俨然已成为利益攸关方。引入相对独立的、有一定公正性的第三方,其以"案外人"中立身份参与接访,对信访人进行个案咨询指导、客观释法说理,能够缓解上访人对检察机关的对立情绪,使其信服、理解司

---

❶ 樊华中:"信访终结制度的诉讼化价值与完善方向",载《山西省政法管理干部学院学报》2013年第3期。

❷ 张文国:"试论涉诉信访的制度困境及其出路",载《华东师范大学学报》2007年第2期。

法部门的工作，防止矛盾升级。

（三）有利于增强约束力

第三方参与能有效监督检察机关依法处理涉检信访案件，严格考量事实关、证据关、程序关、法律适用关，防止检察机关受外界过多干扰，从而作出公正适当的处理决定。同时，第三方对于信访人的信访过程是否合法、信访诉求是否合理作出的独立判断，有利于其监督、指导、帮助信访人通过合法途径解决自身诉求问题。如果信访人对处理决定的态度反复，继续缠访、闹访，造成终而不结，诉而不了，会将自己置于失道无助的地位。

（四）有利于增强法治观念

在当今社会，从解决纠纷的维度讲，信访原本就是起辅助作用的，但由于片面地理解"和谐社会"实现途径，信访制度被人为从边缘性的位置推到纠纷解决的中心主导位置，而司法则相反地不断被边缘化、矮化、从属化。由于信访的随意性较强，缺乏应该遵循的权威规范。[1] 第三方参与案件办理，对实体和程序公正、法律适用与证据采用等发表自身的意见和看法，成为不是"陪审团"的"陪审团"，一方面为检察机关依法处理提供扶持，防止检察机关为息诉罢访搞无原则变通，突破法律底线；另一方面将让那些无理信访者产生极大的心理压力，有利于增强其自身的法治观念。

（五）有利于提升工作效率

一方面，第三方的参与有利于防止检察机关在办理群众信访问题时出现互相推诿、不作为、乱作为、久拖不办等情况。另一方面，由第三方对信访人进行个案咨询指导，有利于充分了解信访人的基本情况和深层次乃至潜在的诉求，接访和办理活动更具有针对性，加快了接访、办理、答复等各个环节的工作节奏，明显提升了处理涉检信访工作效率。

---

[1] 周长军、裴振宇："涉刑信访的现实困境与诉讼解决路径"，载《山东科技大学学报》2010年第3期。

三、完善第三方处理涉检信访机制的思考

(一) 第三方的范围

引入第三方处理涉检信访是正确引导群众合理合法有序信访,从而解决上访问题的方便之门。但如何确定第三方的范围?如何根据不同案件选择不同第三方参与?这些都是第三方介入必须解决的问题。在涉检信访中,一般来讲,第三方是涉检信访双方之外无利害关系的其他人员。既然无利害关系,也意味着第三方是独立的、公正的。实际中,由于第三方人员广泛,引入第三方应当从以下三个方面进行考量。

选择与申诉人相关的人员。一是对案件和上访人情况熟知的人;二是上访人的亲朋好友及所在社区、企事业单位的主要负责人;三是为信访人所认可的,且威望较高、公道正派的人员;四是一些具有较高威性、有较强群众基础和工作能力的机关、乡镇、企事业单位的离退休干部和老同志。

选择与检察机关相关的人员。一是检察机关聘请的人民监督员;二是了解相关法律职能的人民调解员、人民陪审员;三是监督检察机关正确行使检察权的人大代表、政协委员、各电视、网络媒体;四是与案件办理相关的司法机关工作人员。

选择有利于解决纠纷的组织和专业人员。一是深受群众信任的民间组织及人员;二是从事法律服务的律师、法律援助者、法律专家学者和志愿者;三是与案件有相关联系的不同专业领域的专家。

(二) 第三方处理涉检信访问题的原则

(1) 坚持依法处理原则。严守程序规定,对案件材料进行审查、对管辖范围进行分析,对于案件材料齐全、属于检察机关受理、管辖范围的及时受理;对不属于本院管辖的,做好释明工作,引导上访人到相关部门反映情况。严守实体规定,认真分析上访材料及来访人的事实叙述,全面客观地收集、审查、认定全案的证据,结合法律规定对案件作出处理,保证案件质量。

(2) 坚持诉、访分离原则。准确把握诉、访的认定标准,要求干警从诉求性质、职能管辖和级别地域管辖诸方面进行审查甄别,准确界定诉与

访的区别，并依据受案范围，确定管辖部门。对于属于"诉"的信访案件，及时告知信访人转入相应法律程序；属于"访"的信访事项，按照信访制度有关规定办理；对不属于涉法涉诉的普通信访，耐心引导信访人向有关部门反映。

（3）坚持第三方全程介入原则。从案件受理环节即邀请第三方及时介入，以便第三方对案件分流、办理、终结等工作进行全程、实时、动态管理，增强对执法办案无缝隙、全覆盖监督，让涉检信访双方都有机会实现话语权，切实保障案件办理质量和效果。

（4）坚持公开公正原则。以公开为常态，以不公开为例外，进行"阳光"执法，明确信访人、第三方、社会公众了解办案过程的原则和范围、权利和义务、程序和方法；以公正为目标，坚持实事求是、依法纠错。

（三）第三方介入涉检信访问题的路径选择

在处理具体案件时，对第三方的选择应当以争议焦点为考量前提，针对不同的争议焦点选择不同的第三方介入。

（1）针对对法律理解偏差的情况，邀请具有一定法律知识、曾担任过人民陪审员、人民监督员、人民调解员的或者律师、法律援助者的人员参与。信访人员中，生活半径不远，经济拮据，文化素养不高，法律知识缺乏、法律意识淡薄的情况占据了相当的比例，而当前的涉检信访体系与法律援助服务力量、民政服务力量等并没有形成相对紧密的合作体系。[1] 为搭建法律服务平台，让法律知识人士以案外人身份参与接访，从法律专业角度对信访人进行个案咨询指导，对如何认定事实、采信证据、依法处理等提出自己的意见，其客观、中立的角色定位有助于帮助上访者正确理解法律规定和适用。

（2）针对对专业知识理解偏差的情况，邀请从事法医学、劳动、土地、交通等专业人士参与。在涉及某些专业领域问题时，信访人往往对检察机关的解释存有疑惑，而对有关专业人士的"权威解释"比较信服。面对这类案件，业内专家介入处理纠纷，对技术鉴定、行业规则与标准等专业知识进行说明，对检察机关与上访人双方争议的问题作出及时、合理解释，

---

[1] 刘旭："信访法治化进路研究——以信访的司法分流为视角"，载《政治与法律》2013年第3期。

能够有效确保纠纷得到一个权威的、符合专业性特点的公正结果。

（3）针对缺乏信任感、双方对立的情况，邀请上访人的亲友、同事、所在街道社区干部、在本地群众中有一定威望的或热心公益事业、善于做群众工作的人员参与。他们一般与上访者有较为亲密融洽的关系，相比检察机关而言，更容易了解上访人的真实心理、诉求目的和期望值，由他们向上访人讲解相关法律法规，并结合法、理、情对上访人进行心理疏导，借助于第三方权威的地方性知识可以更有效地帮助上访者正确认识自身要求与法律规定之间的差距，消除彼此之间的隔阂对立，寻求利益平衡点。

（4）针对性格偏执的，邀请心理专家参与。因情绪上或者认知上的偏差，他们往往不愿接受与自己意愿不一致的处理决定，对检察机关的释法说理存在巨大的心理抵触情绪。对待这类上访者，应当邀请心理专家对其进行心理疏导，把握信访诉求人的认识特点，耐心听取诉求人的倾诉，仔细辨别是非，主动掌握谈话方向，抓住主要矛盾，理顺信访关系，从社会认知与心理困惑上消除信访人的疑虑。❶

（5）针对利益驱使、试图利用信访牟利的，邀请人大代表、政协委员等参与。因个人私欲过高，这类上访人一旦达不到个人预期的目的，就认为检察机关执法不公而不断到多部门反映，试图获得法外利益。检察机关可借助人大代表、政协委员的社会地位及声誉影响，主动邀请其参与到案件办理之中，公开案情、公开诉求、公开办案过程、公开处理结果，从案件基本事实、矛盾争议焦点、证据采信分析、法律相关适用等方面用人民群众听得懂的语言进行普法模式的法理分析，让他们发表意见，监督办案是否公正、公开、透明，分析上访人的诉求是否合理。这种做法有利于检察机关依靠他们的力量，做好息诉工作。

（6）针对缠访缠诉、无理取闹的，邀请电视、报刊、网络等媒体参与。这类上访人往往凭借对信访事实的苦情宣泄、夸大表述，到各级机关反复缠访，试图通过上级部门或领导的批示来改变检察机关的处理决定。面对这种情况，检察机关不能通过"捂、盖、瞒"的方式解决，而应该早说话、敢说话、会说话，以事实、证据说话，邀请当地媒体、网站参与到案件处

---

❶ 伊向荣、陈喆：\"社会管理创新语境下检察环节信访处置机制研究\"，载《海峡法学》2013年第1期。

理中来，适时进行释理说法，表明检察机关处理案件公开、透明、坦诚负责的态度，打消信访人通过不法手段达到信访目的的意图。

（四）第三方处理涉检信访问题的程序和方法

1. 第三方参与的程序

考虑到检察机关工作量大的实际情况及提高办案效率的迫切要求，应当区分案件具体情况，在必要时引入第三方进行处理，即对第三方参与的程序进行严格的规定。

要明确引入第三方处理案件的范围。（1）涉众、利益相关方反映较为强烈、社会关注度较高、社会影响较大的涉检信访案件、事项；（2）信访利益相关双方当事人对已作出的处理意见不服、双方有较大争议的；（3）对经过多次接待处理，仍不服检察机关处理决定的缠访、闹访、反复信访老户；（4）案件办理单位经过风险评估认为有必要引入第三方的。但第三方参与在以下涉检信访案件当中要慎重考量，原则上不宜引入：一是案件涉及国家秘密、商业秘密或个人隐私的；二是原处理决定明显错误的；三是其他不适宜公开办理的。

要严格引入第三方处理案件的程序。明确受理、审查、处理、答复等各个环节的程序规定，贯穿于办案的始终。这里，重点注意两个方面。第一，引入第三方处理案件必须依据信访人或被处理人申请、主办（主任）检察官提出、检察长或检察委员会决定等，不能随意启动这一程序；第二，引入第三方处理案件必须经过审批，即主办（主任）检察官经过认真分析，认为需要考虑引入第三方处理案件的，向分管检察长提出建议，由分管检察长决定。

2. 第三方参与的方法

第三方参与方法可以根据案件具体情况多式多样，一般可通过公开审查、公开听证、公开调解、公开答复等方式有序进行。

公开审查的第三方参与。案件承办人和第三方联合审查，保障第三方对信访案件的知情权和参与权，将案件处理过程公开化、透明化。第三方通过向承办人、上访人询问具体事实情节细节，阐述对案件的评审意见，从而加深理解检察机关作出处理决定所认定的事实、采信的证据和适用法律全过程。《人民检察院刑事申诉案件公开审查程序规定》表明，公开审查是在办理不服检察机关处理决定的刑事申诉案件过程中,检察机关基于办案工作的现实需要,通过采取示证、论证、答复等形式依法公开审查相关案件的基本事实、基本证据、基本程序、法律适用等以实现依法公开、公平、公正处理案件的活动。公开审查的宗旨就是试图搭建一个检察机关主导的多方互动平台,一定程度上满足包括涉案当事人在内的人民群众所需要的话语权——知情权、参与权、表达权、监督权,让公平正义在人民群众的公开参与中实现,民众看得见、感受得到,能依法有效地营造促使刑事申诉案件申诉人息访罢访的强烈氛围。❶

公开听证的第三方参与。针对涉众、群众反响强烈、矛盾争议较大、信访利益相关人对有关机关作出的决定意见或复查意见均不服的信访事项,及信访人对检察机关作出的处理意见或者复查意见亦不服的,多次上访以及在社会上引起重大影响的信访事项等,通过邀请第三方参与信访听证来解决。以听证会的方式化解涉检信访矛盾,由信访人陈述问题及诉求,其他相关涉案人员参与答辩,原作出决定的检察机关公开相关证据及法律适用依据,对该决定过程、依据进行说理,第三方依据相关法律法规及司法政策进行公开评论,从而形成最终听证结论。司法民主的现代司法理念在第三方参与公开听证当中得以体现。❷

公开调解的第三方参与。对一些事实清楚、证据充分但仍有争议的积案,检察机关可以组织调解,由第三方担任调解员。检察机关与信访人可就信访事项各作详细陈述,由第三方根据事实、政策法律法规、技术标准、道德规范等提出合理建议。检察机关可根据第三方的调解意见,制定各方都能接受的调解方案。

公开宣告的第三方参与。对部分重大、疑难、复杂案件的审查,尤其是重复集体访、重复越级访、无理缠访缠诉闹访的案件,邀请第三方在现场同检察机关一起,将处理结果在一定范围内公开告知,保证参与案件的第三方和上访人及时掌握案件处理情况,督促处理结果的落实。

---

❶ 薛文琦、杨媛媛:"调动社会力量参与涉检信访矛盾化解的思考",载《黑河学刊》2013年第10期。

❷ 钱云灿:"涉检信访问题工作机制探微",载《法学杂志》2010年第6期。

四、结　语

党的十八届四中全会提出"进一步深化司法体制改革",让人民满意是检察工作的永恒主题。检察官不能垄断正义,强调检察权的独立性并不否定检察权的受制性。❶ "正义不仅要实现,而且要以人们看得见的方式实现"。通过引入中立第三方的方式,在检察机关与信访人之间搭建起一座新的沟通桥梁,丰富了司法民主的形式与内容,创新社会治理模式,为普通公民限制司法专横提供一条探索路径,增强民众对检察机关自由裁量处理结论的认同度,促进涉检信访疑难案件化解,促进价值日益多元的社会整合,满足不同主体对于司法制度的价值诉求。我国当前真正独立于检察机关的"第三方"组织和力量还处于孕育之中,借助"第三方"解纷探索才刚刚起步,如何进一步促使涉检信访第三方介入的规范化、制度化,第三方介入机制如何与被害人救助等相关机制联动,检察机关如何进一步通过借助第三方的介入倒逼规范执法,从源头上控制涉检信访,人们看到了希望,但依然在途中。

---

❶ 陈卫东:"司法改革背景下的检察改革",载《检察日报》2013 年 7 月 23 日。

涉检信访处理联动机制探讨

潘柳荫[*]

【提要】 近年来，涉检信访增多，许多检察机关化解涉检信访案件时，一方面感到力量明显不足，另一方面矛盾化解社会效果不明显，信访秩序维护难、涉检信访矛盾化解难问题比较突出。建立多部门联动机制，形成矛盾化解的合力已迫在眉睫。本文拟在建立涉检信访案件处理联动机制的必要性、当前涉检信访案件处理联动存在的问题、构建涉检信访案件处理联动机制的路径三个方面作一些粗浅的思考。

【关键词】 涉检信访　联动　矛盾化解

当前，维护社会稳定的任务越来越重，影响社会稳定的问题越来越多。特别是涉法涉诉信访，涉及面广，情况复杂，已成为全社会普遍关注的问题。在涉法信访中，涉及检察机关的信访被称为"涉检信访"。作为检察机关，积极稳妥地处理好涉检信访问题责无旁贷。然而有些疑难的涉检信访问题单靠检察机关一个部门很难彻底解决，必须坚持综合施策，调动各方面的力量，采取综合有效的手段，形成工作合力，部门联动，推动矛盾的解决。当前检察机关在处理涉检信访问题上与其他机关的联动水平还有待提高，建立涉检信访案件处理联动机制是摆在我们面前急需解决的问题。

---

[*] 潘柳荫，湖北省阳新县人民检察院党组书记、检察长。

一、建立涉检信访案件处理联动机制的必要性

(一) 信访人唯上心理的要求

当前,许多群众信访不信法,信上不信下,在信访中有一种领导情节。❶ 认为找的部门越高,找的领导越大,就能更好地解决自己的问题。他们上访的动机就是寄希望于找更高的部门、更大的领导帮自己解决问题。他们以为通过法律程序解决问题来得慢,而通过行政首长、领导批示解决问题来得快。❷ 现实中一些领导的批示确实也产生过作用,这也加剧了群众的这种唯上心理。对这种唯上心理的涉检信访案件上访者,如果基层检察机关不与上级检察机关建立处理联动机制,很难将矛盾化解。

(二) 信访人唯广心理的要求

许多信访人有唯广心理,不管自己的诉求应该归哪个部门管,跑党委,跑人大,跑政府,跑公检法机关,认为自己跑的部门越多越好,信访材料送达的部门越多越好。据统计,信访过程中找过多个部门的占 90%。这就要求国家机关之间建立良好的联动处理机制,加强沟通协调、沟通配合解决。检察机关是法律监督机关,信访人更容易找上门来,要求加强对其他部门不作为的监督,导致一些信访案件特别是对公安机关、法院执法办案环节的疑问及不满导致的信访流转案件积集到检察机关,这些信访案件往往涉及多个方面、多个部门,仅靠检察机关的权限、人力、物力、财力往往难以妥善解决矛盾和安抚来访群众,而检察机关要圆满处结好这些信访案件,更需要与其他机关建立处理联动机制。

(三) 信访人从众心理和听信心理的要求

从众心理是社会心理中的一种普遍现象,是指群众中的个体由于受到群众规范、普遍观点或意见的压力,而 "个人放弃自己的意见而接受大多数人的意见或采取与大多数人一致的行为"。❸ 研究表明,大约 3/4 的人有

---

❶ 江山市信访局干部:"浅析'信访怪圈'的成因及对策",载 http://xfj.qz.gov.cn/。
❷ 刘惠邦、罗大华、关日泽:"信访者上访心理剖析",载 http://www.sina.com.cn。
❸ 时蓉华:《社会心理学》,上海人民出版社 1986 年版,第 177 页。

从众心理。❶ 我们说的从众心理，主要是第一种，即群众个人放弃自己的意见而接受大多数人的意见。另外，许多上访群众有听信心理，当自己上访无门或多次上访问题得不到解决时，就喜欢听信"信访掮客"❷ 的意见。当多种力量联动参与化解矛盾时，涉检案件上访人如有从众心理和听信心理，更有利于化解矛盾纠纷。

（四）信访人唯亲和唯近心理的要求

中国是一个乡土社会，规则的权威性比较弱小，而人情是最好的"润滑剂"。在大部分人眼中，情理重于法理。❸ 因此通过情理取得信访人的信任是化解矛盾的关键。那么哪类人最容易获得别人的信任？有调查资料进行分析后发现，"家庭成员、直系亲属、亲密朋友、其他亲属"属于可以较多信任的层次，"单位领导、单位同事、邻居、一般朋友、一般熟人"介于说不准和可信任之间。❹ 可见，关系越亲密、距离越近的人越能被信任。所以，在涉检信访案件中将信访人关系亲密、距离走得近的人吸收进来，与他们联动处理信访案件，最能使信访人产生信任感，达到定纷止争的目的。

（五）社会共同愿景的要求

社会和谐稳定是我们的共同愿景，维护社会和谐稳定是国家机关的共同责任。近年来，各地区和各部门认真贯彻中央决策部署，解决了大量群众生产生活中遇到的困难，赢得了群众拥护。但是，一些地方和部门还不同程度地存在损害群众利益、伤害群众感情的现象，引发了大量信访问题。❺ 其中检察机关也产生了不少涉检信访案件，影响社会和谐稳定，矛盾纠纷的化解迫在眉睫。特别是群众诉求范围越来越广，诉求层面越来越深，必须综合利用法律、政策、行政、经济等手段和教育、协商、调解和疏导

---

❶ 安永强：《量刑偏差的心理分析》，人民法院出版社2010年版，第132页。

❷ 信访掮客，是指一些以上访的不正当获利为驱动，专门对新的上访者"指点迷津"，并收取一定的"咨询介绍费"，成为一种所谓的新职业，往往是"有经验"的老上访户居多。"信访掮客"为无序上访起到推波助澜的作用。

❸ 尹疏雨："'信访权威'有碍'司法权威'质疑"，载《西南政法大学学报》2008年第6期。

❹ 李伟民、梁玉成："特殊信任与普遍信任：中国人信任的结构与特征"，载《社会学研究》2002年第3期，第11~15页。

❺ 中共中央办公厅、国务院办公厅印发《关于创新群众工作方法解决信访突出问题的意见》，第1页。

等办法来解决,这就需要各国家机关、社会团体建立处理联动机制,承担起化解矛盾纠纷、促进社会和谐稳定的共同责任。

二、当前涉检信访案件处理联动存在的问题

(一)坐门等访守株待兔

有些检察机关习惯于在本院受理接待大厅接访,等待信访人上门信访,对本地信访局组织的联合接访是被动参与,甚至不参与,认为接访越少受理的矛盾越少,麻烦就越少;有的检察机关参与信访局组织的联合接访,但是也是坐门等访流于形式,将受理的问题带回院,依然依靠本院自己的力量解决,对如何处置缺乏与信访局及其他部门的联合互动。信访局也只是形式上的组织各单位来接访,对接访后问题的处理缺乏组织上的持续性。

(二)心存顾虑单打独斗

有的检察机关在处理涉检信访案件时,仅与信访人洽商会谈,既不主动向当地党委政府和上级检察机关上报,怕被误会成矛盾上交,也不愿找信访人的亲属、所在村的村干部帮助化解矛盾,怕人越多扩大影响局面更不好收拾,矛盾在萌芽状态没有熄灭,导致闹得不可开交,影响越来越大。

(三)相互推诿自扫门雪

有的地方党委政府、信访部门对受理的涉检信访案件单纯的转给检察机关,认为这是检察机关的事情,自己只要做好督办的职责就行;有的检察机关内设机构之间也认为办理信访案件是案管(或控申)部门的事情,自己只要做好本职工作不出差错就行,缺乏化解矛盾的主动性和积极性,化解矛盾纠纷的整体合力不高;有的地方公、检、法机关对涉法上访没有考虑执法的关联性,他们之间对涉法信访案件也是相互推诿,信访人上访,想方设法推到另外两家政法机关。

(四)事后联动亡羊补牢

检察机关与其他政法机关、与当地党委政府、人大政协以及信访部门、调解部门之间并没有日常的联动,只是等信访演变为群体访、告急访后,检察机关才会上报,政法委才会组织协调,党委政府才会重视,进而组织力量进行专门的化解,但此时化解难度显著加大,造成人、财、物资源的

浪费，有的还没有化解，成了积案、难案和"骨头案"。

（五）催促督办流于形式

上级检察机关和当地党委政府对越级访的涉检信访案件，往往是签一个督办函，重新要求检察机关办理并及时回复，并没有认真研讨案件，与检察机关会商如何化解矛盾，最后还是由主办检察机关自己单打独斗，虽说是有催促督办，但实质上并没有形成化解矛盾的合力。

三、构建涉检信访案件处理联动机制的路径

（一）强化检察机关内部联动

（1）要健全"三级网络"，搭建联动平台。枫桥创造了诉前劝导机制，利用分类调解的办法实施逐级调解，使镇、社区、村三级调解组织实现有效的互动。❶ 借鉴枫桥经验，检察机关内部联动也要搭建三级平台。一是要巩固受理接待中心一级平台。要按照《人民检察院文明接待室标准》的要求开展工作，并把提高接访能力和规范化管理作为重点，完善制度，强化措施，不断巩固接待中心化解群众矛盾纠纷的职能作用。二是延伸乡镇检察室二级平台。乡镇检察室是检察机关联系群众、服务群众的纽带和桥梁，反映群众诉求、开展群众工作的窗口和平台。因此，要积极推进检察职能向基层延伸，充分利用乡镇检察室贴近群众、掌握民情、了解民意的优势，发挥乡镇检察室在畅通人民群众诉求渠道，化解各种矛盾纠纷，维护农村和谐稳定中的作用。三是要建立乡村接待室三级平台。在乡镇的社区、村建立便民接待室，每个接待室聘请一位兼职接待联络员，负责收集当地群众的涉检信访事项以及其他法律咨询事项，并在第一时间内将信息反馈到检察室或受理接待中心，再由检察室或受理接待中心统一办理和反馈，使人民群众足不出村就可以反映问题。

（2）建立"四项制度"，促进整体联动。一是建立主办检察官轮流值班接待制度，促进案管部门与其他部门联动。要制定好全院主办检察官轮流值班接待表，每天在受理接待中心安排3人（1名带班领导、1名案管干

---

❶ 汪世荣主编：《枫桥经验：基层社会治理的实践》，法律出版社2008年版，第143页。

警、1名主办检察官）着装值班接待，通过案管部门与其他部门主办检察官联动，形成矛盾化解工作合力。二是建立分工协作制度，减少涉检信访案件。检察机关自侦部门（包括贪污贿赂犯罪侦察部、渎职侵权犯罪侦察部）、批捕部、公诉部及案件管理部分工协作相互配合，从源头上减少涉检信访案件。具体来说，自侦部门、批捕部、公诉部在办理自侦案件、审查逮捕批捕刑事案件、审查起诉刑事案件过程中坚持公正、规范文明执法，提高案件质量，减少涉检信访隐患。对提前预判案件当事人可能发生涉检信访问题的，要及时消除信访隐患，积极化解简单信访案件，并在必要时主动要求案件管理部门控告申诉检察主办检察官介入案件，介入后共同做好当事人的工作，对可能发生的涉检信访案件做到提前预判，将矛盾化解在萌芽状态，进一步从源头上减少和避免检察信访案件。三是建立联合接访制度，促进部门联动。由检察长或分管检察长组织反贪、反渎、公诉、批捕、刑事诉讼监督、民事和行政诉讼监督等部门主办检察官每月定期到检察室联合接访，现场解决群众来访问题。定期或不定期到乡镇开展"大走访、大接访"活动，收集群众诉求，化解矛盾纠纷。四是建立联合办理制度，促进矛盾化解。本院受理接待中心受理的涉检信访案件，原则上实行首办责任制，即当天的带班领导、值班人员和接待值班干警一起解决，需要其他分管领导和部门协助解决的，在请示检察长后合力解决。案管部门则对事情的落实负督促责任。在乡镇检察室和联合接访中受理的信访事项，对不属于检察机关管辖的，及时指明投诉去向。对属于检察机关管辖的，由检察室驻点人员及接访人提出处理意见，经主管副检察长或检察长批准，及时移送有关业务部门办理，案管部门积极配合，对办理情况予以跟踪，并及时向信访人反馈办理结果。

（二）强化与上级检察机关的上下联动

检察机关之间建立上下联动机制，密切配合形成合力化解矛盾。

（1）信息共享。上下级检察机关之间应定期对涉检信访信息进行收集和共享，加强信息研判，每半年召开一次联席会，通报情况，对其中的疑难案件和信访积案共同制定工作预案。

（2）联合接访。对难以化解的涉检信访积案和越级访案件，实行联合接访制度，共同做好信访人的调解工作，努力解决好靠基层检察院或下级检察院无法解决的信访难题。

（3）联合调查。对越级访案件和涉检信访疑难案件，在落实案件主办人制度的前提下，上下级检察机关建立联合调查组，共同查清案件的事实情况，有针对性的制定处理措施。

（4）联合听证。对重点信访案件和上访老户实行联合听证，通过听证、合议，妥善处置信访事项，做到能解决的当场解决，当场无法解决的作好解释说明，两级院共同想办法解决，从根本上解决疑难案件和上访老户的问题。

（5）督办检查。上级检察院加强对下级检察院矛盾排查、涉检信访案件化解的督导，重大活动、敏感时期实行转班督办，对回避矛盾、矛盾化解不力、矛盾化解拖拉延迟、矛盾化解没有达到预期效果的予以追责，并将工作完成情况作为年终考核的一项重要内容，以此提高涉检信访案件的处理效率和质量。

（6）依法办事。上级检察机关领导要摒弃以前那种来访就批示、转办的做法，不能将可以通过诉讼程序解决的诉求当作信访对待，要积极引导群众以合理合法方式逐级表达诉求，上级检察机关不支持、不受理越级上访。实行涉诉与信访分离，对涉法涉诉信访依法终结，把涉法涉诉信访纳入法治轨道解决。

（7）司法救助。对于生活贫困达到救助条件的涉检信访人，下级检察机关积极予以申报，上级检察机关积极协助办理司法救助，彰显司法人文关怀，缓解上访人的对立心理。

（三）强化与其他部门的横向联动

（1）建立与政法机关的协作制度。对涉法信访，公、检、法机关相互配合相互支持，落实便民利民措施，为群众提供便捷高效热情服务，共同做好释法说理工作，不断完善诉讼、仲裁、行政复议等法定诉求表达方式，使合理合法诉求通过法律程序得到解决。共同加强司法能力建设，不断满足群众日益增长的司法需求，让人民群众在每一个司法案件中都感受公平正义。同时公安机关要积极配合其他司法机关，依法处置非正常上访人员的非法行为，引导信访人依照规定程序向有关政法机关提出。

（2）建立与党委政府、信访部门的联动机制。建立信访联络工作制度，专人负责与各机关信访部门的日常交流、信息沟通和落实反馈等工作。定期、不定期向地方党委政府、人大政协及信访部门汇报涉检信访工作开展情况及需要地方党委、政府帮助解决的困难等。实行信访例会制度，定期邀请地方党委、人大、政府、政协、政法委、信访局等单位有关领导参加的信访工作例会，共同听取涉检信访工作的情况，专题研究和解决涉检信访工作中存在的突出问题，及时制定相应的工作对策。建立联合接访和处置制度，积极参与地方党委政府信访部门组织的联合接访，对涉检信访疑难案件由县委信访部门组织相关单位和人员一起协商，通过会商，共同找寻解决问题的办法。积极支持检察机关处置涉检信访案件，并在人力资源、关系协调上提供必要的帮助。积极参与人民调解、行政调解、司法调解"三位一体"的大调解格局，消除矛盾纠纷背后的深层次诱因。检察机关对工作中遇到的新情况、新问题及时与党委等部门沟通。对工作中发现的典型性、普遍性、倾向性问题，积极向党委、政府和有关部门提出检察建议。

（四）强化与其他人员的对接联动

（1）主动邀请村委会干部及农村族长、德高望重的老人、经济能人、技术能人等与当事人有特定关系的、在当地有影响有威信的相关人员参与调解，从亲情、风俗习惯等多方面协助检察机关做好解释调解工作，有效拓宽、延伸纠纷解决渠道，达到化解矛盾、息事宁人的目的。

（2）推行律师参与接访、心理咨询疏导等第三方介入的方法，促进问题解决。律师作为社会法律工作者，充分发挥自身法律专长和群众信任的优势，积极介入涉检信访接待工作，引导上访群众通过合法途径表达利益诉求，更好地预防和化解群众纠纷和社会矛盾。对情绪激动的涉检信访人，邀请心理咨询师对其进行心理疏导和帮助，缓解心理压力，排除心理障碍，从而化解矛盾。实践证明，律师参与涉检信访可以为上访者提供法律服务，提供法律上和道义上的支持，可以提升公民信访的质量，增强信访的法律含金量。[1]

（3）建立人民监督员对涉检信访案件监督、督办制度。在处置重要信

---

[1] 王雪莲："从维护社会稳定看信访制度创新"，载《中国人民公安大学学报》2004年第4期。

访案件以及疑难信访案件时，发挥人民监督员来自群众、知法懂法和熟悉检察工作的优势，邀请人民监督员全程参与，对工作给予协助，对过程进行监督，对当事人进行释法说理，通过这种联动方式，增强涉检信访工作的公开性和透明度，从而赢得人民群众和社会各界的理解和支持，特别是让信访人信服而息诉罢访。

法治背景下涉检信访工作问责制研究

朱自启 曾 珍[*]

【提要】 涉检信访问责应当是指特定的机构,对涉检信访中检察院办案人员的违法违纪行为以及导致错案或者严重腐败案件发生的违法、失职行为进行调查和追究,并向社会公布处理结果的一项法律活动。目前,我国涉检信访工作问责机制尚不健全,本文试图通过从完善涉检信访工作机制、建立涉检信访问责保障制度两方面,逐步完善涉检信访问责制度,从而解决相应问题。

【关键词】 涉检信访 问责机制 保障制度

长期以来,涉检信访作为我国的一项特殊制度存在,为群众维权提供了保障。中共中央办公厅、国务院办公厅印发的《关于创新群众工作方法解决信访突出问题的意见》中,要求严格实行诉讼与信访分离,把涉法涉诉信访纳入法治轨道解决,建立涉法涉诉信访依法终结制度。十八届四中全会提出:"明确各类司法人员工作职责、工作流程、工作标准,实行办案质量终身负责制和错案责任倒查问责制,确保案件处理经得起法律和历史检验。"以法治思维推进涉检信访工作,进一步完善涉检信访工作的问责机制,是检察机关适应新形势新要求应努力践行的又一重大课题。

---

[*] 朱自启,湖北省黄石市黄石港区人民检察院党组书记、检察长;曾珍,湖北省黄石市黄石港区人民检察院科员。

一、涉检信访问责制的含义

问责制（accountability system），就是一种"问"责任即追究责任的制度。❶ "问"和"责"分别代表了程序和实体两个层面。谢德勒（Andreas Schedler）教授在《问责制的概念化》一文中，特别强调"问"的意义。他提出问责概念的重构包括两个基本含义，一是回应性（answerability），公共官员有义务向公众告知和解释他们正在做或做了什么；二是执行性（enforcement），即有问责权的机构能够对权力行使者违反公共义务的行为实施惩罚。这一双层结构使得问责制的内涵更为丰富，因此，问责与监督、监察、控制、限制、制衡、公共披露以及惩戒等词语总是紧密相关，其核心内容是将权力引导到受规则指引的轨道上来。

在中国，有些观点认为，问责制仅只追问领导干部的责任。如"首先必须明确，问责制追究的是领导干部的责任，这关系到问责制的基本制度定位"，❷ 笔者认为，问责制的范围应该更为广泛。问责制就逻辑和历史发展而言，是《法国民法典》确立的过失责任原则在当代的高级发展。《法国民法典》中仅指违法责任，即 liability，但其意义在于主张法律面前人人平等，人人可被问责，每个人都要对自己的行为承担责任，无论王公贵族或黎民百姓，国家、政府、官员、普通公务员、国企抑或私人，毫无例外。这也正是"问责制"的精髓所在。❸ 具体到涉检信访中，其主体应该为受理、办理涉检信访案件的每一位有过错的检察机关工作人员。

从问责的范围来讲，"司法问责并非越多越好，越全越好……责应集中于防止错案或其他严重影响司法公信力的事件发生，对引发上述后果的违法违纪行为或失职行为进行调查和追究，从而促进司法公正、提升司法公信。""所谓司法问责，应当是指特定的机构对引起社会关注的司法人员的

---

❶ 谭世贵、骆梅英："法院司法责任若干问题研究"，载《浙江大学工商学院学报》2015年第3期。

❷ 李克杰："问责概念不能再笼统使用"，载《中国改革报》2009年第7期。

❸ 史际春："'问责制'研究——兼论问责制在中国经济法中的地位"，载《政治与法律》2009年第1期。

违法违纪行为以及导致错案或者严重腐败案件发生的违法、失职行为进行调查和追究,并向社会公布处理结果的一项法律活动",❶ 涉检信访为检察院司法行为之一,因此,涉检信访问责应当是指特定的机构,对涉检信访中检察院办案人员的违法违纪行为以及导致错案或者严重腐败案件发生的违法、失职行为进行调查和追究,并向社会公布处理结果的一项法律活动。

二、涉检信访问责制存在的问题

(一)涉检信访受理与处理相分离

目前,检察机关的涉检信访部门是附属于检察院的内设机构,不具有行政主体的资格。涉检信访工作通常由控申部门受理案件,再根据案件情况分发给有关部门进行处理,案件受理与案件处理处于分离状态。由于涉检信访机构不能处理案件,不能解决实际问题,当信访人的诉求不能得到解决或满足时,可能会采取越级上访、缠访、闹访等方式解决问题,加强了涉检信访的处理难度。

(二)涉检信访问责机制不完善

长期以来,我国检察系统实行错案责任追究制度,近年来又提出案件责任终身制,实践中,也追究了个别检察人员的责任,但是由于问责机制尚不健全,并未发生应有的效用。例如,错案责任中,对错案的概念不清晰、理解不一;同一案件由多人办理,具体办案人员应当负什么样的责任,负多大责任不清楚,存在权责不对等的现象。

(三)信访部门绩效评估体系不健全

问责视角的绩效评估就是运用科学的方法、标准和程序,对政府及其工作人员的工作效率、效果、工作能力、服务质量、公共责任和社会公众满意度等方面的判断和评价。由于涉检信访工作部门仅仅只是检察机关中的一个部门,或其中一项工作,没有形成科学完整的绩效评估体系。

---

❶ 谭世贵、骆梅英:"法院司法责任若干问题研究",载《浙江大学工商学院学报》2015年第3期。

三、涉检信访问责制的完善

(一) 建立健全领导班子涉检信访问责机制

信访工作是我们国家各个部门和各级机关与人民相互联系的渠道,是公民表达自身利益的重要途径之一,建立健全领导班子涉检信访问责机制,不仅可以提高检察机关在群众中的形象,也能加强领导对全院涉检信访工作的把握和监督。首先,实行信访工作领导班子责任制,建立专门的涉检信访领导小组,各分管检察长对本部门的案件工作负责,领导小组对全院的涉检信访工作负责,加强对全院的案件办理情况的监督,及时发现和纠正各部门在办理案件中的错误,防止涉检信访的发生。其次,实行对领导班子的问责制度,涉检信访涉及全院性、整体性的工作,应当问责院领导班子;在办案当中不规范、不文明、不严格引起的涉检信访工作应当问责院领导班子。对涉检信访工作暴露出来的问题进行梳理和分析,明确每个班子成立负责主抓的整改的时限和措施、改革,在规定时间内进行逐人逐项问责,对无正当理由未完成整改目标任务的,追究班子成员的责任。健全规范院领导班子的问责机制,不断加强院领导班子对涉检信访工作的重视,大力推进院领导班子对涉检信访工作的贯彻实施力度。

(二) 建立健全办案规范问责机制❶

涉检信访大多是因为办案不规范、不文明、不严格引起,因此,要建立健全办案规范问责机制,从源头上解决涉检信访问题。一是强化检察人员的程序意识、规范意识。检察人员要牢固树立依法办案,依流程办案的观念,树立程序意识、证据意识,无论是办理自侦案件还是批捕起诉等案件,办案人员都要严格遵循案件流程,依法依规办理,对有信访隐患的案件尤要重点把关。二是要规范办案流程。要严格依照相关的法律法规规范办案流程,细化到每一个环节,让检察人员在办案过程中做到有章可循,有法可依。严格依照相关的法律法规建立健全办案规范问责机制,对于在办案过程中,违反办案流程的行为,实行责任倒查,严格追究相关人员

---

❶ 范静:"健全工作机制,妥善处理涉检信访案件",载《法制与社会》2011年第10期(下)。

责任。

(三) 建立健全首办责任制问责机制❶

首办责任制,是人民检察院对本院管辖的控告、申诉,按照内部业务分工,明确责任,及时办理,将控告、申诉解决在首次办理环节的责任制度。在一些案件当中,首办人员责任意识淡化,不严格规范执法,从而导致案件被错误处理;还有一些案件因为各部门责任不明,互相推诿,导致案件久拖不办,给检察机关造成巨大的声誉损失。因此,为从源头上纠正这种本末倒置的办案理念,建立健全首办责任制问责机制。首先,要完善首办责任与其他业务部门的首办责任的关系,在接待信访环节,控申部门首次接待同一上访事项的接访工作人员为首访责任人,按照"谁首访接待谁负责"原则,全程负责对该事项的化解工作,避免同一来访对象因为控申部门不同的接待人员多次接待,造成答复内容有差异甚至南辕北辙,导致来访新访问题不断,重复来访;其次,案件流转环节,由案件首办责任人对案件质量负全责,并在法律规定的时限内办结案件,同时案件首办责任部门和首办责任人既要对案件质量负责,又要对息诉工作负责,把息诉工作贯穿办案始终,实现办案法律效果和社会效果的统一。通过明确责任的方法,厘清检察人员的首办内容,对于首办案件出现问题和瑕疵的情况,严格追究责任。

(四) 建立健全错案责任问责制

检察人员在处理案件过程中,有时会因为违规办案、违法办案或其他原因,导致案件处理结果存在瑕疵和错误的情况,这也是导致涉检信访的重要因素。因此,要建立健全错案责任问责制,对错案坚决追究责任,减少涉检信访的发生。一是要建立案件质量的评查机制。案件质量是检察机关办案的生命线,加强对案件办理情况的质量监督,通过全程跟踪、定期开展检查,细致评查案件办理情况,及时发现和纠正案件办理过程中的错误和瑕疵情况。二是要落实责任倒查机制。及时发现案件中的错误情况及时进行纠正,并找出处置过程中存在的问题,对执法办案人员因主观原因导致的案件质量存在瑕疵甚至错误的案件,实行责任倒查,追究案件办理

---

❶ 王宁:"当前涉检信访的现状及机制完善探讨",载《中国检察官》2014 年第 2 期(司法实务)。

人的责任。三是要实行案件终身负责制。责任终身制是指案件责任的追究不因检察人员的职位变动和岗位调整而分离。检察机关应在办案人员接案时签订责任承诺书，明确责任，保证对案件办理情况终身负责，从而提高办案干警的责任意识，认真对待每一件案件，切实树立司法公信力。

（五）建立健全联系群众工作问责机制❶

信访是群众表达自身利益诉求以及对社会现实不满的一种重要渠道，因此，建立健全联系群众工作的问责机制，创新联系群众的方法，可以有效地减少涉检信访工作，对在群众工作中，不认真负责的情况，采取严格的问责制度。首先，要加强信访群众的思想教育工作。涉检信访行为的发生是由于当事人认为自身的合法权益受到侵害，这其中又分为合理信访与不合理信访。一方面，对于合法权益确实受到侵害的涉检信访，检察机关应维护其合理诉求，对属于法律范围的信访，依法及时通过法律予以维护。对不属于法律范围的信访，加强教育疏导工作，实施诉、访分离，引导信访人通过法律途径来维权；另一方面，对于信访人的合法权益并未造成侵害和不合理诉求，应该认真做好释法说理以及心理疏导工作，向上访人讲清检察机关做出案件处理的法律依据，特别是对不立案、不批捕、不抗诉的案件，通过释法说理工作及时沟通，达到释法说理，息诉罢访的效果。其次，建立健全巡防制度。检察机关应该改变以前被动等待信访的形式，建立巡防小组，本着"带案下访，定期巡访，有案办案，无案宣传，维护稳定"的原则，对有涉检信访苗头或涉检信访问题比较集中的社区、基层、单位，定期进行"寻访活动"，变群众"上访"为检察干警主动"下访巡访"，妥善接待群众来访，全力化解矛盾纠纷，维护群众利益。❷ 最后，建立群众反馈机制。检察机关应开通各种评价方式，听取群众的反馈意见。对于在教育疏导工作中，检察人员不能及时做好释法说理工作，群众不能接受的情况，以及在寻访过程中，不及时解决群众问题等情况，采取责任追究制度，提高检察人员积极主动为群众服务的意识，从而减少涉检信访的发生。同时，控告申诉等部门的接待干警还需不断提高信访工作能力，

---

❶ 汪跃等：“涉检信访工作机制的改革与完善”，载《人民检察》2014年第11期。

❷ 王宁：“当前涉检信访的现状及机制完善探讨”，载《中国检察官》2014年第2期（司法实务）。

提升素质,做好文明接待、耐心倾听、敏锐洞察、有效沟通,防止因接访人员态度问题引起的矛盾冲突,争取从源头遏制缠诉缠访情形的发生。

(六)完善涉检信访问责的保障制度

(1)加强涉检信访问责制的法制建设。当前,我国尚缺乏一部统一的全国性的《信访问责法》。信访问责工作没有统一的问责程序作为指导。❶所以要想信访问责工作有序的顺利进行,就必须使信访问责不断走向程序性问责,形成统一的规范和制度。涉检信访的程序性问责需要明确几个方面:第一,界定涉检信访问责主体和权力。目前来看,涉检信访为内部问责,一般由上级部门和院领导追究责任,问责主体严重缺位,❷缺少外部问责主体,具体表现在人大问责缺位,公众问责缺位,新闻媒体问责缺位。明确问责主体和权力,不仅可以加强对涉检信访工作的监督,还可以提高公众政治参与的积极性;第二,界定涉检问责客体及其具体责任。长期以来,信访责任与信访工作的分离,❸涉检信访存在权责不明、权责不等的情况。从实务部门来看,涉检信访一般由案件管理部或控申部门受理,但后续的办理情况则要转交给相关业务部门。这样可能导致一件案件由几个人办理,出现问题责任难以落实。界定问责客体及其具体责任,可以提高问责客体主动承担责任的意识;第三,界定涉检信访问责的责任类型。从广义上讲,涉检信访问责追究的责任包括信访工作者和信访人的责任,但法律上并没有明确规定,哪些属于信访工作者的责任,哪些属于信访人的责任,应明确相应范围,做到于法有据。第四,界定涉检信访问责程序。通俗来说,问责程序就是问责过程的法制化。问责程序是区分人治和法治的标准。所以问责程序只有界定了,才可以使问责工作有法可依,有法可循,走向法制化道路。❹

(2)构建涉检信访信息共享平台。共享平台便于检查机关及时发现可能影响社会稳定、尤其是可能引发群众上访的苗头,做到早发现、早调解;及时发现重大矛盾隐患,防患于未然;加强各级案件管理部门或控申部门之间联系、沟通,通过信息互联、资源共享,有效整合信访信息资源,形

---

❶❷❹ 邸平玲:"关于健全我国信访问责制的思考",载《四川行政学院学报》2009年第3期。
❸ 参见《信访责任与信访工作相分离——徐光春切中了信访问责的软肋》,载《领导决策信息》2007年第30期。

成齐抓共管的工作合力；可加强对信息线索的分析研判，对已经处理而重复上访、集体性上访、突发性集体上访等难以处理的案件，适时提醒；便于涉检信访的各级主管领导随时查阅相关的信访信息，了解信访案件办理情况，督促工作人员提高办事效率；便于加强办案人员与信访人的联系，增加沟通互动方式，使信访群众及时获取信访案件的处理进程与情况，及时监督，及时反馈。❶

（3）拓宽人民群众参与监督的工作渠道。第十七届中央纪委五次全体会议提出，要拓宽群众参与反腐倡廉工作渠道，加强反腐倡廉舆情网络信息的收集、研判和处置。网络举报和受理机制互联网是反映社情民意的重要窗口，是群众参与反腐倡廉建设的重要渠道。❷ 因此，健全传统举报、受理机制与网络受理相结合的问责机制，可拓宽群众的问责渠道，便于更加充分的表达民情、民意。应加快建立健全相关的网络信访快速反应机制，充分发挥"12309"电话，"两微一端"信息化平台的作用，通过网络产生的信访事件作出快速反应，并及时回应，作出相应处理。

参考文献

［1］邵华：《自组织权利救济——多元化纠纷解决机制的新视角》，中国法制出版社 2007 年版。

［2］秦新承："涉检信访终结制度若干问题研究"，载《法学杂志》2011 年第 1 期。

［3］何家弘、刘为军："论检察机关执法观念的更新"，载《人民检察》2004 年第 3 期。

［4］徐盈雁："通过做好涉检信访工作加强法律监督和自身监督"，载《检察日报》2013 年 3 月 23 日。

---

❶ 邸平玲："关于健全我国信访问责制的思考"，载《四川行政学院学报》2009 年第 3 期。
❷ 黄辉："完善信访'问责' 促进社会和谐"，载《中国纪检监察报》2010 年 3 月 7 日第 4 版。

检察机关涉检信访案件处理联动机制相关问题研究

王 晶[*]

【提要】 针对近年来涉检信访工作面临的新问题，同时为了适应涉检信访工作开展的需要，检察机关提出涉检信访工作联动机制的构想，并进行初步探索。在涉检信访工作联动机制下，检察机关侦、捕、诉、控等职能部门将充分发挥自身的业务所长，各司其职，各尽其能，并形成合力，克服当前涉检信访工作中存在的一些难点，从而更好地解决涉检信访矛盾。控告申诉检察部门作为涉检信访工作的负责部门，在整个联动机制中处于主导地位，应发挥出其应有的作用。

【关键词】 涉检信访 联动机制 控申部门

近年来，群众信访居高不下，其中涉及检察机关管辖的信访（谓之涉检信访）也不断增多，对社会稳定及党和政府的形象造成一定的负面影响。所谓涉检信访，是指依照检察机关案件管辖范围，检察机关依法应当处理的信访。涉检信访工作联动机制是检察机关为更好地解决涉检信访矛盾而进行的一项探索与尝试。它的构建，是对检察环节社会矛盾日趋多样化、复杂化的自觉回应。当前，我国社会正在经历一轮深刻的发展变革，经济高速发展，利益格局大幅调整，思想观念激烈冲突，使得各类错综复杂的社会矛盾大量涌现。而随着社会主义法治建设的深入推进，群众自身的维权意识日益增强，对司法机关化解社会矛盾、维护公平正义的呼声和期望也不断提高，这就促

---

[*] 王晶，湖北省黄石市西塞山区人民检察院检察长。

使相当一部分悬而未决的纠纷以涉检信访的形式进入法律程序。这些纠纷多涉及动拆迁、劳资争议、因司法机关及其工作人员履职失当而导致的矛盾扩大以及对国家工作人员贪腐、渎职行为的控告、举报等，因同国计民生、政府形象密切相关，故而备受群众和舆论的关注。检察机关作为国家的法律监督机关，担负着维护公平正义的神圣职责，在社会变革中更应充分履行解矛盾、促和谐的积极作用，有效化解并努力预防、减少涉检信访矛盾的发生。在近年来的涉检信访工作中，传统的以控告申诉检察部门（以下简称"控申部门"）为主体的工作模式频频显露出其困境与缺陷，这是因为，一方面，对信访所涉纠纷缺乏事先防控而加大了矛盾化解难度，另一方面，在需要检察机关多个内设职能部门共同开展信访工作时因权责不明而造成重复劳动或工作缺位。❶ 因此，为了及时、有效、妥善地将相关矛盾化解在检察环节，涉检信访工作联动机制应运而生。

一、涉检信访的现状特点

涉检信访不同于一般信访，其由于结合检察职能因素而具有自身的一些特点。

（一）反映问题的多元化

检察机关是法律监督机关，进入检察环节的矛盾纠纷主要有刑事案件、民事案件、行政申诉及各种举报控告案件等类型。类型多且数量大。以黄石市西塞山区人民检察院为例，该院受理信访的案件中主要涉及侵犯公民人身财产安全、国企改制职工下岗纠纷、劳动争议、征地拆迁纠纷、商品房预售纠纷、合同纠纷、涉农问题等类型，受理的举报案件涉及贪污、贿赂、渎职、侵权等案件类型。该院近几年来接待群众来信123件，来访122件。

（二）信访内容的复杂化

从西塞山区检察院受理的信访来看，诉求内容复杂多样。有的要求追究犯罪嫌疑人刑事责任，有的要求纠正错案并追究相关办案人员责任，有

---

❶ 龚卫清、罗造祉："对涉检信访工作联动机制的几点思考"，载《法治博览》2012年第10期。

的则申请国家赔偿或者经济补偿,有的诉求涉及各门类的国家机关,所反映的问题既属公安机关、检察机关管辖,又属主管部门管辖,造成有关举报材料在公安机关、检察机关和行政主管部门之间流转。

(三) 化解方式的难度化

其主要表现为:一是多头上访、重复上访、越级上访突出,由于涉检信访案件矛盾具有复杂性,大部分已经经过检察机关、法院、公安机关在不同阶段作出处理决定,加上申诉人、举报人对举报存在观念误区,对违纪或违法界限认识的模糊或不正确,认为案件越往高处告,越能得到重视。因此,信访人为达到目的,依然通过各种司法途径诉讼不止,有的在"穷尽"各种诉讼途径依然达不到目的时,往往采取重复信访,大吵大闹甚至冲击办公区等过激行为宣泄不满情绪;有的反反复复,在检察机关息诉后,仍然多次到检察机关缠访、闹访。❶ 二是有的矛盾纠纷合理诉求与不合理诉求交织。合理诉求与不合法方式交织。如征地拆迁、企业改制、涉农问题等纠纷所引发的各种群体性事件,诱因复杂给矛盾化解带来相当大的难度。三是受理的举报中署名举报少,匿名举报多,核查答复困难。根据近年来西塞山区检察院受理的首次举报线索统计,署名举报线索几乎为零,基本都是匿名举报,由于匿名举报现象的大量存在,给调查取证工作带来相当的难度。

二、涉检信访形成的主要原因

涉检信访问题的形成原因比较复杂,有信访人自身的问题,也有司法机关工作不扎实,办案质量不高等原因。从工作实践分析,主要有以下几个方面。

(一) 公民的法律意识、维权意识不断增强

随着普法的深入,公民法律意识不断增强,敢于用法律维护自身合法权益。同时随着检察机关不断强化法律监督,不断加强法律宣传,尤其是对民事审判监督力度的不断加大使得检察机关在人民群众中的威信不断提

---

❶ 丁文玲:"引发涉检信访的主要原因及息诉对策",载《农村·农业·农民》2011年第5期。

高，取得了人民的信赖，这也是近几年来民事申诉信访上升的重要原因。

（二）信访接待工作存在薄弱环节

其主要表现在接待人员的责任心和法律政策水平不高。对一些复杂、疑难的来访不能依照法律、政策做出正确的解答和圆满处理，对来访者不能够进行推心置腹的说服教育工作，而是简单打发了之，甚至动"肝火"，致使矛盾激化。信访举报宣传不够深入，每年仅限于在市区搞些宣传活动，很少到农村基层开展宣传工作，使举报信访宣传在乡村长期存在死角。对群众信访举报和处理结果，口头答复的多，书面说理答复的少，不能使信访者得到心服口服的满意结果。

（三）全院"大信访"的格局还没有真正形成

检察机关内部很多科室仍然认为涉检信访案件是控申部门的职责，与自己无关，出现问题也不出面解决，相互推诿，使得信访案件与涉检信访案件概念不清，处理和解决涉检信访案件责任不清，主体不明，致使实际工作中出现信访工作人员处理和答复不知情的涉检信访案件的情况，使处理涉检信访工作出现"两层皮"现象，不利于问题的解决。❶

三、构建涉检信访工作联动机制的必要性

党的十八大以后，群众工作路线被提到一个更加重要的位置，且随着《中华人民共和国刑事诉讼法》《中华人民共和国民事诉讼法》以及《最高人民检察院人民检察院刑事诉讼规则》的修订实施，作为国家法律监督机关的人民检察院也面临新的工作形势。如何做好涉检信访工作，积极践行群众工作路线，回应检察环节的群众诉求，仅仅依托控申部门，依靠传统方式，已经不能适应新形势下处理信访问题，化解信访矛盾的需要。因此，亟待探索建立稳定有序、正本清源的涉检信访工作联动机制。

（一）执行党的群众路线的必然选择

检察机关既是司法机关，又是群众工作机关。如何做好新形势下的群众工作，是各级检察机关围绕中心，服务大局，创新社会管理应当承担的

---

❶ 高卫：《论我国涉检信访工作机制的完善》，河北师范大学2011年硕士论文。

时代重任，坚持群众路线，倾听群众意见，接受群众监督，是宪法和检察院组织法规定的检察工作的基本原则。曹建明检察长曾深刻指出："这些年来我们的工作有长足发展，但群众观点、群众工作还是相对薄弱。党政机关、政法机关各个环节如果更多地把群众观点、群众路线放在首位，作为工作的出发点和落脚点，很多工作就能做好，很多矛盾就能化解。"❶ 在实际的涉检信访工作中，由于群众的诉求意愿复杂多样，所涉问题源头往往涉及多个部门，这就决定了涉检信访工作的开展与加强需要相应部门的配合与支援。这些部门或为信访所涉案件的前期承办者，或为日后信访事项的实际办理者，就前一种身份而言，其往往较控申部门对信访事项有更全面、更深入的了解；就后一种身份而言，其对信访事项具备更专业的处理方法和更丰富的处理经验。涉检信访的存在，正是信访所反映的社会矛盾未能得到妥善解决的集中体现。加强涉检信访工作，就要直接面对这些矛盾，并有效化解这些矛盾，其中，直接意味着由最熟悉案情的部门在法律规定的权限内办理，不扯皮、不推诿，而有效则意味着以专业的方法对症下药，只有这样，才能增强涉检信访工作的力度和成效。

（二）履行法律监督职能的内在要求

检察机关是国家的法律监督机关，特别是对国家工作人员职务犯罪、对审判活动、对侦查机关侦查活动、对刑罚执行活动的监督，决定了大量的群众信访将涌入检察机关。有了健全的涉检信访工作机制，群众对于严重侵害自身合法权益的审判行为、侦查行为以及其他职务违法犯罪行为等均可以通过举报、控告、申诉等方式要求检察机关启动监督程序。而联动机制的建立与完善能够通过优化检察机关内部资源配置，充分发挥各职能部门自身的业务特长及多部门协作的合力优势，强化整体监督职能，提高涉检信访工作效率，有效预防和减少涉检信访矛盾产生，及时消除检察环节的不稳定因素，促和谐、保平安。

（三）破解信访工作难题的迫切需要

当前涉检信访工作实践中存在以下问题：首先，涉检信访反映的矛盾多发生在控申部门介入化解工作以前，控申部门不曾参与过有关案件的办

---

❶ 曹建明检察长在《学习贯彻习近平总书记在中央政法工作会议上重要讲话精神》的讲话。

理，一时间难以对纠纷的前因后果、利益关系各方和个案的特殊情况等信息形成全面掌握，因而可能会对息诉罢访产生不利影响。其次，目前的涉检信访工作由控申部门统一负责受理和归口，由于信访事项往往涉及一些控申部门不具备相应处理职能的问题，因而在很多情况下控申部门只能采取分流的方式流转到检察机关内的相关职能部门加以解决，不但延长了办案周期，还给作为非实际承办人的控申部门在答复信访人时增加了难度，容易引起信访人的误解，造成不满。最后，信访事项流转到的相关职能部门对涉检信访工作的重要性认识尚不到位，对信访工作质量的重视度也不够高，造成涉检信访处理周期长，息诉罢访工作流于形式，群众对信访处理结论满意度较低。而上述问题可借助涉检信访联动机制从以下三个方面加以解决：第一，在必要的时候，使控申部门在某一纠纷以信访形式进入控申工作环节之前即介入、跟进案件的办理工作，在进入控申工作环节后根据实际需要会同相关职能部门一起处理该信访。第二，对参与涉检信访工作联动机制的各部门处理信访的工作期限和程序做出刚性规定，从而在确保信访工作质量的前提下尽可能缩短工作周期。第三，明确各部门在涉检信访工作联动机制中的地位与职责，真正形成合力，建立、健全横向与纵向的沟通协调机制和案件流转程序，逐步减少至最终消除重复劳动和推诿扯皮现象，切实提高涉检信访工作效率。[1]

四、涉检信访工作联动机制的运行方式

（一）涉检信访工作联动机制的含义

结合各地实践以及笔者思考，浅以为：涉检信访工作联动机制，是指在涉检信访矛盾的排查和调处中，检察机关自侦部门、刑检部门及控告申诉部门联动，要求上述部门在办理自侦案件、审查批捕案件、审查起诉案件过程中提前预判案件当事人可能发生涉检信访案件，及时消除信访隐患，积极化解简单信访案件，并在必要时主动要求控告申诉部门介入案件，控告申诉部门介入后按照相关规定对可能发生的涉检信访案件做到提前预判的工作机制，

---

[1] 张宇冰：" 新时期破解涉检信访难题初探"，载《商》2013 年第 20 期。

从而从源头上减少和避免检察信访案件。联动机制的核心在于"联"与"动"。联,强调的是合力与协作,是从联动机制的整体层面而言的;动,则强调主观能动性与工作的积极状态,是就参与联动机制的个体要素而言的。参与个体的主观能动、积极工作是形成有效合力的基础,而协作的达成则是充分调动个体要素所追求的结果。因此,联动的目的,其实在于通过检察机关主要各办案业务部门的提前预判,及时与控申部门互通有无,从而消除信访隐患,积极化解简单信访案件,从源头上减少和避免涉检信访。❶

(二)涉检信访工作联动机制的参与主体及其各自职能

除了前述部门,联动机制的参与主体在有些场合可能还包括监所检察部门与纪检监察部门。以上部门在联动机制中的职能分别是:在发现涉检信访风险方面,自侦部门对正在侦办的贪污贿赂案件、渎职案件和其他依法由检察机关自侦部门办理的案件进行信访风险预警;侦监、公诉部门将移送不起诉案件、不批准逮捕案件、不起诉案件、辩护方辩解与指控意见存有较大差距的案件、法院定罪量刑偏轻或偏重但不足以提请抗诉的五类案件作为可能引发涉检信访的高危案件进行重点风险评估,在认为需要时提出申请,由控申部门介入联动,以化解风险等级较高的信访案件;在配合处理涉检信访事项方面,在已经发生涉及侦、捕、诉业务工作的信访状况的场合,由控申部门依据一定的规则进行案件分流,并及时向相关业务部门通报情况,而相关业务部门则在特殊情况下(如遇到集体访、告急访),应控申部门的要求配合做好信访接待及释法说理等工作。总而言之,上述部门在联动机制中需充分树立起全院信访工作一盘棋的意识,并努力发挥各自的业务特长和能力优势,使涉检信访矛盾尽可能早地受到关注,尽可能好地得到处理。❷

(三)涉检信访工作联动机制的实现步骤

涉检信访工作联动机制可通过以下步骤来实现:第一步是信访风险评估和风险等级划分,主要涉及自侦部门、侦监部门和公诉部门。这些部门依照统一的预警指标,对各自在办案件中可能引起涉检信访的高危案件进

---

❶ 龚卫清、罗造祉:"对涉检信访工作联动机制的几点思考",载《法治博览》2012年第10期。

❷ 高卫:《论我国涉检信访工作机制的完善》,河北师范大学2011年硕士论文。

行重点风险评估,并按照风险从小到大将案件依次分为四个等级:一级案件为没有信访可能或可能性极小的案件;二级案件为有一定信访风险,但承办部门工作人员只要工作到位就能够自行消除信访隐患的案件;三级案件为存在一定信访风险,通过承办部门工作人员工作仍不能自行消除信访隐患的案件;四级案件为本部门受理此案件时就已经发生信访状况,或者虽然尚未发生,但是存在现实信访风险,承办部门难以消除或者难以有效预防信访事件发生的案件。确定风险等级后,第二步是根据不同案件的风险等级确定处理方案。对于一级案件、二级案件,由承办部门独自化解处理;对于三级案件、四级案件,由侦、捕、诉等承办部门在认为需要时提出申请,控申部门依申请介入联动机制,化解风险等级较高的信访案件。第三步是具体信访事项的处理,可按处理主体的不同分为两类情形:一类是由控申部门统一受理信访并完成初查后,根据法律规定将信访事项流转至有关业务部门处理的情形,相关业务部门应在法定期限内处理信访事项,并与控申部门保持沟通,以便控申部门及时、适当地将信访工作的进展向信访人作出反馈,控申部门也应主动与相关业务部门加强联系,了解信访事项的办理进度,协助业务部门做好信访工作;另一类是由控申部门直接处理信访事项的情形,相关业务部门除了向控申部门提供必要的专业援助外,在控申部门需要时还应积极配合做好接待工作和其他必要的辅助性工作。❶ 第四步是事后跟进。针对案件终结后当事人可能越级上访的情况,或经审查需移送上一级人民检察院办理申诉案件的情况,可能涉及执法质量、办案作风等问题的,控申部门应及时与相关职能部门取得沟通,进行情况通报,相关职能部门在接报后应积极主动地采取措施,努力将有关信访问题解决在本院内,并及时向分管检察长汇报上述情况。第五步是工作总结与考核评定。建立联动协调小组,由检察长任组长,分管检察长及相关部门负责人为小组成员,定期召开侦捕诉控联席会议,专门研究疑难复杂涉检信访的成因、对策、措施,进行部门间沟通、协调、统一思想、消除分歧、分析不足、总结经验。院政工部门、纪检监察负责人亦应出席联席会议,以便了解本院信访工作的开展情况,听取意见,并加强对涉检信访工

---

❶ 杜丽英:《涉检信访工作机制与对策研究——以浦东新区检察院为例》,复旦大学 2011 年硕士论文。

作联动机制实施情况的监督与考核,将职能部门的联动机制实施情况纳入院目标管理的考核范围,增强联动机制参与各方的责任意识,以便提高其工作积极性。❶

参考文献

[1] 刘海鹏:《论涉检信访制度——从赤峰市检察院信访工作看信访工作制度》,内蒙古大学 2012 年硕士学位论文。

[2] 张晓华、卢超:"和谐理念下的涉检信访处理——对北京顺义区涉检信访案件及机制探索的实证研究",载北大法律信息网。

[3] 刘忠权、任思敏、关玉新、宋剑锋:"试论依法有效规范办理涉检信访案件",载《检察研究参考》2009 年第 4 期。

[4] 范静:"健全工作机制,妥善处理涉检信访案件",载《法制与社会》2011 年第 20 期。

[5] 龙婧婧:"社会管理创新背景下涉检信访工作的应然期待与实然过程",载《西南政法大学学报》2013 年第 3 期。

---

❶ 张志、甘国凯:"探究新形势下涉检信访的成因及创新化解之道",载《广西师范学院学报(哲学社会科学版)》2011 年第 8 期。

浅析涉检信访终结机制的构建与完善

邓中钢*

【提要】 近年来，涉检信访工作形势严峻，特别是刑诉法和民诉法修改之后，基层检察机关的信访部门更是承担信访态势高发、矛盾错综交织、积案积重难返、终结结而不终等重重压力。2014年年初，审议通过《关于依法处理涉法涉诉信访问题的意见》，其中规定，"对于已经穷尽法律程序的案件、经过中央或者省级政法机关审核终结的案件，依法不再启动复查程序"。其进一步明确了涉法涉诉信访案件的终结退出制度，以此为契机，本文结合黄石市下陆区院涉检信访终结的运行现状，就如何落实涉检信访终结制度、畅通信访出口提出一点建议，以求教于方家。

【关键词】 涉检信访 终结 构建 完善

信访，作为中国最基本的民意诉求表达渠道和特有的政治参与方式，在保障群众合法权益、促进司法公平公正、维护社会和谐稳定等方面一直发挥着举足轻重的作用。近年来，随着经济转型、社会转轨、体制转换和利益调整，大量的矛盾纠纷通过信访途径进入检察领域，与此同时带来了诉访矛盾交织、程序规制紊乱、结而不终突出、司法权威式微等一系列问题。为了有效应对和化解当前这种局面，各级检察机关采取认真核查、有序退出、依法终结、救助补偿等法律途径和领导包案、下访巡访、定期排查、节点稳控等准行政手段结合并用的方式，开展了大量的矛盾化解和结案息诉工作，但实践操作中，这种终结与准终结并存、法律与行政手段混

---

* 邓中钢，湖北省黄石市下陆区人民检察院检察长。

用、司法与民意循环博弈的做法，虽在一定程度上化解了矛盾纠纷，但让检察公信和民意保障陷入彼此消解的螺旋中。根据最高人民检察院关于建立涉检信访终结机制的改革要求和课题组的安排，笔者将从基层检察机关信访终结的现状与困境出发，围绕构建信访终结机制的必要性和可行性，提出建立和完善信访终结机制的构想，以期为化解长期困扰检察机关的"终而不结、无限申诉"难题提供一个法制化的出口。

一、涉检信访终结机制的价值意义

（一）建立和完善涉检信访终结机制的意义

任何一种纠纷解决机制都需要一个定纷止争的程序出口，以避免因处理无休止的争议而浪费有限的公共资源，[1] 涉检信访自然也不例外。科学、理性的涉检信访终结机制是保证检察机关信访工作正常健康运转的必由之路，也是法治环境下实现司法资源、社会利益和公民权益平衡的必然选择，对维护信访人的合法权益、提高检察机关的公信力、推动涉检信访工作规范化、法治化发展都有着极其重要的意义。

（1）建立和完善涉检信访终结制度是保证涉检信访工作健康运转的重要前提。随着修改后民事、刑事诉讼法的正式实施和涉法涉诉改革的深入推进，检察机关的监督范围和职能权限得到进一步拓展，过去一些由法院、公安机关直接受理的信访件逐步转移至检察领域，检察机关的信访量特别是民事行政申诉案件数量正呈现出井喷式的增长，而与此同时，现有的终结制度在解决问题的乏力和执行效力上的疲软，让涉检信访工作始终面临有增无减的高压态势。面对如此庞大的信访积案和源源不断的信访增量，我们已无法单纯通过增加接访人员或改进工作方法来化解，必须以信访终结制度的创新和完善来回应现实的压力与挑战。

（2）建立和完善涉检信访终结制度是维护信访人合法权益的必然要求。近年来，随着信访总量的持续攀升和信访问题的复杂性加剧，检察机关处理信访案件的周期较以往有所延长，在人力物力财力都极度稀缺的情况下，

---

[1] 周华荣："强化复查复核工作，依法推进三级终结"，载《中共乐山市委党校学报》2012年第2期。

涉检信访案件办理的效率和质量自然难以保证,信访人通过信访途径获取救济的风险和成本越来越大,信访制度的边际效用递减态势正逐步显现。如2011年下陆区院初信初访案件的平均办理期限为34天,而2012~2013年这一期限分别延长到39天、46天,同比延长15%、18%,与此同时重复访、集体访等非正常上访案件的数量也较往年分别增长33%、50%,信访正逐步陷入存量不断增加、质效越发低下、救济乏力加剧的怪圈,必须通过涉检信访终结制度为信访权利划定一个合理的边界,以实现信访人整体权益的及时、有效、充分保护。

(3)建立和完善涉检信访终结制度是提高检察公信、推动法治建设的重要途径。"法律必须被信仰,否则形同虚设"。❶ 美国联邦法院的杰克逊大法官曾经说过:我们的判决之所以是终极性的不可推翻的,并不是因为我们的判决正确。而恰恰相反,我们的判决之所以正确,是因为我们的判决是终极性的不可推翻的。❷ 由于人类认知能力的缺陷和认识观念的差异,检察机关的审查结论不可能做到绝对公正,也不可能让每一位信访人都满意服气,但如果我们因此而放任信访反复无常、没完没了的话,那么社会关系将始终处于悬而未决的不确定状态,检察的权威和公信也必将在这种无休止的争端中消弭于无形。作为法律监督机关,我们必须树立敢于面对信访人和社会舆论拷问的自信心态,坚决维护检察机关结论的终局性和权威性,真正让检察公信力和公平正义的理念在社会的质疑、认同和信服声中成长为屹立不倒的参天大树。

(4)建立和完善涉检信访终结制度是增进社会稳定和谐的必然选择。近几年,下陆区院受理的涉检信访中,缠访、闹访、群体访、过激访的数量比以往有明显增加,形势十分严峻,有些信访人为了获取自身利益的最大化,不惜采取极端的方式,试图将事态扩大,以求得高层领导和社会舆论对案件的关注,进而对执法办案活动施加压力和影响。此种做法虽并未从根本上动摇信访处置程序和认定结论,但让本意为司法矛盾提供宣泄窗

---

❶ [美]伯尔曼著,梁怡平译:《法律与宗教》,生活·读书·新知三联书店1991年版,第14页。

❷ 雷小政:"法官:正义的守护者——评《大法官的智慧雷》",载http://www.civillaw.cn/article/default.asp?id=17237。

口的涉检信访渠道在某种程度上异化为社会的不稳定因素本身。因此，有必要通过涉检信访终结机制的建立和完善为高压中的信访态势设置一个"减压阀"，同时也倒逼信访人认真、理性、审慎地对待自己的信访权利，切实放弃或打消不合理的预期，让涉检信访真正回归到增进和谐、维护稳定的既定轨道上来。

（二）构建和完善涉检信访终结机制的可行性

虽然现行的涉检信访终结机制存在诸多问题和弊端，但笔者认为任何制度的形成都是一个循序渐进的过程，随着法治进程的不断推进和自身的日臻完善，我们相信涉检信访终结机制在促进息诉罢访、化解矛盾纠纷上所发挥的作用将会日益显现，它所传递的程序正义、所强化的司法公信也必将更加深入人心。

（1）从法理上来看，涉检信访终结机制是程序正义的价值理念在信访领域的延伸。"现代程序的基本特征是，处于平等地位的个人决定参与过程，发挥各自角色，具有充分而对等的自由发言的机会，这种程序使得个人既有选择的机会，同时也为自己的行为负责"。❶ 涉检信访终结制度通过程序规则的预先设定，赋予每一位信访人平等的程序选择权和充分的程序参与权，同时也约束信访人必须对通过公平、公正、公开的程序所作出的结论予以必要的宽容、认可和尊重，它在一定程度上实现了对涉检信访制度的补偏救弊，也是涉检信访走向理性、规范、有序的法治基础。

（2）从实际运行来看，涉检信访终结机制在以终促结方面发挥的作用正逐步显现。在近几年依法办理的涉检信访终结案件中，有80%的信访人明确表示自己认识到所提的诉求没有法律依据和证据支持，其中有75%的信访人经过释法说理、开导劝解已息诉罢访回归正常的生活轨道，只有少数信访人因生活窘迫、心理障碍等多重原因依然坚守信访这最后一根稻草，由此可见，虽然目前各级检察机关依法终结的涉检信访案件绝对数量不多，终结后重复上访、无理上访也层出不穷，但涉检信访终结作为化解社会矛盾的一项制度尝试，它所展现出的息诉作用和对信访人法治理念的潜移默化影响已逐步显现出来，相信随着自身的不断完善和各种权利救济方式的

---

❶ 季卫东：《法律程序的意义》，中国法制出版社2011年版，第136页。

成熟充盈，它所发挥的息诉作用将更为显著。

（3）从社会效果上看，涉检信访终结机制已然成为信访制度减压的"安全阀"。根据美国的社会学家 L. 科塞的"社会安全阀"理论：任何一个社会都不可避免的存在冲突，而"安全阀"的设置可以让行动者原本的目标发生转移，进而消除敌对情绪和不满心理，避免正面冲突对整个社会群体产生的破坏与威胁。从现有的涉检信访实践来看，涉检信访终结机制为长期淤积于信访河道、穷尽所有方式都无法自然消化的信访积案提供了一个制度化的出口，释放了长期囤积在涉检信访体制内的压力与负担，促进了涉检信访制度肌体的健康、良性运转。

二、现行涉检信访机制存在的问题

（一）涉检信访终结机制的运行现状

为了规范涉检信访终结程序，保障信访人的合法权益，2005 年最高人民检察院颁布了《人民检察院信访案件终结办法》（以下简称《终结办法》），对涉检信访终结的范围、申报条件、审批程序、退出机制等各方面都作出详细规定，初步形成由县（区）、市、省三级检察机关信访机构分别实施初核、申请、审查、申报、评查、审批的相互衔接、相互关联的工作体系。应该说，现行《终结办法》在程序方面规定很具体，可操作性也比较强，为依法解决缠访闹访、重复上访提供了有效途径。但从目前涉检信访终结认定的具体情况看，基层检察机关上报信访终结的案件少之又少，甚至在某种程度上出现了工作盲点。

（1）信访总量居高不下，终结的却捉襟见肘。以笔者工作的下陆区检察院为例，2011~2013 年，共受理涉检信访案件 84 件，其中依法启动终结程序并经审批确定终结的案件 5 件，占比 6%；业务流程上已经完结的"准终结"案件 72 件，占比 85%，大量的信访案件或因不属于终结范围或因不具备终结条件而游离于信访终结之外。

（2）应结未结普遍存在，终结主动性不高。笔者通过对下陆区检察院近年来的涉检信访案件分析发现，有 3 起案件从执法办案情况来看，均符合信访终结规定的要求和条件，但是控申部门囿于终结程序复杂、牵扯精力多、操作难度大、专业化要求高、终结后息诉效果不理想等诸多因素，未将案件逐级上报通过启动终结程序来终结，而最终综合采取救助、关怀、说理等多种方式成功将矛盾化解，这些案件目前仍处于事实上已终结但是法律上未终结的不确定状态。

（3）涉检信访终结结案率高，但仍不能掉以轻心。三年来，下陆区检察院共处理重访、闹访、集体访案件13件，其中单纯反映检察机关执法问题的涉检信访案件2件，自然终结1件，依法终结1件，终结率100%；涉法涉诉信访案件11件，自然终结3件，依法终结4件，终结率63%，从涉检信访数量的锐减和矛盾化解的成效，可以看到检察机关的执法规范化水平的提升和敢于自我纠错的决心，但同时也必须清醒认识到，检察干警严格执法、公正司法、化解矛盾、关注人文的职业习惯仍未完全养成，个别案件依然存在办案瑕疵。

（4）终结案件容易反弹，终结约束力不足。下陆区检察院依法报经终结的5起案件中，有2起在结案后不同时段内均出现重新上访的现象，其中一起案件的当事人在息诉四年后又回到了原点，继续缠访闹访。这一方面反映出法律上的终结和事实上的终结之间存在差距，终结案件的质量有待提高，另一方面暴露出终结机制在强制执行力上的薄弱与弊端。

（5）诉访交织案件多发，终结难度加大。近年来，各类社会矛盾通过司法途径在检察环节交织反映，有的信访人借控告、申诉执法不公为名，行要求解决住房、社保、就业等利益问题之实；有的对控告申诉处理决定不服，转而又举报司法人员道德作风或廉洁自律等问题，各种新旧诉求、诉访矛盾相互碰头叠加，增添了涉检信访终结工作的复杂性。虽然此类案件出现的概率不高，约占涉检信访总量的9%，但是纵向来看，此类案件正呈现上升趋势，且有些诉求已远远超出司法资源范畴，化解难度很大，容易转化为信访积案。

（二）涉检信访终结机制存在的问题及原因

《终结办法》颁布实施后，下陆区检察院根据中政委和最高人民检察院的要求，以"案结事了、保障权益"为目标，通过落实首办责任制、加强内外沟通协调、建立有序退出机制、积极开展司法救助、依靠党委政府合力等措施，全面推进涉检信访终结工作，在依法处理涉检信访终结问题、妥善化解矛盾纠纷、营造和谐稳定的社会环境方面取得了积极成效。与此同时，也可以发现涉检信访终结机制在实践运作中依然存在诸多问题及困境，主要表现在以下四个方面。

（1）从涉检信访终结机制本身来看，立法与现实的脱节导致终结机制被虚置。主要体现在：一是终结案件标准模糊，所谓"事实清楚，证据充分，程序合法，定性准确，处理适当"过于抽象，实践中操作难度大，缺乏具体的衡量尺度。二是终结的范围过窄。虽然严格审慎地控制终结范围无可厚非，但是范围过窄、终结太少会给涉检信访制度本身带来"生命中难以承受之重"。三是终结程序过于严苛。涉检信访案件的终结需要经过三级检察机关检委会、业务部门讨论和公开听证程序才能决定，且需上报最高人民检察院备案，如此严格的程序和漫长的办案周期必然严重影响基层检察机关的工作效率和上报终结的积极性。

（2）从信访人自身认识来看，实质正义与程序正义的认识偏差导致终结理念难以深入人心。对信访人来说，涉检信访是以申诉途径代替司法程序吸收不满、实现权利救济的最后关口，应当始终坚守在"实事求是，有错必纠"的道路上，以帮助其"还原事实真相""讨回公道"。而涉检信访终结作为一项程序性制度，它强调的是通过公正的程序和证据的碎片所呈现出的法律真实对实体予以判定，因此一旦检察机关通过公正的程序作出的终极认定与信访人追求的实体正义和客观真实存在偏差时，信访人往往很难接受，进而引发无限上访。

（3）从内外协调机制来看，终结机制运行梗阻造成信访终结公信力弱化。由于检察系统内部没有建立起有效的信访终结信息共享机制，政法机关各部门之间也缺乏横向的沟通配合机制，实践中，上级机关特别是政法机关对终结后的案件仍向下级机关交办的现象屡见不鲜，严重损害了终结决定的确定力和拘束力，客观上也造成司法机关的重复劳动和社会资源的严重浪费。

（4）从权利救济功能角度来看，配套机制不完善和人文关怀的缺乏导致信访终结质量不高。涉检信访事项大多事关信访人的切身利益，信访人对诉求处理往往本着"信访不信法、求利为重"的心态，缺乏理性和客观的认识与判断，在检察机关尚未建立起调动社会力量引入中立第三方参与化解信访的情况下，难免会先入为主地把检察机关放在自己的对立面，进而对检察机关的不利终局决定产生质疑和抵触，另外目前检察机关的司法救助主要集中在刑事被害人，而对被害人以外的那些生活确实困难的涉检信访人则缺乏必要的人文关怀和救助措施，客观上也造成一些信访问题"终而不结""案了事难了"。

三、涉检信访终结机制的构建设想

建立和完善涉检信访终结机制是检察机关应对涉法涉诉信访改革、运用法治思维和法律方式化解社会矛盾的重要举措，也是维护检察公信和司法权威、推动涉检信访工作法治化的必然要求。检察机关必须深刻认识涉检信访终结工作的重要性、现实性和紧迫性，积极探索建立集严格审查、有序退出、协作配合、救助补偿为一体的涉检信访终结机制，不断加大释法说理、公开审查、依法导出、融入人文的工作力度，着力提高涉检信访终结案件的办理质量，切实维护司法公正和检察权威。具体而言，要做好以下四个方面。

（一）建立和完善程序启动机制，明确规定职能范围

（1）明确启动涉检信访终结程序的案件范围。刑诉法和民诉法修改之后，由检察机关直接受理的涉检信访案件范围有所扩展，与之对应，笔者认为涉检信访终结的范围也应同步扩大。具体而言，以下三类案件经检察机关依法审查复核、作出终结决定后，应当予以终结。

一是涉及检察机关的信访案件，包括不服检察机关处理决定的案件，反映检察机关在处理群众举报线索中久拖不决，未查处、未答复的案件，反映检察机关违法违规办案或者检察人员违法违纪的案件和请求国家机关进行赔偿或者赔偿监督的案件；

二是涉法涉诉案件，包括不服公安机关刑事处理决定案件；不服人民法院生效裁判、调解书案件，反映审判人员在审判程序中存在违法行为的案件，以及民事执行活动违法，要求检察机关实行法律监督的案件；

三是刑诉法及民事法修改后新增的案件，包括对其他司法机关控告、申诉的处理决定不服向检察机关申诉的案件，及对公检法及其工作人员阻

碍辩护人、诉讼代理人依法行使诉讼权利的行为控告、申诉的案件。

（2）明确启动涉检信访终结程序的主体。过去我们一直考虑到涉检信访本身是因信访人的主动要求而启动，信访人没有理由放弃自己的诉求，所以将依法启动终结的主体限定为各级检察机关控申部门，但是笔者认为，作为一项蕴含程序正义价值的法律程序，理应给予当事人双方平等的终结权利，因为"程序的平等就是参与的平等"。同时实践中也有些信访人在信访办理程序中，因隐形诉求得以满足而主动要求终结的情况。比如下陆区检察院2012年受理的张某控告公安机关应当立案而不立案一案，在启动法律监督调查后，原案侵权人全某迅速对张某的损失进行了全额赔偿，张某对此结果非常满意，希望审查程序就此终止案件迅速终结。姑且不去讨论案件的实体如何，但作为规则的制定者，我们理应赋予当事双方平等选择的权利，所以信访终结的启动主体设置为检察机关或者信访人更为适宜。

（3）明确启动涉检信访终结程序的条件。笔者认为信访终结的条件只需要满足以下两点：一是原涉检信访案件必须办理程序正当、结果公正，信访案件本身无执法瑕疵。二是案件经过检委会严密审查后，认为案件办理客观公正，释法说理明确清晰，救济帮助合理到位。现行的《终结办法》将信访人缠纺闹访作为依法启动信访终结的条件，导致大量准终结案件处于不确定状态，既不利于社会关系和谐稳定，客观上也造成检察机关重复审查、重复办理的负担，应当予以取消。

（二）建立和完善依法办理机制，疏通信访安全出口

（1）严格依法审查。检察机关应当对涉检信访案件办理的程序、实体、法律依据、人文关怀等全面细致地开展审查，对于案件审查不深入、化解举措不到位的案件坚决退回并督促重新办理深入改进，严格杜绝走程序、甩包袱的行为；对于案件审查公正严谨、化解方式已然穷尽的信访，依法作出终结结论，切实维护检察公信和司法权威。

（2）引入听证对话。在法治的国度里，善或者正义"最大程度上是源自于程序之正当性"。❶ 英国学者萨默斯曾指出，参与意味着公民能够自主地主宰自己的命运，"在现代社会中，大部分的公民都愿意自行管理自己的

---

❶ K. C. Davis, Administrative Law Treatise. West Publishing Co. 1958, p. 4.

事物，哪怕别人做得比他更好"。❶ 因此在作出终结认定前，我们可以通过信访听证这种平等良性的对话沟通机制和透明规范的操作程序，赋予信访人主动参与涉检信访程序、自由表达观点、充分论证诉求的权利和机会，避免检察机关与信访人之间的直接正面对抗，借力中立第三方和社会力量共同做好释法说理工作，促使信访人在情感上对通过看得见的公正程序所作出的结论予以认同和肯定。

（3）及时通报备案。检察机关在依法向信访人告知终结结论之后，应当及时将相关信息报送上级主管部门、同级政法机关备案，同时向党委政府、当事人所在单位、住所地基层组织通报情况，加强各部门之间对终结案件的信息沟通，避免因口径不一造成信访案件终结之后又重新另设信访程序的情况，造成案件终而不结。

（三）建立和完善有序退出机制，妥善化解社会矛盾

（1）强化释法说理。一是要加强涉检信访终结文书的释法性和说理性，要让信访程序以外的任意第三人在查看文书后，能够清晰了解案件事实和法律依据，主动协助做好信访人的灭火息诉工作。二是要将释法说理作为解开信访人"心结""法结""情结"的重要手段，将涉检信访中的专业术语转化为信访人听得懂的方式，详细阐述检察机关调查认定的法律事实、采信的证据及证据证明力、作出终结结论的法律依据，避免信访人因办案的神秘性和程序的封闭性产生不必要的误会和怀疑，提高信访终结的公信力和说服力。

（2）强化有序导出。法律的生命在于其实施。涉检信访终结程序完结后，信访人对终结决定不服仍然坚持上访的，检察机关应依法不予受理，同时要及时与地方党委、政府沟通，说明信访案件的办理情况和由诉转访的依据，积极配合相关部门共同做好教育疏导、稳控化解工作。

（3）强化司法救助。一是要加强对信访人的法律援助，要逐步建立吸纳律师、法律服务工作者、在校法学专业大学生加入的法律援助志愿服务团，为群众析事明理、释疑解惑，引导群众理性表达利益诉求，依法维护

---

❶ R. S. Summers, "Evaluating and Improving Legal Process——A Plea for 'Process Values'", in Cornell Law Review, Vol. 60, November 1974, No. 1, p. 21.

其信访权益以推动社会矛盾化解。二是要加强对信访人的经济救助。要进一步扩大司法救助的对象和范围,对那些确因办案瑕疵或者历史遗留原因导致生活困难的涉检信访人,给予适度救助,同时协调党委政府共同做好涉检信访人的安康救助工作以帮助其恢复正常生活,第一时间联系公安、法院互通救助情况避免多头救助。

(四) 建立和完善配合协作机制,推进内外衔接顺畅

(1) 建立信息共享平台。一方面在检察系统内部,可以全国检察机关统一业余应用软件为载体,探索建立检察机关内部横向和上下级之间纵向的涉检信访终结案件信息系统,按照相关职能权限分配和审核及时全面准确地实现终结信息的交流、查询、共享;另一方面建议由政法委牵头,在同级公检法司四机关建立横向的信息共享平台,政法委统一负责查询的权限、标准和审核,实现部门间信访案件终结的互通,防止重复受理、浪费资源、损害公信。

(2) 完善内外部协调配合机制。对内要强化首办责任制,涉检信访终结关乎每一位信访人的切身利益,为了有效避免错误终结、草率终结、随意终结、未结强结等现象的发生,必须强化接访干警的首办责任,让干警终身为自己办理的信访案件质量承担责任。对外要通过工作协调机制和定期联席会议的方式,与公安、法院等司法部门和党委政府建立涉检信访案件终结的互通机制,相互协助合力解决终结之后的救助和稳控工作。

(3) 建立违法上访处置机制。"天下之事,不难于立法,而难于法之必行"。制度的生命力在于实施,有法不依比法律缺位的危害更大,因为后者让人对行为缺乏预期,而前者则公然挑衅法的权威与根基。必须进一步明确和细化因不服终结决定而违法上访的惩处规则和程序,对那些使用过激手段闹访滋事、制造事端危害社会秩序的违法上访,要及时固定证据,移送公安机关依法处理,坚决维护涉检信访终结的约束力和公信力。

刍议完善涉检信访终结机制之路径

陆 洋 严 宇[*]

【提要】 近年来，针对涉法涉诉信访总量高位运行，少数群众"信访不信法""信上不信下""弃法转访"等突出问题，中央就涉法涉诉信访工作机制改革作出重大部署，要求严格实行诉讼与信访分离，把涉法涉诉信访纳入法治轨道解决，建立涉法涉诉信访依法终结等制度。为贯彻实施上述改革部署，笔者拟以涉检信访终结机制的功能为路径，就涉检信访终结机制的健全完善提出应对之策。

【关键词】 涉检信访　终结机制　对策

根据最高人民检察院制定的《检察机关执法工作基本规范》，涉检信访主要指公民、法人或者其他单位通过信访渠道反映不服人民检察院处理决定等涉及人民检察院或者检察人员的信访，应当属于涉法涉诉信访范围。涉检信访能否终结及其终结质量，直接决定着诉访分离之后信访案件能否顺利在法治轨道内依法妥善解决，进而逐步消除"缠访""闹访"等问题发生。因此，在诉访分离的政策背景下，深入研究涉检信访终结制度具有重大的理论与实践意义。笔者试图从涉检信访终结机制的功能作用以及存在的问题入手，思考寻找完善该机制的合理路径。

---

[*] 陆洋，湖北省黄石市人民检察院办公室主任；严宇，湖北省黄石市人民检察院干部。

一、涉检信访终结机制的功能作用

何谓涉检信访终结机制，简言之，就是指将一件涉检信访案件置于既定的涉检信访解决程序之下，严格依照"复查听证、终结申报、审查决定、终结备案、终结告知"五项法律程序进行审查，充分保障上访人的合法权益，坚决落实司法程序穷尽原则，对于经"办理、复查、复核"后认为没有错误的上访案件，不再作重复处理，对于最终认定为无理上访的案件，不再纳入涉检信访工作，对于无理缠访闹访的当事人，不再进行重复接待和处理。由此可见，科学、理性的涉检信访终结机制才是解决社会矛盾纠纷，避免公共资源浪费，实现司法资源、社会利益和公民权益相互平衡的最终选择。

（一）建立健全涉检信访终结机制的理论意义

（1）有利于重塑司法权威性，推动法治建设。从法治学的角度，检察机关对于涉检信访案件的终结不应该存在对与错，而只存在合法与否的问题，否则就会落入悬而未决、无限申诉的怪圈。因此，鉴于现实工作中的涉检信访案件终而不结以及非程序性的局面，有必要对涉检信访问题进行深入的理论研究，进一步探寻科学合理的涉检信访终结解决机制。通过科学有效的终结机制设计，促使涉检信访工作走上法治化轨道，涉检信访案件最终在法定程序中得到解决，从而提高司法权威性和检察公信力，实现社会主义法治化建设。

（2）有利于将程序正义的价值理念引入涉检信访领域。从法理学的角度，法律程序是人们进行法律行为时所必须遵循或履行的法定的时间与空间上的步骤和形式，其主要作用在于限制当事人的恣意行为，以保证理性选择的实现。正如季卫东教授在《法律程序的意义》中提道："现代程序的基本特征是，处于平等地位的个人决定参与过程，发挥各自角色，具有充分而对等的自由发言的机会，这种程序使得个人既有选择的机会，同时也为自己的行为负责。"[1] 涉检信访终结机制的设定不仅赋予每个个体平等的

---

[1] 季卫东：《法律程序的意义》，中国法制出版社2011年版，第136页。

选择权和充分的参与权，也为他们能遵循法律程序中的严格规定而约束自己的行为提供制度化的保障，这种将程序正义延伸至信访领域的创举也为真正将信访工作纳入理性、规范、有序的法治化轨道增添了前行的动力。

（二）建立健全涉检信访终结机制的现实意义

（1）有利于规范信访行为，维护社会秩序。每一个公民都不可能离开社会资源的共享，将自己置于社会群体之外，理性告诉我们，只有对个人行为制约以一定的道德限制和法律约束，公共生活才有意义。❶ 因此，信访终结机制的设置，一方面，可以使信访人在打算启动信访程序时明确自己的权益与义务，更加谨慎、规范、理性地实施自己的行为，减少过去几经转办、交办、重复处理却无法终结的信访案件，彻底打消部分上访当事人的无理预期，关闭检察机关对其无限受理的大门，终止他们重复上访的脚步，从源头上预防和减少重复信访问题的发生，促进涉检信访工作的有序开展。另一方面，"在一个健全的法律制度中，秩序与正义这两个价值通常不会发生冲突，相反，它们往往会在一个较高的层面上紧密相联、融合一致"。❷ 如果涉检信访程序给公民提供实现其权利的途径，那么，涉检信访的终结则是这一途径最终正义的体现。如果上访人合理的正义需求已经得到声张之后，却还继续无休止的缠访闹访，就势必会影响到整个社会秩序的失衡。

（2）有利于节约司法资源，提高工作效率。在缺乏涉检信访终结机制的情况下，任由信访期限和次数的无限增加，无疑会加重检察机关因接待、转办、交办各类重复访、越级访等造成的人力、物力、财力的大量支出，加重检察机关工作负担的同时，也浪费国家的司法资源。如果建立科学合理的涉检信访终结机制，多头交办、重复交办、无限上访等都可以得以避免，检察机关就可以腾出更多的时间和精力去化解其他需要处理的信访矛盾，一定程度上减轻该检察机关面对无理信访难以承受的无谓负担，提升检察工作的效率和质量。

（3）有利于实现充分救济，保障信访人权益。涉检信访终结机制的建

---

❶ [美] E. 博登海默著，邓正来译：《法理学——法律哲学与法律方法》，中国政法大学出版社 1999 年版。

❷ 刑钢："国际私法的秩序、正义及其衡平"，载《政法论坛》2008 年第 6 期。

立实现了程序正义与实体正义的统一，表面上看，它的实施限制了信访当事人无限申诉的权利，实际上却是明晰了信访人对信访程序的预见性，有利于强化对信访人的救济。《人民检察院信访案件终结办法》规定实行"办理、复查、复核"三级终结机制，这就意味着，如果信访人对相关处理结果不满意，可以申请第二次和第三次救济，充分保障了对信访人的救助，维护了信访人的合法权益。

二、涉检信访终结机制存在的问题

（一）对终结主体的规定不够合理，导致法律制度的实施与现实脱节

一是办案主体与终结主体主观意识差异。日常生活中，任何个体的观点或多或少会带有主观意识，没有完全相同的两片叶子，也没有完全相同的两种主观认知。由于人生观、世界观、价值观的不同，势必会引起不同的人对同一案件事实的不同看法。根据中央政法委2013年颁布的《关于健全涉法涉诉信访依法终结制度的意见》（以下简称《意见》），依法终结的责任主体是中央政法单位和省级政法单位，不服省级及以下政法单位生效法律结论的，一般由省级政法单位审查终结，不服中央政法单位生效法律结论的，由中央政法单位审查终结。但在实际操作中，这样就容易引发下级办理涉检信访案件的检察院结论与上级终结该案件的检察院结论相悖的情况，这样不仅严重损害了终结的确定力和拘束力，也影响检察机关的权威和公信。二是缺乏利害关系回避机制。《意见》中强调，涉及诉讼监督的事项可由原办案单位按程序终结，实际上，涉及诉讼监督的很多信访问题与原办案单位存在一定的利害关系，而且很多信访案件在法律性质上属于诉讼案件，如申诉案件的办理就必须遵循诉讼活动自身特殊的规律，而《意见》将原办案单位作为终结主体，显然违背了诉讼活动的中立性原则，致使原办案单位出具的终结结论难以让信访人信服，最终导致信访终而不结。

（二）终结标准设置不准确，人为增加信访终结的难度

根据《意见》规定，凡符合依法终结的范围，遵循"法律问题解决到位、执法责任追究到位、解释疏导教育到位、司法救助到位"的终结标准，并满足"复查听证、终结申报、审查决定、终结备案、终结告知"五项终结程序的涉检信访案件，都应该做出终结认定。在实际的信访工作中，很多信访案件不可能完全做到"四个到位"，如一些案件可能因为证据湮灭，转而成为信访案件，处理这些信访案件就很难存在执法责任追究问题。然而，信访人必须满足其"四个到位"的要求，既增加了检察机关终结案件的难度，又对有限的司法资源造成不必要的浪费。信访人特别是将"司法救助到位"作为满足其信访诉求的"救命稻草"，一旦检察机关没有作出相应的司法救助，信访人就对其信访终结决定不服，甚至进而将信访激化为纯粹非理性的情感宣泄。

（三）信访终结以法律事实为依据，容易造成信访人对终结结论的认识偏差

"客观事实"一般是指人的认识所反映的不以人们的意志为转移的客观内容和事件；"法律事实"则是指能够引起法律关系产生、变更和消灭的事件和行为，是按照法律的要求，用证据支撑起来并通过执法、司法程序所认定的事实。而涉检信访案件审查过程中遵循的是证据支撑的法律事实。法律事实以客观事实为基础，在某些情况下，法律事实与客观事实能实现完全重合，但不乏一些案件的证据会随着时间、空间的改变无法还原，此时，法律事实就会与客观事实存在不完全相符。诉讼的核心是证据，在缺乏完整证据的前提下，即使该法律事实不符合客观事实，检察机关也只能依据法律事实来办理信访案件，如果基于法律事实所终结的信访案件不符合信访人认定的"客观事实"时，新一轮的上访行为又会重复。现实中，信访人主观上认定的"客观事实"与"法律事实"往往存在偏差，而检察机关依据"法律事实"作出的信访终结结论往往难以满足其依据"客观事实"的可欲诉求。

（四）配套机制不完善，造成涉检信访案件终而未结

美国社会冲突问题专家科塞提出的"社会安全阀理论"❶中认为，冲突或者宣泄可以使互动的关系得以维持，冲突在关系系统中的调节作用，维护了群体的存在，行为的自由表达避免了被堵塞的敌意倾向的积累。而信

---

❶ ［美］科塞著，孙立平译：《社会冲突的功能》，华夏出版社1989年版，第201页。

访活动在维护社会和谐稳定过程中，通过排解猛烈的敌对情绪，起到社会安全阀的作用。要发挥这种积极效用，就必须关注信访当事人的切身利益，信访人本着"信访不信法，信上不信下"的心态，以超越层级的方式直接获取高层权威的支持或关注，让自身利益诉求通过自上而下而非自下而上的方式得以实现。面对信访人的权利救济诉求，一方面，检察机关还未建立起能调动第三方参与化解信访的有效方式，不能有效利用第三方这一中立群体调解信访人的矛盾，致使信访人习惯性地将检察机关放在自身对立面，不利于涉检信访案件的终结。另一方面，依据最高人民检察院的规定，只设立了对刑事被害人的救助资金，而无专门针对其他涉检信访人群的司法救助专项资金，权利救济的缺位使一些确实存在生活困难的信访人难以得到切实救助，从而阻碍了一些原本可以终结的信访案件的有序退出。

三、完善涉检信访终结机制的对策

（一）坚持诉访分离，两者各归其位

实现诉讼与信访分离是涉检信访改革的重要基础，也是涉检信访终结机制得以构建的前提。"诉"具有诉讼权利的性质，是通过诉讼程序来实现司法上的权利救济，整个过程都发生在司法领域，而"访"则体现政治权利的性质，侧重于保障民主监督、参政议政的民主权利。过去由于我国传统文化中存在的轻诉厌诉思想阻碍了引导人们通过诉讼方式来实现权利救济的渠道，无法真正实现诉访分离。目前，通过对涉检信访的法治化改造，将司法程序尚未完成的涉检信访，纳入"诉"的解决轨道，将不能启动司法程序的普通信访，纳入"访"的工作领域，只有这样，涉检信访终结机制的实现才有了可行性。

（二）完善终结程序，提高终结质量

一是严格依法审查。检察机关应该把维护公民的合法权益作为根本任务，依照法定权限和程序来履行职责，严格行使权力，确保每一起涉检信访案件都能依法公正处理。在受理涉检信访案件时，检察机关应该进一步明确终结范围、标准和程序，对案件审查公正严谨、化解方式已经穷尽，仍然申诉控告、缠诉缠访的信访案件，依法做出终结；对于终结案件，除

非有新的证据事实，否则不再予以复查；对于案件办理过程中存在明显法律不当、处置结果不公的案件，要杜绝为了终结而终结，坚决退回并督促重新办理。二是建立听证制度。诉讼民主且公开才是保障司法公正的根本措施，在重大涉检信访案件中引入公开听证制度，通过听证会的方式初查、复查、复核，以其广泛的参与人员、公开透明的办理过程、有理论证性的结论使整个案件终结过程更具说服力。听证制度虽然基于其优越性在信访过程中发挥着积极效果，但由于缺乏明确的法律依据，目前，这种方式也只能作为地方检察机关的一种初探和尝试。基于各地适用标准的不统一，较难普遍推广，所以，这种在涉检信访终结过程中的有效举措应该得到制度化的认可，在此基础上形成规范的涉检信访案件终结听证制度，并有效作用于检察院的涉检信访工作。

（三）强化内外衔接配合，形成终结信访的合力

一是建立信访信息共享平台。通过在全省乃至全国建立一个统一的信访信息共享网络平台，由案件的首办单位将与案件相关的信息录入该平台，供相应检察机关调阅，后期办理该案件的检察机关，也将新的处理信息上传，这样，无论该信访当事人向哪一级检察机关提起申诉，办理单位都能及时掌握案件信息，进而迅速做出相应处理。信访信息共享平台的设立不仅有利于提高信访案件处理效率，也能有效避免或减少信访接待中出现的腐败、推诿现象。二是建立无理缠访处置机制。根据缠访闹访情节的轻重对当事人进行分类，依法处理违法上访行为，如，对在非指定场所上访、聚众上访、闹访滋事等违法上访行为，依照违法行为的性质、情节和危害程度，采取疏导劝离、批判训诫、依法处理等处理方式；对妨碍公共安全、扰乱社会秩序的行为，公安机关应及时依法处理；对采取极端方式闹访、借上访的名义煽动闹事的违法犯罪行为，依法严肃处理；对违法闹访的典型案例，公开曝光，教育引导信访群众理性上访。通过制度化的设定，让信访人在进行无理缠访前对该行为惩处措施进行合理的预见，督促信访人理性地行使其信访权，减少无理缠访闹访行为的发生。

（四）完善配套措施，确保案结事了

一要强化教育疏导。涉检信访终结机制要想得到有效实施，切实发挥其指导实践的作用，除了自身的价值标准需符合对社会正义的追求之外，

还需要一些能增强其实施效果的前期措施。要加强宣传教育工作。检察机关可以通过有针对性的法制宣传，如散发关于涉检信访终结机制的宣传材料、开办相应的法律讲座等对权利义务、审判规则、诉讼风险等法律知识进行普及，增强公民对司法权威的尊重，也增强公民运用法律武器保护自己的合法权益的主动性。要实现沟通方式多样化工作。在信息化、新媒体时代，要进一步提高群众工作的能力，需通过政务微博、民生微博、民情QQ群等方式，搭建密切联系群众、回复社情民意的网络平台，现代科技手段的运用有助于对涉检信访问题的快捷反映和高效解决，扭转赴省进京上访高发的局面。二要做好释法说理工作。面对信访人的诉求，检察机关工作人员应同时兼顾法、理、情，用群众的语言详细解释事实认定、证据采信、法律适用等方面内容，避免因难以理解信访程序、终结标准而造成的沟通不畅问题，提高检察机关处理信访案件的说服力。三要强化司法救济。在涉检信访案件中，除了强调依据终结标准和程序作出终结认定之外，还应该关注切实存在严重生活困难的申诉群体，给予他们精神上、物质上的必要帮助。一方面，对遭受犯罪侵害或民事侵权，无法通过诉讼获得赔偿却存在生活困难的当事人给予一定的司法救助；另一方面，对无法纳入司法救助范围确也存在实际困难的当事人，引导其申请社会救助，并在第一时间联系当地党委、政府解决实际困难。解决"法度之外、情理之中"的问题，不仅体现检察机关的人文关怀，达到法律效果与社会效果的统一，也避免因救助缺位造成的终而不结问题。

参考文献

[1] 王念峰："建立完善涉检信访终结机制的思考"，载《检察日报》2011年11月16日。

[2] 赵作金、黄蕾："健全涉检信访工作机制之途径探讨"，载《中国检察官报》2011年第7期。

[3] 谢鹏程："论涉及民事诉讼的信访终结机制"，载《中国司法》2014年第4期。

[4] 何国强、蔡若夫、石一峰："论信访终结标准体系之构建"，载《政法

学刊》2014年第4期。
[5] 申莉萍："涉诉信访终结机制研究"，载《社科纵横》2013年第10期。
[6] 宋春龙、徐琦："涉检信访终结机制研究"，载《云南警官学院学报》2012年第5期。
[7] 林欣："以终结制度的构建为视角谈涉检信访问题"，载《法制博览》2012年第12期。
[8] 易虹："涉诉信访制度困境与解决机制的整合"，载《江西社会科学》2010年第2期。
[9] 关保英、陈书笋："涉法涉诉信访案件终结的法律效力"，载《法治论丛》2006年第2期。
[10] 康少君："关于我国涉诉信访问题的思考"，载《法制与社会》2009年第1期。
[11] 蔡文霞："涉法涉诉信访的困境与出路"，载《湖南公安高等专科学校学报》2008年第5期。

涉检信访的困境与出路

许建新　王梦尧[*]

【提要】 信访是我国特有的一项政治制度，其设立的初衷在于畅通民意表达渠道。然而，随着经济发展和体制转轨而涌现出大量的社会矛盾与冲突，部分公民的诉求无法通过正常的司法诉讼程序得到实现，转而将信访作为权利救济的途径，使得近年来信访量居高不下，"信访不信法"的观念蔚然成风。态势不减的"信访洪潮"与信访功能的异化折射出当前涉检信访的超负荷运行以及与法治理念相背离的困境。本文基于我国转型期的时代背景和建设法治主义国家的战略目标，试图对涉检信访进行理性分析，以寻求出路。

【关键词】 涉检信访　权利救济　司法权威　制度困境

信访是我国特有的一项政治制度，其设立的初衷在于畅通民意表达渠道。然而，随着经济发展和体制转轨，社会利益群体的快速分化打乱了原有的利益格局，势必导致大量的矛盾与冲突。而在法治不健全、政府社会管理和公共服务滞后、整个社会缺乏有效的利益协调机制的制度环境下，部分公民的诉求无法通过正常的司法诉讼程序得到实现。于是信访便成为一种备受青睐的权利救济途径。涉检信访作为一种特殊信访，愈加体现了信访人寻求权利救济的意图，并且由于其信访内容的涉检涉法性，不仅直接体现了对司法过程的不信任，还会威胁到司法的独立与权威。就现实情况而言，现阶段涉检信访在数量、形式和范围等方面显示出过度承载"权

---

[*] 许建新，湖北省黄石市黄石港区人民检察院党组副书记、副检察长；王梦尧，中南财经政法大学侦查学硕士，湖北省黄石市黄石港区人民检察院实习生。

利救济"功能的事实；就实际效果而言，涉检信访的权利救济成果并没有与居高不下的涉检信访数量成正比；就建设法治国家而言，涉检信访的权利救济功能与程序公正、司法权威、规则统治之间存在冲突。因此，综合考察涉检信访的历史背景、运行的制度环境和既有的制度资源，重新定位其功能，将信访制度改革同整个宏观改革体制结合起来，从我国实际出发，以法治为核心完善整个社会的纠纷解决机制，才有助于涉检信访走出现有的困境。

一、涉检信访的困境

（一）信访功能错位

有学者就涉检信访案件进行过局部调查，发现2008年某省检察院每办理100件到省进京涉检上访的案例，求决类案件，即不服检察机关所做决定，要求其帮助解决与其利益密切相关问题的案件，占66%；举报控告类（信访人反映检察机关在处理群众举报国家工作人员职务犯罪等线索中久拖不决、未查处、未答复的案件，以及反映检察机关违法违规或检察人员违纪违法的案件）和其他案件类别仅占30%和4%。❶ 这表明绝大多数的涉检信访涉及权利诉求，涉检信访的主要工作是对公民个体权利受到侵害而进行救济，并对由此而引发的矛盾进行化解。

回顾我国信访制度的建立和发展历程，可以发现，信访是一项以畅通民意表达渠道、密切政群关系，传达社情民意为初衷设立的具有"秘书"性质的制度，它的机构、人员、制度都是以此为基础组织起来的，并不具有权利救济的实质权力。作为一项初衷只是联系群众，倾听民意的制度来说，涉检信访超负荷地承载了"权利救济"的功能。这是涉检信访的困境之一。

（二）信访效果微弱

从数量上看，涉检信访数量常年居高不下。据有关学者统计，2008年某省全年共来信来访18 026件次，检察长共接待来访群众1540批3184人；

---

❶ 龙婧婧："涉检信访不能承受'权利救济'之重"，载《昆明理工大学学报（社会科学版）》2011年第6期。

2009年共办理群众来信来访17 617件次,检察长共接待来访群众1635批3009人;2010年共办理群众来信来访17 846件次,检察长共接待来访群众1247批2386人;2011年全省共受理信访案件17 811件,检察长接待信访群众4368人;2012年共办理群众来信来访18 716件次,检察长接待来访群众3327人。❶ 与此同时,各地信访部门针对信访洪潮做出了各种方式的应对,如建造信访大厅,接待来访群众;设立信访网站,方便信访群众网上信访与跟踪;下设信访派出机构或人员,免除信访群众奔波劳顿之苦;设立检察长接待制度,以安信访群众信权不信法的心理。然而,这些措施并未缓解涉检信访洪潮,也并没有更好地解决涉检信访所反映的问题。而检察长接待制度也使得检察长不得不抽出大量时间和精力处理大量非检察事务。据中国社会科学院于建嵘博士的调查,通过上访解决问题的概率只有2‰。也就是说信访洪潮高潮迭起,但是信访部门不仅不能有效地解决矛盾,还占据了检察机关本就有限的工作资源。这是涉检信访的困境之二。

(三) 司法权威受损

法治理念要求公民树立法律至上的观念,积极利用法律手段维护自身权益。现行信访制度作为一种正式制度所具有的职能主要有两个方面,其一是政治参与,也就是公民通过给国家有关机关写信或走访反映民情社意,对国家机关和工作人员的工作提出批评或建议,即所谓的"民意上达"。其二是权利救济,即信访作为一种正常司法救济程序的补充程序,通过行政方式来解决纠纷和实现公民的权利救济。但在实践中,不仅存在各种诉求往往交错在一起,而且公民往往把信访看成优于其他行政救济甚至国家司法救济的一种特殊权利。❷ 根据最高人民检察院的意见,人民检察院依法处理的信访事项包括:不服人民法院生效判决、裁定的申诉;反映刑事案件判决、裁定的执行存在违法行为的控告;针对检察机关正在办理中的案件反映情况要求从重或从轻处理;反映人民检察院工作人员违法违纪行为的

---

❶ 龙碧霞:"反思与回应:涉检信访之中国式困境",载《湖北警官学院学报》2013年第10期。

❷ 于建嵘:"中国信访制度的困境和出路",载http://www.aisixiang.com/data/59333.html,2015年4月14日访问。

控告；公民、法人或者其他组织提出的国家赔偿申请等。❶ 上访人所反映这些问题中一大部分本可依据正常的法律途径寻求救济，如行政诉讼法与行政复议法便对非法行政行为相对人提供法定救济。居高不下的信访洪潮反映出群众并不希望通过法律手段解决问题，反而热衷于重复访、越级访、集合访、领导接访等信访手段达到目的，甚至有些案件刚移送至法院，尚未作出判决，当事人便上访至信访部门要求作出公正判决。涉检信访其本质上是通过个人向司法机关的直接诉求来力图实现个案的"实体"公正，它摆脱了法律的规范，将希望寄托在诸多偶然因素尤其是首长的指示上，强化人治弱化法治。❷ 当一些机关偶然采取法外手段处理涉检信访后，虽成功解决了一些个案，却引发更多问题。一旦法律不能成为解决问题的最终手段，就会引发破窗效应，使得信访人在观念中，不以法律作为解决问题的最终手段和首选手段，而企图以信访行为来影响司法执法，进而使信访愈演愈烈。❸ 这种非程序性和不确定性的方式与法治之间存在一种悖论关系，折射出司法被干预的可能性，与我国依法治国、司法独立的理念背道而驰。这是涉检信访的困境之三。

二、涉检信访困境成因

近年来，从中央到地方都在积极探索改革和完善现有的信访机制，包括增加信访部门的职权、加强各信访部门的信息沟通与协调、建立风险预警机制、利用电话网络等扩大信访渠道、建立检察长接待制度、首办责任制、公开听证制、律师介入制度等，以提高对现有的信访问题的处理效率和力度。尽管这些措施在部分地区已经取得较为良好的效果，但仍不能避免信访的困境。只有抓住根本的症结所在，才有可能真正使信访从困境中走出来。

---

❶ 最高人民检察院：《检察机关执法工作基本规范》，中国检察出版社 2011 年版。
❷ 任瑞兴："涉诉信访与法治的中国路径——以和谐社会的构建为背景"，载《北方法学》2009 年第 4 期。
❸ 骆婉婷："涉检涉诉信访的法治化思考"，见胡卫列、韩大元主编：《法治思维与检察工作：第九届国家检察官论坛论文集》，中国检察出版社 2013 年版。

(一) 信访功能错位之原因

回顾我国信访制度的建立和发展历程，可以发现，信访是一项以畅通民意表达渠道、密切政群关系，传达社情民意为初衷设立的具有"秘书"性质的制度，并不具有权利救济的实质权力。对于个人而言是诉说冤屈、表达诉求的渠道，对国家来说是反映社会矛盾的晴雨表和排气阀。随着中国新旧体制的转化，信访的功能也发生了变化，20世纪70年代，信访曾达到一个高潮，由于其他救济途径的缺失，信访为政府所倚重，成为国家特殊时期重要的权利救济途径。因此，可以说我国的信访制度行使权利救济功能具有历史的必然性。缺乏法治传统、司法权隶属于行政权、司法腐败等情形下，信访机构代替法院行使一定的权利救济也不足为怪。但毕竟这是一种制度功能的异化，是特殊时期的非常解决手段，是非正常的现象。不能因为它在实际中承担了权利救济的功能，就肯定其存在的合理性。而现实中对信访的不当宣传无形中夸大了信访的权利救济功能，刺激一些当事人的信访冲动，造成信访的不断扩张，功能异化倾向愈加严重。[1] 随着法治进程的推进，这种与法治相背离的情况应该逐步予以纠正，使信访回归至其应有之义。

(二) 信访效果微弱之原因

信访功能的异化带来的是大量的群众来信来访，其内容已经超出信访部门所能承担的范围。另外，群众信访无门槛，无论是主体、受理范围、次数等都没有明确的限定，使得重复访、多次访的现象无可避免，加重了信访部门的重复劳动。信访的工作制度具有如下特点：第一，它并非专门机构，不具有专业性，且机构庞杂重叠，效率低下；第二，根据"分级负责，归口办理"原则，它处理问题的手段更多的是层层照转，信函往复，并不能真正解决问题。而涉检信访机关由于面临太多涉法问题，自身又无力裁决，大多数信访案件没有处理意见便层层转办，导致的结果是信访当事人和信访机构两者都做无用功；第三，信访部门缺乏具体权力，面对动辄数以千万计的信访工作量，总是借助领导个人的偶然"垂青"来解决问

---

[1] 文兆平："构建法律框架下的信访体制——以涉检信访为视角"，载《中国检察官》2014年第11期。

题，其解决问题的难度可想而知。❶ 而这些归根结底，是因为社会大众强加在信访制度能力之外的期待。

(三) 司法权威受损之原因

不可否认，社会大众不相信司法，不愿意依靠或仅仅依靠法律途径化解纠纷，大部分原因是司法本身就存在问题，一是中国的法治还没有建立起相应的权威，几千年的传统使"人治""权大于法"的思想根深蒂固，司法腐败和高昂的诉讼费用使绝大多数普通公民望"法"兴叹；二是中国目前的司法救济体系还很薄弱，司法机关不仅不能吸纳、化解纠纷，反而把很多本地的、局限性的小争端、小矛盾都推向社会、推出本地，导致大量群众离乡上访。❷

三、涉检信访的出路

综合上述分析，可以看出，信访制度的困境在于整个社会的纠纷解决机制失调，司法系统的力有未逮与对信访体制的过度期待，让许多本该由司法途径解决的问题涌入信访途径，造成信访部门的不堪重负也是必然结果。仅仅依靠信访制度内部的改善创新不能真正使信访走出困境。信访制度改革应同整个宏观改革体制结合起来，从我国实际出发，以法治为核心实行渐进性的制度创新，完善整个社会的纠纷解决机制。

(一) 准确定位涉检信访，实行诉访分离制度

信访制度设立的初衷导致其具有非程序性、非规范性、非正式性以及信访部门的非专业性，进而决定了信访不可能成为权利救济的主要途径。有学者基于涉检信访与法治理念的背离而主张取消涉检信访。然而联系我国的当前实际，信访在一定时期内还有其存在的现实必要性：一是法律体系尚不完备，司法权不独立，权利救济渠道乏力，而如今的社会转型巨变时期，大量的矛盾纠纷涌现，民怨宜疏不宜堵，必须给公民一个诉说冤屈

---

❶ 何青："信访：人治与法治的两难选择"，载《成都理工大学学报（社会科学版）》2005年第3期。

❷ 文兆平："构建法律框架下的信访体制——以涉检信访为视角"，载《中国检察官》2014年第11期。

的渠道和权利救济的可能;二是现行法律的缺失给了信访制度权利救济的空间,针对行政行为,虽然我国已经确定了《行政诉讼法》和《行政复议法》,但其对受案范围作了明确的限定,因此对于其不受案的行政纠纷有必要另设制度满足当事人的权利救济需要。这就给了信访制度权利救济功能的空间;三是法律不是万能的,法治制度再完备,也难以避免有漏洞和缺陷,适当的"补丁"可以缓和法律的滞后性与局限性。❶ 因此,涉检信访不可能也没必要立即取消。

2013年全国政法工作会议提出诉访分离制度,即"引导涉法涉诉信访问题在法治轨道内妥善解决",使涉检信访制度配合司法改革作出相应调整,明确其辅助作用,确定其受理范围,避免与司法救济范围重合,通过建立科学的信访案件传送机制,将本属于司法部门的案件回归司法救济。这样既有利于司法救济途径的常态化,提高司法权威,又有利于在法治不健全、政府社会管理和公共服务滞后、整个社会缺乏有效的利益协调机制的制度环境下,采用多种手段统筹处理当事人的合理诉求,在整体上提高矛盾纠纷的解决能力。❷

另外,作为一项起辅助功能的"补丁",信访部门在受理纠纷时,应加强普法释法力度,为群众提供法律咨询、对非受理事项讲清原委并告知应去哪里反映、正确疏导涉检涉法事项,既联系群众,又不陷入权利救济困境。

(二)推进司法改革

(1)完善司法救济制度。❸ 完善的纠纷解决机制是法治社会应有的内涵。在推进法治建设的进程中,司法救济理应承担起化解矛盾纠纷的中流砥柱。应对行政复议法进行调整,扩大行政复议的受案范围,减少对受理案件的时效限制,改革行政审议审理方式,使得行政复议更规范、公开和有效,发挥其应有作用,成为公众可以信赖的法治渠道。

(2)加强司法独立。由于受到行政部门的压力,许多本应受理的案件

---

❶ 李涛:"法治视野下对信访功能的思考",载《法制与社会》2007年第8期。
❷ 骆婉婷:"涉检涉诉信访的法治化思考",见胡卫列、韩大元主编:《法治思维与检察工作:第九届国家检察官论坛论文集》,中国检察出版社2013年版。
❸ 龙婧婧:"涉检信访之宪政分析",载《江苏警官学院学报》2011年第5期。

不敢受理或受理后判决不公的现象时有发生,使本来就较为局限的司法救济途径更为狭隘,公民除了信访别无他选。因此除去司法行政化色彩,加强司法独立极为重要。司法意志的独立才能换来常态的公正。

(3) 确立司法最终解决原则。❶ 依法治国是我国的战略目标,建设一个法治国家,必须确立司法最终解决原则,才能保证司法的权威性。因此必须将信访制度改革和司法制度改革统一起来,改变信访集中交办、行政推动、通过信访启动法律程序的工作方式,把解决涉检信访问题纳入法治轨道。用看得见的法律事实和法律结果,让公民相信并确定司法为最终救济途径,明白法律面前没有捷径可走,维护司法裁判的权威和确定性,摆脱对信访的依赖,才能让涉检信访真正走出困境,回归其本来职能。

(4) 引入判后答疑制度。判后答疑制度是指,案件宣判后,当事人对判决有疑义不能服判的,或在裁判生效后的一定期限内,当事人如有异议来访的,由案件承办法官对裁判有关程序适用、法律适用、证据认定、裁判理由等进行说明,对裁判的合法性、合理性、公正性进行阐释。由于涉检信访中有相当一部分事由是基于当事人对判决的不当理解而导致的,引入判后答疑制度,既有助于提高法院系统的审判质量,避免审理瑕疵,也有助于当事人及时了解相关法律,维护自身利益,自觉服判息诉,实现判案的法律效果与社会效果的统一。❷

(三) 加快政治体制改革,完善人大代表监督机制❸

人民代表本来应该代表人民发出声音,但是几乎所有的上访案件,都没有人大代表的声音。按照法律规定,地方各级人大是各地的最高权力机构,对其他部门有监督的权力和职责。从这个意义上说,上访者可以向所在市、县的人大组织反映问题。公民可以通过推选有参政议政能力、表达能力、为民说话的人大代表作为信访专员,集中受理公民所反映的问题。信访专员可根据受理情况和相关规定向人大机构提出议案,经审查通过后

---

❶ 任瑞兴:"涉诉信访与法治的中国路径——以和谐社会的构建为背景",载《北方法学》2009 年第 4 期。

❷ 杜爱霞:"对完善我国转型期涉法涉诉信访制度的思考",载《中州学刊》2011 年第 5 期。

❸ 文兆平:"构建法律框架下的信访体制——以涉检信访为视角",载《中国检察官》2014 年第 11 期。

向有关机关发出质询书和催办书,并且使这些函件尽可能的公开化,交由新闻媒体披露,民众共同监督。❶ 换言之,将公民的利益诉求导向人大代表,使其真正代表自己的选民发出声音。

四、结　语

由于中国社会发展的特有进程,随着经济发展和体制转轨,在法治不健全、政府社会管理和公共服务滞后、整个社会缺乏有效的利益协调机制的制度环境下,以传达社情民意为初衷的信访制度被赋予了不适当的角色,成为一种备受青睐的权利救济途径,造成诉讼解决机制与非诉讼解决机制纠缠不清的困境,其实质在于整个社会的纠纷解决机制失调,在权大于法的心理驱动下,大量的涉检信访群众涌入检察机关,以期实现自己的权利救济意图。因此,仅仅依靠信访制度内部的改善创新无法真正使信访走出困境。只有将信访制度改革同现今的司法改革、政治体制改革等宏观体制改革互相配合,依托我国的社会现实和历史传统,以法治为核心,以非诉讼纠纷调解机制为辅助,实行渐进性的制度创新,完善整个社会的纠纷解决机制,才有助于涉检信访摆脱现有的尴尬处境。

---

❶ 文兆平:"构建法律框架下的信访体制——以涉检信访为视角",载《中国检察官》2014年第11期。

第四部分 涉检信访案例精选

周某某等人国家赔偿案*

一、基本案情

原案被告人谭某（系周某某之夫），2005年8月18日被基层检察院以涉嫌挪用公款犯罪立案侦查。2007年3月19日该院对其以贪污罪提起公诉。2008年5月28日，一审法院判决被告人谭某无罪。经检察院抗诉，9月18日，二审法院开庭审理此案。由于被告人谭某因病在医院治疗期间死亡，二审法院以当事人有罪因死亡所依据的终止条款，裁定终止了该案的审理。虽然该裁定适用条款准确，但有罪表述不明显，据此，当事人家属不停上访。2009年5月8日，基层检察院向市中法申请对扣押款予以认定。2010年5月，一审法院根据市中法指定，裁定将该案中603 870.70元扣押款认定为赃款并予以追缴。周某某等人对此结果更为不满，认为二审法院也没有明确表述谭某有罪，被扣押的涉案款物岂能认定为赃款。于是从拿到裁定书的那刻起，周某某等人又先后多次到省委政法委、省高法闹访、缠访。2011年10月9日，省高法以一审法院追赃裁定认定事实及适用法律错误为由，要求撤销裁定。12月15日，一审法院根据省高法意见和市中法指定，撤销了原追赃裁定。尽管检察机关对该撤销裁定提起抗诉，然而二审法院仍维持了该裁定。2012年3月6日，周某某等人手持法院撤销裁定，以谭某无罪、检察机关扣押无法律依据为由，向基层检察院提出要求返还扣押款及支付相应利息，赔偿因办案造成的家庭、人身损失等8项内容合计

---

* 第四部分内容由周本立委员负责整理编写。

300 余万元的申请。7月7日，该院作出不赔偿决定。7月24日，周某某等人向黄石市人民检察院申请复议，主张返还扣押款及支付相应利息，对人身侵权、家庭损害、精神损害及工资损失等多项内容合计312万余元进行赔偿；并追加要求检察机关对处置的谭某60余万的商品房进行返还的新诉求，还不停到省院闹访。同日，湖北省检察院将该案交黄石市人民检察院，并作为重点案件跟踪督办。

二、办理案件的几点做法

不难看出，该案从立案侦查开始，经历了1次起诉、2次开庭、1次判决、2次抗诉、3次裁定和1次申请赔偿程序，然而这长达7年半的诉讼过程，并没有解决周某某等人的问题。原案认定上，两级法院对涉案人行为性质、涉案款定性等问题认识上存在重大分歧，导致法院判决、裁定前后矛盾；法院法律文书制作依据不严谨，同一案件问题，却先后用判决、裁定分开进行处理。这些问题不仅影响该案的司法权威，而且致使涉案人的家属不服判，不信法，加剧信访人的抵触情绪，增加他们内心对司法机关的不信任。对于这样一个上访积案，要圆满解决，就必须打破思维定式，采取新的有效解决方法，既要做到严格依法办案，更重要的是做到通过办案，重拾信访人的信任，引导他们信法、服法、守法，进而消除抵触情绪，平和处置，实现息诉罢访的目的。为此，黄石市检察院周密部署，细化举措。

一是加强领导，汇聚力量，增强办案合力。一方面，争取省院领导，制定了"省院指导、市院主办、区院协助、整体推进"的处置方案。省院检察长和副检察长高度重视，在听取该案汇报后，多次就该案作出批示、指示。省院控申处先后两次赴黄石，与两级院就案件具体处置问题共同研究、解决，从而有效地汇聚办案力量，实现单一作战向三级一体作战的转变，增强办案工作合力。另一方面，强化内部领导。迅速启动"定包案领导，定办案专班，定工作方案，定办案时限"四定工作机制，强化领导，明确要求，着力构建组织、协调、决策、审查、稳控、防范、处置等工作同研究、同部署、同实施的"三同"工作格局。黄石市检察院检察长全程参与案件处置过程,不仅跟踪督促案件办理进度,还针对办案过程中出现的难点问题,及时组织专题会议,给予具体意见,为正确处理和化解案件指明工作方向。

二是认真梳理,细致审查,厘清信访症结。通过对其诉求进行梳理、分析,该院认为只有理顺了谭某案是有罪终止裁定,还是无罪宣判等焦点问题,才能从根本上处理好她们的诉求。为此,该院明确重点全身投入案件复查工作。在调阅案卷材料、走访办案单位以及找承办人座谈,全面了解案件事实经过的基础上,对原办案机关的每项处理决定的事实认定、适用法律、办案程序及证据采信方面逐一核查,不放过一处疏漏,不遗漏一个证据。同时,考虑到该案信访人抵触情绪大、思想偏激等因素,该院对审查意见不仅从法律层面加强说理,将有关条文附注,还将审查意见的认定依据、证据材料进行整理、固定,为日后的答复、说理做好充分准备。经过近两个月的悉心付出,该院最终厘清该案全部事实及存在的问题,得出一方面谭某案属于有罪终止案件,信访人的赔偿申请不属于国家赔偿范围;另一方面涉案款因一审法院撤销没收裁定,所以办案机关扣押行为没有法律依据,应加算利息予以返还的审查结论。

三是把握时机,多管齐下,重拾对方信任。按照审查意见,周某某等人的诸多诉求于法无据,这与周某某等人的要求差距很大,如机械地向其作出书面决定,很难为他们接受,极有可能引发上访、闹访,不利于社会和谐稳定。鉴于此,该院决定分步实施。第一,透露口信,摸底数。采取事先口头告知的方式,说明案件审查的意见以及依据,果然周某某等人对此情绪激动,认为该院有意偏袒,没有认真对待他们的问题。第二,主动走访,增感情。面对他们的不满和抱怨,该院先后3次专程赶到其武汉家中看望,送上牛奶、水果等物品,主动问温暖,拉家常,消除抵触,拉近距离,几个回合下来,信访人的态度明显缓和。第三,释法说理,拿方案。看到时机成熟,该院再次来到其家中,开诚布公地指出原案审理判决过程中存在不规范问题,明确表示检察机关将依照法院裁定的改变而返还;对于信访人因办案、上访造成的经济损失将给予补偿。看到该院真诚、负责的态度,周某某等人的态度明显好转。随后,该院又严格指出其他不能支持的赔偿诉求,结合《刑法》《刑事诉讼法》及《国家赔偿法》有关规定逐项进行细致剖析，并将相关法律依据和准备的查证材料进行展示，引导他们依法、全面地看待自己的诉求。面对周全的处理意见、悉心的释法说理和完备的印证材料，周某某等人终被打动，不仅放弃了不合法的赔偿诉求，接受了复查结论，而且对该院的工作作风、态度给予充分的肯定。

四是情法兼顾，坚守底线，实现息诉罢访。按照《国家赔偿法》及有关刑事救助工作的政策制度，该院认真核算返还本金及救助数额，并提出合理可行的建议。然而周某某等人对核算结果并不满意，虽经多次协商均未达成一致意见，该案处置又陷入僵局。看到该案信访人周某某年事已高，没有工作、生活困难，加之身患严重疾病，基于人道主义考虑，该院决定提高救助。在确定救助数额后，再次约见周某某等人座谈。交谈中，该院坚守底线，注重以法析理、以理服人、以情感人，积极引导周某某等人站在法律、政策的层面看待自己诉求，正视自身诉求的问题。经过2个多小时的交谈，周某某等人最终接受该院的意见。

三、工作体会

（1）该案的成功化解是该院深化人本理念，坚持严格执法、注重法情并举的结果。面对信访人的偏激思想、抵触情绪及极端行为，该院始终坚持文明、耐心接访，在严格依法办案、纠正错误的同时，注重用热心、真心、爱心重拾信访人的信任，成功引导信访人回归理性，在法律层面上客观理性地分析自己的诉求，看待自己的问题。在依法返还信访人扣押款及利息后，针对信访人生活确有困难的情况，该院积极开展刑事救助，充分体现了司法关怀，化解了社会矛盾，促进了社会和谐稳定。

（2）依法办案，严格纠错，维护群众合法权益是检察机关义不容辞的责任。对确有生活困难的上访人，提出法度之外又在情理之中的诉求，检察机关应基于人道主义原则，积极协调和动用社会多方力量，充分运用社会救助机制，切实帮助信访人解决生活困难，以尽到应有社会责任，体现中国特色社会主义法治应有的司法人文关怀。同时，也要把好关口、底线，对于法度之内的诉求，要严格依法执行，依法解决，不能为了息诉罢访而随意满足信访人法度之外诉求。要注重引导信访人正确对待检察机关的执法办案，让信访人尊重法律、敬畏法律、遵守法律。这也符合党的十八大报告提出的法治要求。

四、群众评价

7年多的信访历程，终于在检察院的公正处理下得以终结，周某某等人全家对检察院的悉心付出表示真诚的感谢。特别是在检察机关如数返还原被错误扣押的本金及利息后，又给予他们司法救助，周某某等人很是感激。

许某国家赔偿案

一、基本案情

2010年11月1日14时许,大冶市殷祖镇殷祖湾村民余某与同村村民许某因矛盾纠纷问题,产生谩骂进而互相殴打,致使余某右髋关节部位受伤。11月16日,经大冶市公安局法医鉴定,余的伤情为轻伤;2011年7月25日,又经大冶市公安局法医鉴定,余的伤情为重伤。

本案由大冶市公安局侦查终结,以许某涉嫌故意伤害罪,于2011年9月21日移送本院审查起诉。其间,同年10月21日、12月16日先后两次退回公安机关补充侦查,公安机关分别于2011年11月21日、2012年1月6日重新移送审查起诉,2011年1月17日,本院以过失致人重伤罪向本市法院提起公诉,2月23日开庭审理,3月1日以鄂冶检刑诉延(2012)6号向本市法院提出延期审理,3月30日以鄂冶检刑诉撤诉(2012)01号撤回起诉重新补充侦查。4月9日以故意伤害罪向本市法院提起公诉,5月24日下午开庭审理,6月21日以鄂冶检刑诉撤诉(2012)02号撤回起诉,同日本院决定对许取保候审,并于当日释放。11月7日作出存疑不起诉决定。

2014年3月17日,许某委托她儿子殷某以特快专递的形式向我院递交国家赔偿申请,殷某任委托代理人,以对许某错误逮捕为由向我院提出赔偿申请,认为我院对许批准逮捕而致使她从2011年8月4日至2012年6月21日被逮捕羁押,人身自由被侵犯,要求我院为她恢复名誉、赔礼道歉;羁押322天赔偿182.35元/天×322天=58 716.70元;精神损害抚慰金100 000元。合计赔偿金额158 716.70元。

二、办理案件的几点做法

(一)严格责任,依法办案

许某委托其儿子殷某用特快专递向检察长提交刑事赔偿,我院党组高度重视,立即成立以控申部门为主的工作专班,要求查明案件事实,严格责任,切实保障无辜公民不受错误追究,防止冤枉好人,维护公民的合法权益。工作专班成员迅速调卷了解案情,并向公安机关、检察机关办理该案件的承办人询问情况,围绕刑事赔偿案件成立的通常要件(侵权主体、侵权行为、侵权结果、因果关系)进行调查取证,确定刑事赔偿责任。

一是明确侵权主体。侵权主体是在刑事诉讼过程中行使法定权力的刑事司法机关及其工作人员。本案刑事诉讼过程公安机关、检察机关和法院都有参与,到底谁是无可置疑的责任方主体,需要工作专班具体分析来明确。从案情反映看,法院只是对案件进行了审查,而且要求检察机关撤诉,没有产生直接结果,因此法院首先排除;公安机关实施了侦查行为,执行了逮捕,也存在关键证据收集不力、办案时间周期长等问题,但没有直接过错责任;检察机关作出逮捕决定,而且两次定罪量刑向法院提起国家公诉,最终因证据不足撤回起诉,再经检委会决定作存疑不起诉,因此检察机关应为该案的侵权主体(赔偿主体)。

二是明确侵权行为。侵权行为是刑事司法机关及其工作人员在履行侦查、起诉、审判和监管过程中,故意或过失地实施了侵害公民合法权益的刑事司法行为。侵权行为是刑事赔偿责任中最基本的构成要件。刑事赔偿中的侵权行为主要有两种:一种是构成刑事司法行为本身的行为;另一种是与刑事司法行为有关联而不可分的行为。根据案情分析,本案检察机关虽没有实施违法行为,但决定逮捕到作存疑不起诉,导致许某长期关押的结果,使其人身自由受到限制,其本人及家庭承受的精神上的伤害与检察机关密不可分。

三是明确损害结果。损害结果是侵权主体行使职权的行为对受害人的合法权利所造成的实际损害。本案中检察机关行使逮捕决定权,作出存疑不起诉决定，致使许某从 2011 年 8 月 4 日至 2012 年 6 月 21 日被逮捕羁押，长达 322 天，检察机关的决定造成许某被长期羁押的客观事实，符合损害结果的客观性，极有可能使受害人的人身、财产或者合法权益遭受侵害而发生实际的损害，符合损害结果的现实性，因此，检察机关应对许某受到的损害结果承担赔偿责任。

四是明确因果关系。刑事赔偿中的因果关系是指对构成刑事赔偿责任有决定意义的危害结果之间引起与被引起的合乎规律的关系。许某案是行使职权行为造成损害结果，关乎公安机关和检察机关行使职权的行为，虽然侵害主体检察机关敢于担当做了承担，但其造成案件结果的因果关系，公安机关也责无旁贷。起因一方面是公安机关侦查行为的不负责任致使关键证据收集不力，另一方面是公安机关迫于综治维稳因素向检察机关施压，导致检察机关作出逮捕决定，两者之间应是互为因果关系。

（二）释理说法，动之以情

许某故意伤害案，双方当事人是一个自然村的人，过去曾因矛盾而发生过刑事犯罪事件，一方亲属被追究过刑事责任，双方恩怨较深，互不相让，同村的现场目击证人受双方影响而尽量回避两家矛盾之事。公安机关在伤情鉴定结论出来前，以邻里纠纷进行调解，没有及时收集证据材料。当鉴定结论出来后，受害人余某的儿子就到公安机关闹事，要求追究当事人许某的刑事责任；在案件提请批准逮捕阶段，又来检察院撞墙闹事，要求对许某批准逮捕；在公诉阶段，嫌疑人许某的儿子也来检察院跳楼闹事，要求检察院对许某作无罪处理而予以释放。

本案案情简单，但过程复杂，引起的社会负面影响大。一是案件当事人因历史原因互有怨气，加害方、被害方都上访，且情绪失控；二是办理案件周期长，过程复杂；三是理赔工作因责任因果关系，需要沟通协调。针对当事人双方上访闹事，控申接待中心人员在热情接待、合理疏导的基础上，从法、理、情三个方面做好释理说法工作，劝解当事人相信法律，依法上访，维护自身的合法权益。一是以法为基础，解决诉求定性问题。二是以理疏导，解决无理缠访问题。三是以情感人，依法化解矛盾。经过控申人员春风化雨般劝解疏导，不厌其烦的释理说法，许某母子感受到检察工作人员的真诚，看到检察机关为化解矛盾所作的努力，终于消除对检察机关的误解，表示愿意依法上访，依法申请赔偿。

（三）全面审查，依法确定

根据《国家赔偿法》第21条规定，对公民采取逮捕措施后决定撤销案件、不起诉或者判决宣告无罪的，作出逮捕决定的机关为赔偿义务机关。许某刑事赔偿申请受理后，刑事赔偿办公室决定立案，制作刑事赔偿立案通知书通知许某，指定承办人对提交的全部材料进行审查。一是审查赔偿申请。审查中，根据《国家赔偿法》的规定要求，许某的儿子不能代理提出赔偿申请。代理人可以参与刑事赔偿活动，但不属于刑事赔偿请求人。检察院通过电话联系许某，要求其按照《国家赔偿法》的规定，许某必须更改申请人，由其本人提出刑事赔偿申请，否则，不受理此刑事赔偿申请。后在工作人员的依法解释下，当事人出面理赔。二是审查理赔材料。许某提交的材料不齐备，需补充材料。控申工作人员对许提交所缺的材料列出清单，许某迅速补齐材料，控申进行登记，将案件分到办案人，迅速进入刑事赔偿案件办理程序。三是审查理赔范围。刑事赔偿范围是指行使侦查、检察、审判职权的机关以及看守所、监狱管理机关及其工作人员在刑事诉讼过程中行使职权的行为，给公民、法人和其他组织的合法权益造成损害，国家应当承担刑事赔偿责任事项的范围。《国家赔偿法》规定了侵犯公民人身自由权赔偿的三种情形和侵犯公民生命健康权赔偿的两种情形。对许某的赔偿只存在侵犯公民人身自由权赔偿的情形。

（四）息诉罢访，依法赔偿

《国家赔偿法》第23条规定，赔偿义务机关作出赔偿决定，应当充分听取赔偿请求人的意见，可以与赔偿请求人就赔偿方式、赔偿项目和赔偿数额依照本法第四章的规定进行协商。对许某赔偿申请立案后，办案人与赔偿请求人之间坦诚相待，虚心听取许某的意见。许某提出3点意见：一是被大冶市人民检察院批准逮捕后被决定不起诉，共被关押322天，人身自由被侵犯，致精神受损害要求在大冶范围内消除影响，恢复名誉，赔礼道歉；二是羁押应得到赔偿，$182.35 元/天 \times 322 = 58716.7$ 元（系2012年标准）；三是因羁押精神损害抚慰金100 000元。

为了依法赔偿，工作专班人员多措并举，使案件迅速终结，达到息诉罢访的目的。一是多轮磋商，虚心听取意见。为了确定许某的意见是否经过家庭磋商决定，办案人员主动听取许某的儿子殷某的意见，确定许某母子的意见统一。但在协商过程中，许某母子多次提出不合理要求，办案人员再次将许某从事建筑行业的爱人找来协商，一一列举检察机关依法能办到的各种情形，能达到的最大赔偿数额，并依法告知检察机关可以直接作出赔偿决定，如果他们不服可以向上级院申请复议。许某全家最终达成一致意见，同意按羁押322天的赔偿和精神抚慰金，总共赔偿117 500元。二是迅速理赔，息诉罢访。2014年5月27日，许某重新以自己的名义提交刑事赔偿申请，我院6月4日立案，6月6日作出决定赔偿117 500元。6月10日，向财政部门提交支付申请，6月17日赔偿金支付到位。与许某刚刚协商好赔偿的各项事宜还没有作出决定时，国家公布新的赔偿标准为200.69元/天，而与许某谈的赔偿标准是182.35元/天，为了执法的公正性，再次找许某协商，说明国家公布了赔偿的新标准，此时的许某看到检察人员的真诚，她说："既然我已与你们检察院协商一致了，即使是国家新标准出来了，我们也不改变协商的数额，因为你们没有隐瞒，只是国家公布的标准在我们协商之后，我对协商的结果没意见，也不反悔，直接按协商的结果作出赔偿。"

许某刑事理赔案成功办结，法律效果和社会效果明显。对检察机关办理该案，她和家人诚恳地说："我原以为我家没后台，没社会关系，检察机关会故意帮别人整我们，对提出的赔偿只会应付塞责，不会真赔偿的，所以我们一直对检察机关带有想法和怨气。但在案件办理过程中，办案人员是坦诚的，也是依法办理刑事赔偿的，让我们看到了法律的权威，检察机关的公正。"

三、办理许某刑事赔偿案的启示

一是敢于担当，维护法律权威。在刑事司法工作中，一方面要坚决打击犯罪，努力实现有罪必罚；另一方面要切实保障无辜公民不受错误追究，防止冤枉好人，维护公民的合法权益。法国著名律师勒内·弗洛里奥在《错案》中说："公正的审判是不容易的事情，许多外界因素会欺骗那些最认真、最审慎的法官，不正确的资料、可疑的证据、假证人，以及得出来错误结论的鉴定，等等，都可能导致对无辜者判刑。"因此，刑事司法权力的行使不可避免地会在某些时候对一部分公民、法人和其他组织的合法权益造成损害。作为行使司法权力的机关，发生错误不可怕，怕的是有错不改，导致错上加错，致使被害人的精神、人身和财产遭受更大的损失。因此，要勇于担当，敢于承担责任，知错必改，在打击坏人的同时，也要承担自身失误带来的后果，维护公民的合法权益，维护法律的权威。

二是心系群众，提高履行刑事赔偿工作能力。习近平总书记要求：要"进一步增强人民群众的安全感和满意度，进一步提高政法工作亲和力和公信力"。被害人在经历刑事诉讼过程中，已经受到不公正的对待和结果，闹情绪、有怨气很正常，上访、提出刑事赔偿申请，本身也是相信法律的公平公正。作为工作人员，要充分理解其经历和心路历程，学会倾听倾诉，应综合运用"法、理、情"，既要以"法"为基础，又要以"理"和"情"疏导，尽最大努力纾解其抵触和对立情绪，化解其"法结""心结"，使其接受、认同检察机关的法律结论和处理意见。

三是依法赔偿，维护公民的合法权益。在开展刑事赔偿工作的过程中，要充分贯彻和落实"及时、便利、畅通、保障"四个方面的要求，力求使赔偿申请能够及时得到受理、办结，使赔偿金能够及时支付。在刑事赔偿标准协商过程中，协商时只能按照法定标准赔付，不能任意突破法律界限，对于造成严重后果，非常值得同情的被害人，可以通过其他途径补救，在刑事赔偿的范围内只能依法进行赔偿。作为工作人员，不能一味同情被害人，偏听偏信其言论，必须以事实为依据，以法律为准绳，依法处理刑赔过程中的系列问题，在维护公民合法权益的救济的同时，必须依照法律的规定执行，充分体现法律的权威，又能凸显救济被害公民的特性。

四是建章立制，规范执法办案行为。"有错能改，善莫大焉"。每一起刑事赔偿案件的背后，都有执法办案工作不严谨、不规范的行为，牵涉证据审查把关、案件定性和程序执行等方方面面，刑赔不是目的，关键要分析原因，总结过程，提高执法办案能力和水平，同时要建章立制，规范执法行为，杜绝类似情况发生，提升检察机关的形象和执法公信力。刑赔委员会要注重每一起刑赔案件的特点和规律，分析办理案件过程中的方式方法和应对措施，总结存在的问题和经验，撰写调研分析报告，以期提高办理该类案件能力和水平。

卫某等人申诉案

一、简要案情

由大冶市公安局四棵乡派出所原立案侦查、由大冶市检察院审查的卫某等6人涉嫌抢劫犯罪案件，是一起典型的公安错立、错收审、错报捕；检察机关错捕、错误不诉、申诉后错误维持的错案。具体案情如下：

1995年11月18日晚，大冶市四棵乡金山村王家湾发生一起抢劫案，被害人李某被抢现金100余元、精工牌男式手表1块。大冶市公安局于11月23日将李甲、王甲、王乙、卫某、卫丙收容审查。1996年1月24日大冶市公安局将王丙、卫某、卫丙3人以涉嫌抢劫罪向大冶市院报捕，大冶市院于1996年4月16日对王丙、卫某作出了批捕决定。1996年4月17日以流氓罪逮捕卫某，因王丙在逃，没有执行。5月23日大冶市公安局解除对李甲、王甲、王乙、卫某、卫丙的收容审查。

卫某抢劫案在批捕阶段，曾因事实不清，证据不足于1996年1月31日、1996年2月14日、1996年4月5日，被大冶市检察院3次退查。1996年5月7日该案起诉到大冶市人民法院后，大冶市人民法院1996年5月22日开庭审理此案，该院于5月24日、6月14日先后以事实不清、证据不足两次退回补充侦查。1996年7月15日大冶市院撤回起诉，认定卫某构成流氓罪作出免予起诉决定。12月25日，该院亦撤销对王丙批准逮捕决定。

李某被抢案发生6个月后（1996年5月23日），周某某等人被大冶市公安局抓获归案，并于同年10月15日被大冶市人民法院以抢劫罪判处刑罚。

二、申诉人的申诉经过

大冶市院作出免予起诉决定后的 15 天,卫某不服该决定,于 1996 年 7 月 30 日向大冶市院提出申诉,大冶市院复查后,办案人员因只对材料进行审查,没有发现和搜集到证实原案有问题的证据,故于 1996 年 9 月 26 日作出维持原免诉决定;1997 年 2 月 18 日卫某又向黄石市人民检察院提出申诉,同年 6 月 19 日黄石市院原复查人员,虽然听取卫某等人的意见,但仍没有展开调查,故又作出复查决定,维持大冶市院复查决定。此后 17 年,该案没有得到纠正。

三、再次复查的做法及理由

(一)重视舆情监控,不放过任何涉检问题

卫某不服大冶市公安机关立案侦查结论、不服黄石市、大冶市两级检察机关的刑事申诉复查决定,在 17 年后,再次于 2012 年 12 月多次上网申诉、咨询,只字片言,没有说明案情,只是发了三四条简短的信息。面对这简单的舆情,我院控申处周本立同志不轻视、不懈怠,视信访舆情无小事,立即主动约请申诉人,于 12 月 11 日来黄石市检察院听取意见。

(二)耐心听取申诉,认真研判分析

面对基层院的多次审查结论;面对两级检察机关历次复查结果;面对当事人文化程度不高、语无伦次、地方方言重、不太好懂;面对 17 年的积怨所产生的愤愤不平和无奈,办案人员不主观臆断、不推不拖、不回避当事人的思想不满,而是细心听事实,耐心引导表述,当听懂了申诉人卫某的表述"我没有犯罪,公安、检察院办了一件错案。理由是:一是同时间、同地点被抢、被公安捉了两伙人,都追究了责任,显然有一件是错案。二是说我抢劫,却听说被抢的手表是在另一案件中,被公安机关拿走了,显然我没有作案"后,控申处立即组织对该案分析研判,认为该案极有可能是一起错案,随即报告领导,启动立案复查程序。

(三) 启动两级联动机制，制订工作预案

我院领导在听到卫某案极有可能是一起错案的情况汇报后，高度重视，为加强对办案息诉工作的领导，迅速组织相关部门、人员召开专题会议研究、部署，定工作方案、定包案领导、定工作专班和定工作时限，构建了"黄石市院领导、大冶市院为主，协调县市政法委、县市公安联动"的联动工作机制，确定"先定性、后赔偿、同步化解"的工作步骤，明确责任分工，注重上下联动，增强办案合力，为该案得到及时、有效化解指明方向，夯实组织、人员基础。

(四) 关键点切入，全面仔细复查原案

卫某案是不是一起错案，他们6人是不是被冤枉的，不能沿用过去的复查思路和方式进行复查，必须重新调整复查思路，从关键问题入手开展复查。为此，一是围绕同一时间、同一地点，相互不认识的两伙人被抓，必有一伙人是冤枉的问题，调取了大冶市人民法院当年所有被害人为李某被抢案的卷宗，很快发现李某被抢案是另一被告人周某某所为，并且被抢的精工手表也是在这起案中被获取；二是围绕卫某等人被抓的几个月后，真正的作案人员被抓到，而侦查机关为何不撤回对卫某起诉的问题，调查了公安机关、检察机关两个单位的办案人，很快证实原公安机关破案后原本打算到检察机关撤销案件，因人事变动、卫某只被免诉没被追责等原因，而没有撤回卫某案；三是围绕卫某等人是否系被害人李某在案发现场当场指认并扭送到公安机关的问题，找到被害人李某进行取证。很快得知李某不是案发当场扭送卫某等人，而是在案发约30分钟以后，回村约人，再返回案发现场，在不确认的情况下，将路过此地的卫某等人当成作案人，扭送到公安机关的。三个关键问题的查清，为还原案件事实真相，纠正案件定性及错误结论奠定了基础。

(五) 纠正错案，及时作出复查决定

经两级检察机关复核、调查，一致认为卫某等人没有参与"1995年11月18日晚8时发生的被害人李某被抢劫案"，没有实施犯罪行为。卫某等人抢劫（流氓）案是一起公安机关错立、错报，检察机关错误批捕、错误免诉的案件。2013年5月9日，我院作出刑事复查决定，撤销大冶市人民检察院原免予起诉决定和复查决定，撤销我院于1997年6月19日作出的复查

决定。此外要求大冶市人民检察院对卫某案启动刑赔程序。

（六）不就案办案，联调联处确保三个到位

在作出撤销原两级检察机关决定的复查决定后，立即要求大冶市院启动赔偿程序，我院同步介入。一方面，加强跟踪督办，适时询问赔偿工作进展，及时指导解决遇到的问题。另一方面，注重整体推进。针对原案6人是公安机关错立、错误收容审查，其中2人系检察机关错误批捕的事实，为确保案件同步赔偿、同步化解、同步息诉，组织相关部门，多次赴大冶市公安局，召集大冶市院检察长、公安局局长参加的专题通气协调会，统一办案思想，通报审查结论，协商处理意见。经过几次交流，最终与公安机关在该案的处理上，特别是赔偿问题方面达成共识，统一计算标准和实施步骤。得出赔偿数额后，会同大冶市检察院、大冶市公安局约谈卫某等6人，通过心贴心的说理释法，最终卫某等人接受意见，不仅解决了他们法度之内的诉求，而且对他们法度之外，情理之中的请求，也协调公安机关积极救助，较好地维护了卫某等6人权益，取得良好的社会效果、政治效果和法律效果。

四、处置此案的经验体会

（一）领导重视是处理信访案件的有力保障

在办理卫某案过程中，检察长在听取接访意见和控申分析研判此案极有可能是错案的汇报后，立即召集控申干警会议，专题研究，随即启动大冶和黄石两级同时复查工作。再次启动复查程序后，市院控申负责人率领办案专班多次深入大冶市院，为办理该案现场指导。审查结论得出后，又协调大冶市委政法委、大冶市公安局，就赔偿标准、赔偿方案、经费保障、维稳防控等工作进行沟通协调，不仅为解决办案过程中的难题指明方向，也为顺利化解此案提供有力保障。

（二）耐心听取当事人意见，调整复查思路是纠正错案的前提

该案虽经过两级检察院的维持，然而面对当事人的申诉，检察机关没有先入为主，沿用过去的复查思路，而是调整办案思维，通过耐心听取申诉人的意见，并进行研判分析，洞察案件可能存在的问题；办案中，不沿

用过去复查的方式,而是注重查找案件重点疑难问题,通过认真梳理、逐一排查,获取案件真相,为客观、准确作出结论打下基础。

(三)掌控风险,联调联处是化解此案的关键

妥善处置涉检信访,积极应对各种突发事件,是检察机关面临的重要任务。该案在办理始终,都注重风险防控。一方面,着重加强网络监控,适时通过电话、上门走访、约访等形式了解信访人思想动态,及时评估,主动防范;另一方面,加强对案件易发生风险的关键环节、重点事项的预判,认真制订应对措施、步骤,严格贯彻执行。申诉纠错后,考虑该案涉及检察机关赔偿相对人有2人,公安机关的赔偿相对人有4人,如果在赔偿过程中,公安机关与检察机关只是各自受理,各定标准,各自赔偿,势必造成赔偿标准、计算方式的差异,这种差异极易引发赔偿请求人对赔偿工作的不满,对赔偿结果的不信服,无异于埋下一个风险隐患。为此,我们积极介入,一方面,注重向两级政法委报告情况,争取支持;另一方面,积极与大冶市公安局沟通协调,统一思想、步调,坚持用统一标准和方法计算6名赔偿相对人的赔偿数额,并同步赔偿,一步到位,从而较好地消除了风险隐患,确保问题处理到位、思想化解到位、息诉息访到位,没有出现媒体负面炒作,办案效果十分明显。

邹某申诉案

2014年11月,阳新县人民检察院首次邀请人民监督员、律师、公安和法院相关工作人员,以及人大政协和村干部代表以公开审查的形式,复查邹某不服该院不起诉决定的刑事申诉案件,通过针对申诉人的申诉理由进行释法说理,使申诉人理解并接受复查结果,取得较好的社会效果。

一、基本案情

2008年9月的一天,邹某伙同陈某未经批准私自在阳新县三溪镇八湘村田东组的西山下架设电网捕猎,电线从该组村民乐某闲置的房屋出发,同时在屋内连接电瓶、升压器,并设置闸刀。邹某等人使用电网捕得野兔两只。当年中秋节前两天,邹某因儿子发生交通事故,便电话告知陈某自己不来了,让其将线收起来。而陈某在随后的几天内仍然使用电网捕猎,最终在一天晚上将当地村民电击致死。

2013年7月15日,邹某因涉嫌过失以危险方法危害公共安全罪被阳新县公安局刑事拘留,同年7月25日经我院批准逮捕,次日由阳新县公安局执行逮捕。8月19日,经阳新县公安局侦查终结后,以邹某涉嫌过失以危险方法危害公共安全罪移送我院审查起诉。该院受理后,于2013年11月15日以邹某涉嫌非法狩猎罪向阳新县人民法院提起公诉,阳新县人民法院于2013年12月11日一审以邹某犯非法狩猎罪作出罚金2万元的判决。宣判后,邹某不服上诉至黄石市中级人民法院,黄石市中级人民法院审理后于2014年4月15日以原判决事实不清为由裁定撤销原判,发回重审。2014

年9月28日,该院以犯罪已过追诉时效要求撤回起诉。10月8日,该院作出决定:邹某伙同他人在禁猎期内,使用禁用的狩猎方式狩猎,其行为触犯了《中华人民共和国刑法》第341条第2款的规定,犯罪事实清楚,证据确实充分,已构成非法狩猎罪。但鉴于其犯罪已过追诉时效,根据《中华人民共和国刑法》第87条第(1)项和《中华人民共和国刑事诉讼法》第15条第(2)项、第173条第1款的规定,决定对邹某不起诉。

二、复查案件的做法及经验

(一)领导重视,主动约谈申诉人

2013年10月13日,被不诉人妻子陈某某来我院申诉,不服阳新县人民检察院不起诉决定,并递交申诉材料。因申诉人文化程度不高,申诉材料信息不明,分管控申领导贾健不轻视,不避让,主动约谈申诉人邹某、陈某某,认真听取申诉人的理由以及依据,形成见面笔录,同时疏导申诉人的情绪。

(二)认真审查,重点解决争议问题

针对申诉人提出的申诉理由,控申部门负责人认真审查案卷后,认为有必要重新立案复查,报请分管领导指示后,决定对案件进行复查。针对该案的具体情况,承办人首先进行初步分工,分头制作阅卷笔录,逐笔梳理案件事实和证据,再与申诉人提出的申诉理由和提供的申诉材料进行比对。经过两个多星期的认真审查,基本厘清案件事实。又通过相互讨论,查漏补缺,最后针对申诉人的两条申诉理由,严格按照要求制作出说理比较透彻的审查报告,并经集体讨论、听取分管检察长意见后,又对案件重新梳理,进一步巩固案件细节、仔细审查相关笔录。

(三)公开审查,以公开促公正

案件复查后,分管领导考虑到申诉人文化程度不高,对检察机关有抵触情绪,为了增强释法说理的说服力,为了体现检察机关办案的规范性,增强司法办案的公正性,决定对邹某的申诉案件进行公开审查,首次邀请人民监督员、律师、公安和法院相关工作人员,以及人大政协和村干部代表,共同探讨对邹某的不起诉决定的合法性。

(四)以争议问题为切入点,公开示证论证

在公开审查听证会上,复查案件承办人在介绍完原案件的基本案情和办案经过以及处理结果后,重点指出申诉人邹某和原案办案机关对案件有争议的地方。通过复查案件承办人的示证,被邀请的与会代表就案件事实与案件办理结果纷纷发言,共同探讨,最终一致认为邹某犯非法狩猎罪,事实清楚,证据确实充分,因已过法律追诉时效,我院对邹某作出的不起诉决定是正确的。

(五)不逃避责任,积极采取措施解决案后问题

在复查过程中,该院了解到邹某家庭以务农为主,家里承包大量土地种植农作物,邹某被拘留后,邹某家庭失去主要劳动力,没能及时补种,给其家庭带来经济损失,一年都没有收入来源,且家庭一直负有外债,家庭生活比较困难。为了能更进一步地促进息诉罢访,分管领导与公诉部门领导一起主动到邹某家,了解实际情况,同当地政府部门商谈,免除邹某一年的土地租赁款,并给予一定的生活救助金。

三、工作体会及启示

(一)坚持采取"两见面"制度

在办理邹某的刑事申诉案件中,我院坚持采取"两见面"制度。一是在受理之处,主动约见申诉人,听取申诉人的理由和依据,制作接谈笔录,根据申诉人的意见,有针对性地分析案情,分析案件事实是否清楚,适用法律是否正确。二是在审查终结时,面对面答复申诉人,进行释法说理,针对申诉人提出申诉理由进行解释并听取他们的意见。坚持采取"两见面"制度,既保障了申诉人的权利,也有利于促进息诉罢访。

(二)坚持采取公开审查制度

在办理邹某的刑事申诉案件中,为加大释法说理的说服性,我院首次邀请人民监督员、律师、公安和法院相关工作人员,以及人大政协和村干部代表进行公开审查,引入第三方对案件进行讨论,对案件证据进行核查,对案件的法律适用进行审查,以公开促公平,以公开促息诉,以公开促规范。

(三) 坚持司法救助制度

在办理邹某的刑事申诉案件中,我院没有就案办案,而是深入实际,了解邹某因被羁押而造成的经济损失,以及家庭的实际情况,同当地政府部门商谈,为邹某解决部分生活所需,极大地缓解邹某的生活压力,让邹某体会到检察机关的人文关怀,确保问题处理到位、思想化解到位、息诉息访到位。

冯某甲等人申诉案

一、原案基本情况

（一）原案事实

被告人叶甲曾被被害人冯某某砍伤，缝了19针，为索要医药费，1993年7月2日下午，被告人叶甲邀约蒋某、刘某、伍某、叶某及叶乙到大冶长途汽车站"王中王"歌舞厅，威逼被害人冯某某，讨要医药费。被告人叶某对叶甲、蒋某等人说："搞冯某某就搞狠点。"随后，被告人叶甲指使被告人蒋某、刘某、叶乙殴打冯某某。当冯某某逃跑时，被告人叶甲将冯踢倒在地，被告人蒋某、刘某、叶乙等持刀将冯某某当场杀伤致死。

（二）原案诉讼情况

该案经大冶市公安局侦查终结后，移送大冶市审查起诉。大冶市院审查后报送阳新县人民检察院，审查认定被告人叶某在共同犯罪中起次要作用是从犯，情节轻微，且案发后有悔改表现，依据1979年《刑法》第32条及1979年《刑事诉讼法》第101条规定，决定对被告人叶某免予起诉。免诉决定书在档案材料中未见送达给被害人的回证。其他涉案人员起诉后，法院均依法对被告人叶甲、蒋某、刘某、伍某作了有罪判决。

（三）申诉情况

2013年，在逃犯叶乙落网，大冶市法院也对其判处6年有期徒刑，并向被害人家属冯某甲等人送达刑事判决书。冯某甲以法院处罚过轻为由，多次到大冶市、黄石市两级法院缠访。闹访中，冯某甲等人从中法复印材料中才得知有教唆、指使行为的叶某当年被检察机关免予起诉，没有被追责的事实，便于2014年7月起，以我院在对叶某免予起诉决定后，不按法律规定及时给被害人家属送达免诉法律文书，当年就剥夺了其申诉权利；同时，还提供了当年庭审案卷材料中诸多证人证言复印件，证实叶某在杀死被害人冯某某案件中多次教唆、指使叶甲、蒋某、刘某和伍某对被害人冯某某"要么就不搞，要搞就搞狠一点"的事实，认为检察机关免予起诉决定错误，应纠正。

其间，冯某甲不顾自身疾病（艾滋病、肺结核），自带被子在我院受理接待中心就地而寝，其女儿冯某乙也不顾自身8个月的身孕，全程陪同冯某甲哭闹。闹访严重时，冯某甲还利用身患艾滋病对接访人拉扯、撕咬，用传播艾滋病毒的方式对接待人员进行威胁。

二、刑事申诉办案的主要做法

（1）认真审查全案，客观、公正给结论。案件受理后，办案人员迅速到湖北省黄石市中级人民法院借取案卷数十卷，逐卷查阅，重点围绕叶某是否有组织、策划及煽动的行为言辞、相关证据是否充分到位、原免诉决定是否妥当等关键问题，认真审查，摘录相关证人证言，制成阅卷证据材料。前后历时近一个月，由于阅卷工作认真、细致，最终查明原办案单位在认定原案时，虽然证据有变化，但既然认定叶某参与作案，行为又造成被害人死亡的严重后果，那么该案对叶某就不应作免诉处理；除免诉决定欠妥外，免诉决定文书没有及时按法律规定交给被害人家属，造成被害人亲属不能及时申诉也是事实，该案存在执法瑕疵。但该案时过21年，叶某的犯罪行为已过法定最长追诉时效，故不能改变原决定、对叶某再进行追责，只能维持原决定。

（2）认真接待申诉人，注重风险防范。既然承认原案有瑕疵，那么作为检察机关就应该纠正。面对被害人父亲身患艾滋病、肺结核等疾病，被害人妹妹怀孕8个月，多次以堵门、打横幅、哭闹、"下榻入住"为上访手段的特殊情形，在加大审查案件力度的同时，高度重视接待工作，注重做好风险防范工作。一是及时接待申诉人。分管检察长及控申部门负责人先后多次接待申诉人，耐心听取申诉人的各项诉求、意见反馈，与申诉人真诚沟通，极力化解其心结，稳定其情绪、制止其过激访行为；二是及时拿出处置方案。鉴于该案即使有问题，也因过诉讼时效而不能追责等原因，检察长听取案件汇报后，责成办案专班及时拿出处置方案；三是构建黄石市院、大冶市院、大冶市委政法委两级联动机制。两级院适时与申诉人联系沟通，掌握申诉人思想动态，告知案件办理进展情况、做好思想稳控工作，努力打造齐抓共管的工作格局，增强办案合力。

（3）不是作出一纸决定了事，而是主动寻找法度之外解决矛盾的路途。在刑事申诉审查得出初步意见后，如果就案办案，给出一纸结论，不解决实际问题，那么该申诉很难案结事了。为了着眼解决法度之外的问题，实现案结事了，承办人一行驱车前往冯某甲家中。一方面了解冯某甲家庭生活窘迫情况、治病（肺结核、艾滋病）情况（每月开销1000元以上）；另一方面主动说明此次案件复查的情况及处理意见。承办人开诚布公地指出原案在办案过程中存在的问题，表示对叶某作出的免诉决定的确欠妥，然而对犯罪嫌疑人的追诉时效已过，无法再追究其刑事责任，申诉人法度之内的诉求无法满足。在这种情形下，承办人针对申诉人的家庭生活情况，符合刑事被害人救助的条件，最大限度地引导申诉人走司法救助的路，解决其实际困难。在申诉人提出60万元的救助要求后，承办人又围绕司法救助的政策、规定以及救助案例对申诉人进行讲解。交谈中，始终站在对方立场做工作，让申诉人切身感受到我们千方百计地为其谋求合法权益的真实态度、真实情感。

（4）寻求多方支持，共同做好信访人思想转化工作。在随后的交谈中，申诉人虽然放弃当时60万元的诉求，但又提出了40万元救助款，并提出拿到检察机关的救助后，还要到法院对叶乙刑事判决继续上访。归根结底，申诉人还是认为救助款过低，想通过无止尽的上访，达到自己目的。我们从法、情、理层面引导申诉人看待自己诉求，试图让其回归理性。但不管如何苦口婆心，申诉人一概不听，反复强调自己丧子的悲痛、带幼的艰辛，检察机关只能满足他的要求，否则永不罢访。我们当即严正指出申诉人不合理的诉求，并进行说服教育。申诉人不但不听，甚至采取推搡、咬承办人的方式进行对抗，用传播艾滋病毒威胁接访人。在被接访人员及时制止后,与申诉人的交谈陷入僵局。

我们并未就此停下脚步,而是跳出原办案思路,谋取新的解决办法。一是及时与大冶市委政法交流案件办理情况和接访情况,交换意见,让大冶市当地党政部门再次出面做申诉人的工作。二是及时联系信访人的律师,充分发挥其身份作用,做好信访人思想工作,引导信访人客观、理性看待检察机关司法办案和司法救助工作。三是奔赴武汉,找到申诉人的孙子、在武汉读大学的冯某,从法律层面对冯某客观分析案件原委,讲解办案情况及救助意见,让其从家庭层面再对冯某甲等人做工作,得到冯某的理解和支持。四是公开宣布,公开送达复查结果,增强说理性。邀约黄石市中级人民法院、大冶市人民检察院、大冶市委政法委、人民监督员、律师代表、街办、村委会代表参加,公开宣布审查结论,公开说明我们对该案的做法、审查结论的法律依据、证据依据,公开听取评议意见。做好申诉人的思想转化工作。

(5)争取多方支持,实现救助合力。面对检察院、当地党委部门及家属的说服教育,申诉人冯某甲等人思想回归理性,终于放弃自己的不合理诉求,接受救助意见。然而35万元的救助额度,也不是小数目,仅靠检察机关一家救助难以实现。为此,办案专班第4次赴大冶,组织大冶市委政法委、大冶市检察院、大冶市金湖街办、被害人所在村村委会的联席会议,主动说明申诉人的想法,主动说明检察院一家救助的难处,主动争取当地党委、政法委协商高额救助的分担。最终以上述四家各分担5万~10万元的额度,完成救助款的筹集。

2014年12月2日,历时近7个月,我们与申诉人冯某甲签订协议,冯某甲获得司法救助款35万元,当场表示息诉罢访,并对检察机关和大冶市党政部门表示衷心感谢。

三、启 示

一是要强化群众观念。用什么样的感情对待群众,信访效果迥然不同。只有感情上接受上访群众,对待群众就像亲人、似亲人,就会时时处处站在群众的立场上,就会设身处地为群众,思路、方案才能贴近案件实际,感情和方案才能被当事人接受，正所谓情为民所系，权为民所用，利为民所谋。正如该案，面对身患艾滋病的申诉人，面对申诉人的无理谩骂和过激言行，办案组没有就案办案，带情绪办案，而是坚持站在对方立场，真心诚意地为对方解决问题，维护其权益。

二是要及时调整思路。该案中，当事人对检察机关抵触情绪很深，即使结论再客观、公正，如方式不对，一样难以被对方接受。这时，除了将心比心，换位思考，站在对方立场帮助梳理问题，看待问题外，更重要的是调整思路，跳出传统工作僵化老路，把工作重点放在交谈策略、交谈方法上。如该案，在与申诉人的沟通陷入僵局后，除了协调当地党委部门上门做申诉人工作外，还用亲情力量去劝解申诉人，让其孙子帮忙做申诉人的思想工作。最终劝服申诉人冯某甲，让冯某甲等人思想回归理性。

三是要积极争取党委支持。化解社会矛盾，仅凭检察机关一己之力难以解决。正如该案，在办案过程中，注重与政法委保持沟通，适时通报案件处理、信访接待情况和需要解决的问题，争取支持；并会同政法委协调有关政府部门为申诉人解决救助金、低保、医保等问题，为切实解决申诉人生活难题、化解案件奠定坚实的基础。

四是要切实依法救助。维护人民群众合法权益是检察机关义不容辞的责任，检察机关应基于人道主义原则，积极协调和动用社会多方力量，充分运用社会救助机制，切实帮助信访人解决生活困难，以尽到应有的社会责任，体现中国特色社会主义法治应有的司法人文关怀。同时，也要把握原则底线。对待申诉人的诉求，不能为了息诉罢访而无原则地予以满足，既要严格公正适用法律，又要引导申诉人正确对待检察机关执法办案，真正解开申诉人的上访心结，解决群众实际困难，彻底化解涉检信访矛盾。

张某信访案

一、基本案情

2012年8月底至12月，被告人李某、王某、江某（另案处理，已判刑）在黄石市黄石港区某广场三楼合伙经营花都娱乐汇，为了追求更大的利润，三人商量决定增设飞镖赌博项目，每晚分两个时段开设飞镖赌博节目。在经营期间，被不起诉人张甲负责为参赌人员兑换赌资，并每天将当日的飞镖赌博收入、酒水收入、演员开支等数据用手机短信发送给李某、王某、江某，经营收入存入户名张甲的工商银行账户。2012年12月19日花都娱乐汇被黄石港公安分局查处并给予行政处罚，后李某、王某撤资。2013年2月20日至3月5日，江某单独聘请被不起诉人郭某担任黄石花都娱乐汇执行总经理，全面负责飞镖赌博节目，郭某安排张甲继续负责原财务工作。随后港区民警在工作中发现花都娱乐汇仍在进行飞镖赌博，当即进行查处。4月19日，张甲、郭某因涉嫌开设赌场罪系从犯被依法逮捕，经公安机关两次补充侦查后移送黄石港区检察院审查起诉。黄石港区检察院审查后，决定以犯罪情节轻微、系从犯且有悔罪表现、社会危害性较小等原因对嫌疑人张甲、郭某作出不起诉处理，对其他犯罪嫌疑人提起公诉。2014年6月4日经黄石港区法院审理后，判决被告人李某、江某有期徒刑1年，缓刑1年；王某有期徒刑8个月，缓刑1年，各处罚金人民币20万元。

2014年申诉人张某向省委副书记张某某去信，反映其女儿被不起诉人张甲因涉嫌"开设赌场罪"被羁押近9个月，对黄石港区检察院作出的鄂黄港检刑不诉〔2013〕013号不起诉决定书不服,要求恢复张甲名誉并赔偿相关损失。另对仅告知其涉案的3个开设赌场老板李某、王某、江某另案处理不服,要求依法处理,不然利用网络媒体制造社会舆论。受案后,该院于2014年5月13日经检察长决定对张某刑事申诉案立案复查。

二、案件办理过程

依法保障申诉人合法权益,是办理刑事申诉案件,维护公平正义的重要防线。为此,黄石港区检察院坚持实事求是、有错必纠、依法维权的原则,立即对该案展开立案复查工作。

一是认真组织,成立专班。接到张某的申诉后,该院及时组成由检察长负总责,控申、刑赔等业务部门参与的专班,开展复查取证工作。朱自启检察长亲自接访、多方协调,此外,专班人员及时将复查取证的内容和结果如实告知当事人,让当事人了解该院处理该案件的诚心。

二是细心工作,不留死角。专班成员认真审阅全部案卷材料,仔细复查每一个定案证据,认为本院不起诉决定处理适当,申诉人的申诉理由不能成立,并就有关法律问题向申诉人进行耐心疏导,以情感化。办案干警始终以诚心、耐心、热心、细心的工作态度对待他,向他解读法律,讲明政策,动之以情,晓之以理。

三是巧用听证,消除积怨。信访案件听证会既是处理信访案件的一个程序性规定,也是化解矛盾、消除积怨的一种有效方法。为了能让张某广泛地听取社会各界意见,走出缠访缠诉的"死胡同",该院在征得张某同意的情况下,主动邀请区政协委员、社区代表、信访人家属共同参与矛盾化解工作,听证会上让张某充分畅谈自己的想法,发表个人意见,原案承办人依据事实和证据给张某答疑解惑,使其最终接受检察机关的处理意见。

四是真诚沟通,案结事了。"精诚所至,金石为开",张某最终还是被检察机关认真负责的工作态度所感动,听证会后主动找到该院分管领导倾诉想法,认为这几年自己不停地上访,也已精疲力竭,检察机关也耗费人力和物力,表示维持原不起诉决定,也不再上访。

三、主要做法及效果

一是坚持事实求是,对缠访闹访案件及时解决。高度重视刑事赔偿和刑事申诉上访案件的清理工作,牢固树立维护观念和服务意识,对人民群众反映强烈反复申诉的案件依法进行复查,对确有错误的案件及时进行纠正,防止事态进一步扩大,将任何可能导致不稳定的因素消除在本院,消除在基层。在该院控申部门受理案件后,干警第一时间发现张某具有缠访、闹访倾向,立即报告检察长并向市院书面报告。由于该院耐心细致的工作,研究制定风险处置预案和措施,网络舆情风险也很快被平息。

二是坚持以人为本,建立健全诉求表达机制。落实便民利民措施,通过制度安排向利益各方提供诉求表达的通道和机会,对办案程序、期限、法律适用等执法内容及时告知当事人,使信访人的知情权、申诉权等权利得以充分保障。在该案中,对于多次上访主动邀请区政协委员、社区代表、信访人家属参与审查,充分听取其意见建议,为信访人搭建公开对话、公开解决问题的平台,使群众对案件的参与度和覆盖面得到扩展,从而提高处理信访结果的公信力。

三是注重方式方法,促进案结事了人和。坚决杜绝"门难进、脸难看、话难听、事难办"的衙门作风,坚持将人性化办案思想贯穿于案件办理过程,通过热情的接待方式、耐心细致的交谈和做思想工作等方法,及时与当事人沟通对刑事赔偿和刑事申诉案件的看法,了解其实际需求,真心帮助解决实际困难,用严谨的办案作风感化和稳定当事人,消除当事人的对立情绪,减少和遏制上访隐患。

四、办案经验和启示

通过该案成功化解,可以得出以下启示:

一是解决信访问题,领导重视是前提。此案中,该院检察长亲自接待,分管检察长亲自协调、指导,全程负责,对案件的化解起到关键性作用。如果领导干部对群众漠不关心,不闻不问,不去钻研业务,再简单的问题也都难以解决。

二是查微析疑，严格把关是办理此案的关键。那些看似一丝一毫的细枝末节，而往往最能显示公正的要义。法律面前无小事，控申检察干警时刻牢记在心。因为他们深知在司法实践中，任何的疏漏，都将可能铸成大错。粗心与严谨，马虎与责任，执法者的作风与态度，直接影响人们对法律权威的信仰和尊崇。每一位检察干警都要本着对法律高度负责的态度，严格把好法律关、事实关，认真办好每起案件，维护公平正义。

三是解决信访问题，要用真情化解矛盾。俗话说"无风不起浪"，但凡上访者，无论是正理、歪理，总有自己的理由。作为信访接待部门，一定要用真诚的态度对待来访者，认真倾听他们的意见，对于正当诉求不推诿，坚决按照法律程序处理，真正体现司法公正。同时，在沟通思想、消除怨气的基础上，通过一定的形式尽力帮助解决上访者的实际困难，使其真实感受到社会的温暖。